Dieter Moor und Sabine Schneider
ganz & einfach
tempofrei kochen

Mit Fotos von Manuel Krug

Kindler

2. Auflage November 2010
Copyright © 2010 by Rowohlt Verlag GmbH,
Reinbek bei Hamburg
Fotografie Manuel Krug
Satz DTL Haarlemmer PostScript (InDesign)
bei KCS GmbH, Buchholz bei Hamburg
Druck und Bindung Mohn Media GmbH, Gütersloh
Printed in Germany
ISBN 978 3 463 40598 8

Inhalt

Hof-Schwänzen 7

Wie ich zum Kochen kam ... 13

Küchentanz 19

Mit Gemüse und Kräutern durch das Jahr 33

Unterwelten 93

Die fünf Säulen der bäuerlichen Küche 100
Mehl, Eier, Milchprodukte, Kartoffeln, Speck
oder Feinschmeckereien zum Monatsende

Hippie-Indianer 134

Die traditionelle Küche rund um das Fleisch 143
Das Rindfleisch 146 – Das Kalbfleisch 170 –
Das Schweinefleisch 179 – Das Lammfleisch 192

Braver Mann 202

Das liebe Federvieh 211
Das Huhn 215 – Ente und Gans 227

Ein Fischer 232

Die Fische 241

Elbenmärchen 256

Der fruchtige Abschluss 267

Register 283
Adressen 287

Hof-Schwänzen

«Ein Flugzeug ist auf eure Schafweide abgestürzt!», quäkte die Stimme hysterisch aus Sonjas Handy.

Es war an einem satten Spätsommermittag, der erste Tag, an dem wir unseren Hof sich selbst überlassen hatten und Richtung Nordwesten abgehauen waren. Der erste gemeinsame Ausflug von meiner Sonja und mir seit fast zwei Jahren. Wir trauten uns was! Allerdings nur für diesen einen Tag: morgens hin, abends zurück, fertig.

Eine Freundin aus unserem Vor-Bauerndasein hatte uns zu diesem Hof-Schwänz-Ausflug verführt. Sie hatte uns begeistert von ihren Eltern berichtet, die in Ostdeutschland einen kleinen ehemaligen Hof gekauft hatten, vom Westen nach «Dunkeldeutschland» gezogen waren, um eine «neue Seite im Buch des Lebens aufzuschlagen», wie sie sagte. Genau wie wir.

Ihre Mutter habe vor Jahren im Elsass ein Restaurant betrieben, habe dort gekocht, mit Wissen und Können, aber vor allem aus dem Bauch heraus. Habe Furore gemacht mit ihren Gerichten. Nicht, weil die besonders hochgestochen oder kompliziert gewesen seien, sondern weil sie von ihrer Mutter mit Herz und Leidenschaft zubereitet worden wären.

Das kleine Lokal habe sich schnell vom Geheimtipp zum «Muss» für Feinschmecker entwickelt – und bald auch Gäste von weit her angelockt. Dann seien auch die Promis gekommen und die Gastrokritiker, und sie hätten von der «Neuentdeckung der einfachen Küche» geschwärmt. Schließlich seien Sterne- und Hauben- und Guide-Michelin-Köche bei ihrer Mutter ein und aus gegangen, hätten es sich munden lassen und wohl auch versucht, die Tricks dieser Frau zu ergründen, die da in ihrer einfachen Küche auf so eigenartige Weise fuhrwerkte.

Doch da seien keine Tricks gewesen, die man hätte ausspionieren können, meinte unsere Freundin. Ihre Mutter habe das Kochen einfach in den Genen. So wie andere einen grünen Daumen hätten und in ihren Gärten unscheinbare, mickrige Knospen zu paradiesischer Üppigkeit anzuregen verstünden, so würde ihre Mutter die Geschmacksknospen ihrer Gäste über sich selbst hinauswachsen lassen. Als Kind sei ihr das gar nicht aufgefallen, erst als sie ausgezogen sei von zu Hause und begonnen habe, in Restaurants zu essen, habe sie begriffen, dass die Kochkunst ihrer Mutter etwas ganz Besonderes und sehr Seltenes sei. Was heiße hier selten, fügte sie hinzu, etwas Einmaliges, das sei der richtige Begriff, etwas Einmaliges, das sie so nirgendwo anders kennengelernt habe. Übrigens: Sie sei diesen Sommer zwei, drei Wochen zu Besuch bei Mama – ob wir nicht Lust hätten, mal vorbeizuschauen? Die Sabine würde sich bestimmt freuen.

Und nun saßen wir also in Sabines Garten, an ihrem großen, schweren Holztisch, unter dem kühlen Blätterdach einer riesigen Kastanie. Unsere Bäuche waren aufs angenehmste gefüllt, und träge ließen wir die eben erlebten Genüsse nachklingen.

Was es genau gegeben hat, das verrate ich hier nicht. Es ist aber, ich schwöre es, dabei – unter den Rezepten in diesem Buch. Statt zu rätseln, womit uns Sabine da verwöhnt haben mag, stellen Sie sich einfach Ihr persönliches Lieblingsessen vor. Und stellen Sie sich vor, dieses Essen würde ganz genau nach dem schmecken, woraus es gemacht wurde. Und nach nix anderem. Nix Salat, der tut, als wäre er Weinessig in Blattform, nix Fisch, der hauptsächlich nach Zitronensäure und Grillfett stinkt, nix Fleisch, das sich beim Kauen zwar anfühlt wie Fleisch, der Zunge aber dieselbe zeigt: «Ätschibätschi, ich bin 'ne Fertigkräuterbutter.» Und nix totgewässertes Gemüse, das man gelangweilt in sich reinlöffelt, weil's halt «gesund» ist. Stellen Sie sich Ihr Lieblingsgericht «pur» vor. Pur und rein und echt. Und dennoch eine winzige Nuance anders, als Sie es kennen. Irgendwie voller. Sie wissen schon: so als ob Sie jemanden nach einiger Zeit wiedertreffen und feststellen, dass die Person irgendwie anders ist. Mehr Ausstrahlung hat, lebendiger wirkt, dieses gewisse Leuchten hat … Und Sie fragen: «Warum siehst du so gut aus, was hast du bloß gemacht?» Und er/sie lacht nur und antwortet: «Nix. Es ist ganz einfach, ich bin frisch verliebt …» So schmeckt das Essen von Sabine: wie frisch verliebt!

«Warum war das alles so gut?», fragte ich sie und tunkte mit einem Brocken ihres Olivenbrots die Sauce von meinem Salatteller. «Was hast du bloß gemacht?»

Sabine lachte und blitzte mich über ihre Brillenränder an: »Nix, es ist ganz einfach.»

Ich verdrehte die Augen. Klar, Frau Kochgöttin will sich nicht in die Karten schauen lassen!, dachte ich. Meine Oma hat auch niemals das Geheimnis ihres luftig-leckeren Schokoladenkuchens preisgegeben. Sie sind halt liebenswerte Zicken, diese Wunderköchinnen …

«Es ist wirklich ganz einfach, Dieter, wenn ich es dir sag; da brauchst du gar nicht so rumzuseufzen.» Sabine klang jetzt fast streng.

«Wenn's so einfach wäre, wie du tust, dann könnten's ja alle so gut wie du, oder?»

«Könnten's eh. Weil's wirklich ganz einfach ist», beharrte sie.

«Und warum gibt es dann so viel schlechtes Essen und so viele, die von sich behaupten, leider nicht kochen zu können?»

«Das wiederum, mein Lieber» – Sabine lachte breit –, «das ist sehr, sehr kompliziert, da wird's psychologisch …»

«Na, fang einfach an, es mir zu erklären! Wenn's mir zu kompliziert wird, schrei ich schon.» Ich schob das würzig-vollgesaugte Brotstück in den Mund. Sabine begriff, dass ich nicht lockerlassen würde.

«Ach, Dieter!» Jetzt war sie dran mit der Seufzerei. »Ich versteh es doch selber nicht. Ich glaub, manche trauen sich einfach nicht. Weil sie kein Vertrauen haben. In das, was sie zubereiten. Und in sich. Und weil sie panisch meinen, sie müssen hier noch was basteln und da noch was anrühren und dort noch was schnitzen. Und weil sie die exotischen Kräuterträume aus Timbuktu nicht in der Küchenlade haben und keinen Hightech-Dampf-Zentrifugal-Garer …»

«Du meinst, sie kochen ganz einfach nicht gut, weil sie nicht darauf vertrauen, dass gut kochen ganz einfach ist?» Ein weiteres Stück Olivenbrot fand den Weg auf meine Zunge, diesmal gewürzt mit den Resten des Fleischsafts.

«Ja, so ähnlich. Ich zum Beispiel behaupte, seit ich lebe, ich könne nicht singen. Und dann ertappt mich mein Lothar, wie ich selbstvergessen in der Badewanne vor mich hin trällere, und er sagt: ‹Schön! Sing weiter!› Aber ich trau mich einfach nicht.»

«Indeschand», sagte ich und schluckte. «Interessant. Also, gut kochen heißt: Wir bauen alle Hemmungen ab, trau dich und hab keinen falschen Respekt?»

«Ja, ganz einfach: Ehrfurcht in den Müll, ran an den Topf – und loslegen!»

«Und was ist mit diesen Tausenden von Tricks und Kniffen und den Millionen von Regeln und Tabus, die in Milliarden von Kochbüchern stehen, gelten die etwa alle nicht?»

«Ach, weißt du, viele Köche schreiben ihre Bücher nicht, um anderen das Kochen zu lehren, sondern um zu zeigen, wie toll sie doch selber sind. Die werfen dann mit Fachbegriffen um sich und schreiben Zutaten in die Rezepte, an die kein Normalsterblicher je rankommt.»

«Dann wäre es aber an der Zeit, dass du mal ein Kochbuch schreibst! Ohne diesen ganzen Schnickschnack.»

«Hab ich doch», trumpfte sie auf. «Einen richtigen Wälzer! Aber der war eher für Profis. Weil die mich so gelöchert haben, dachte ich, gut, ich schreib's halt nieder, und dann hab ich meine Ruh. Mögt ihr noch was Süßes? Ich hätte da …» Das war der Moment, in dem Sonjas Handy klingelte.

«Geh nicht ran!», wollte ich sagen, aber Sonja war schneller.

«Moooa?», sagte sie zum Handy, und dann lachte sie aus vollem Hals. «Ja klar, ein Flugzeug auf unserer Schafweide! Du bist mir eine tolle Hofaufpasserin – willst mich an meinem ersten freien Nachmittag seit einer Ewigkeit erschrecken, gell? Ist dir so langweilig?»

Aus dem Telefon quoll unverständliches Gebrabbel. Sehr viel. Sehr schnell. Sonjas Mimik veränderte sich von entspanntem Lachen in Staunen, in Sorge, und schließlich sah sie aus wie eine Kriegsgöttin, kurz bevor sie zum Angriff bläst.

«Neeeeee», schrie sie. «Wann? … Und? … Schlimm? … Und die Schafe? … Wir kommen!»

Wie wir unter Missachtung aller Höflichkeitsformen Sabines Hof verließen, mit imaginärem Blaulicht Richtung Zuhause rasten, direkt auf die Schafweide, wo Sonja fast einen armen, jungen Polizisten niedermachte, weil der die *mission impossible* hatte, sie am Betreten des Geländes zu hindern, das absurde Bild der havarierten zweimotorigen Propellermaschine, der Feuerwehr- und Rettungsfahrzeuge inmitten völlig unbeeindruckter Schafe, die Erleichterung darüber, dass, wie durch ein Wunder, das ausgelaufene Kerosin kein Feuer gefangen hatte und es keine Toten zu beklagen gab, weder bei Mensch noch bei Schaf – das alles ist eine andere Geschichte, die an anderer Stelle erzählt werden soll.

Aber das macht natürlich unsere erste Begegnung mit Sabine, der Köchin, im Rückblick noch denkwürdiger, als sie es – schon aus kulinarischer Sicht – ohnehin gewesen wäre.

Seither weiß ich zwei Dinge, die unmittelbaren Einfluss auf meinen Alltag haben:

1. Wenn du deinen Hof verlässt: Sorge dich nicht, denn was immer du dir an möglichen Schreckensszenarien ausmalst, die Wirklichkeit stellt es in den Schatten.

2. Hab keine Angst vor dem Kochen. Tu's einfach!

Und noch ein Drittes bewirkte dieser erste Besuch bei Sabine – und das könnte unmittelbaren Einfluss haben auf *Ihren* Alltag: Dieser Besuch war der erste Schritt zu dem Buch, das Sie gerade in Händen halten.

Wie ich zum Kochen kam ...

Es hat sich für mich als Glücksfall herausgestellt, dass ich 1945 als Flüchtlingskind in Bayern gelandet bin. Tief beeindruckend war dieser Wechsel aus dem zerbombten Berlin an den Chiemsee in die Schafwaschner Bucht. Und natürlich sind mir die ersten kulinarischen Erlebnisse aus dieser Zeit nachhaltig in Erinnerung geblieben. Mit der Großmutter sind wir gleich nach der Flucht im Frühjahr schon über die Wiesen gezogen, um Brennnesseln, Sauerampfer, Löwenzahn und Giersch zu sammeln für ein Kräutersüppchen. Ich koche es jedes Jahr im Frühling, und dieses Rezept ist auch das erste in diesem Buch. Mit dem Großvater, der in einem uns unvorstellbaren Zeitalter Jäger und Förster gewesen war, zogen wir Kinder in den Wald und sammelten nicht nur Knüppel- und Astholz, sondern auch jeden nur einigermaßen genießbaren Pilz sowie jede Form von Beeren. Die Begeisterung für das Sammeln von Essbarem in der Natur ist mir geblieben, und die Herstellung von Schlehen- und Sanddornlikör wird auch Sie zu einem «Sammler» machen.

Ein anderer Geschmack hat sich mir unauslöschlich eingeprägt: der des schwarzbraunen, zähflüssigen Zuckerrübensirups. Dazu der Geruch, wenn die Frauen die Rübenschnitze im Waschhaus im Kessel auskochten und wie es mir immer schlecht wurde von dem genaschten Schaum, den sie abschöpften.

Gleich nach unserer Ankunft am See kam Agnes zu uns, ein neunzehnjähriges, heimwehkrankes Flüchtlingsmädchen aus Schlesien. Viele Jahre versorgte sie mich und meine Schwester, und durch sie wurde «Schlesien» das Gelobte Land. Das Land, in dem fette Gänse über grüne Wiesen ziehen, um später knusprig braun gebraten zu werden, wo köstliches Gänseschmalz mit Grieben auf Brot gestrichen wird und brutzelnder Speck auf runde Klöße tropft. Und schützend hält Rübezahl seine Hand über dieses Paradies. Märchenstunden in der Nachkriegszeit.

Tief beeindruckt war ich, wenn die Daxenbergerin, eine Bäuerin aus dem Dorf, mit einer großen Schaufel riesige, duftende Brotlaibe aus dem Ofenloch zog. Für die neun Kinder und alle anderen am Hof backte sie alle zwei Wochen diese Brote und bewahrte sie nebeneinander stehend in einem hölzernen Gestell auf. Mein Glück war vollkommen, wenn ich so eine Scheibe Brot bekam – mit Butter und dickem Pflaumenmus. Dreißig Jahre backe ich nun selber mein Brot, aber den Geschmack und die Konsistenz dieses Bauernbrotes habe ich nicht wiedergefunden.

Mein erstes Fahrrad war schwarz und riesig, ich strampelte stehend und hing am hohen Lenker, kaum dass ich drüberschauen konnte. Es ging aber gut genug, dass ich am Uferweg entlang zum Fischer Greamandl radeln und Brachsen kaufen konnte. Brachsen, diese wunderbaren, wohlschmeckenden Chiemseefische – mit unglaublich vielen Gräten. Ich war froh, wenn es einen geräucherten gab, denn der roch vielversprechend durch das Zeitungspapier hindurch, wenn er im Netz am Lenker baumelte. Frische Brachsen hingegen waren eher unheimlich, denn sie zappelten und hüpften noch gerne im Netz. Kindheitserinnerungen – Erinnerungen an Geschmäcker und Gerüche und an Gerichte, die ich bewahrt habe.

Als ich vierzehn war, kam die entscheidende Wende meines Lebens und die endgültige Entdeckung der Freude am Kochen, so wie ich sie bis heute habe. Ich fuhr das erste Mal für einen Sommer alleine nach Südfrankreich, um auf einer Obstplantage zu helfen, und das sollte auch die folgenden Jahre so bleiben. Für mich erschloss sich eine neue Welt. Ein Hof mit vielen Hühnern und Hasen, mit einem Weinberg und natürlich einer Menge Pfirsich- und Aprikosenbäumen. Jeden Freitag fuhr ich mit der Frau des Hauses im proppenvollen Bus in die Kleinstadt auf den Bauernmarkt. Wir verkauften aus unseren mitgeschleppten Körben die Eier und das lebende Federvieh, danach kam der Einkauf all der Dinge, die man nicht selber auf dem Hof hatte. Als Abschluss des Markttages gab es zur Belohnung ein «Pschitt», eine wild sprudelnde, grellgelbe Limonade.

Ich liebte diesen Bauernmarkt, seine Gerüche, das irre Menschengetümmel und diesen ganz besonderen Geräuschpegel. Ich liebte auch alles auf diesem Hof. Die Ernte der Früchte, das Traktorfahren, den Geruch im Weinkeller und die Weinlese.

Immer gegen Mittag zum Milchholen über die Felder zur Madame Rebattet gehen. Jeden Mittag das gleiche Ritual, ein Aperitif und eine Kleinigkeit zum Kosten. Beschwingt über die Felder zurück auf den Hof zum Mittagessen. Als Erstes im Keller aus großen Holzfässern Rotwein abfüllen und dann Ofenkartoffeln und Gratins, Huhn und Hasen in Wein geschmort und köstliche Gemüse in cremigen Saucen oder mit viel Knoblauch in Olivenöl. Ich war die ersten zwei Wochen ständig benebelt, aber dann nie mehr. Bei einem Hochzeitsessen hatte ich das absolute kulinarische Basiserlebnis: Poulet aux Écrevisses. Ich lasse Sie auch daran teilhaben, es heißt in diesem Buch «Huhn mit Gambas».

Eigentlich wollte ich Chemie und Biologie studieren, bekam aber stattdessen drei Kinder, und die wiederum hatten nichts anderes im Kopf als Essen. Meine bayrische Schwiegermutter, die Meixner Sophie, Tochter eines Braumeisters und weit vor dem Ersten Weltkrieg geboren, hat mich perfekt eingeführt in die altbayerische Küchenwelt. So gab es jetzt Schweinebraten mit Semmelknödeln, Tellerfleisch und Grießnockerlsuppe, Gepökeltes und Fleischpflanzerl und all die vielen Köstlichkeiten. Der Sohn wollte schon mit zehn kochen lernen, damit er später nicht heiraten muss, nur weil er gut essen will.

Wieder kam ein Aufbruch in eine unbekannte Welt. Die großen Kinder waren inzwischen richtig groß, und so brach ich mit Ehemann Lothar und Kind Lena auf – in die uns ganz fremde Welt des Pfälzer Waldes. Neugierig versuchten wir, die «Sprache» der Waldbewohner zu verstehen, was weitaus schwieriger war, als ihre Sitten und Gebräuche rund um das Essen kennenzulernen. Bald erreichte mein Gemüsegarten – genau wie bei meinen neuen Nachbarn – respektable Ausmaße, und im alten Brotbackofen in dem gemieteten Bauernhaus begann meine Karriere als Brotbäckerin. Wunderschöne Dorffeste wurden hier gefeiert, mit Flammkuchen, Zwiebelkuchen und Federweißen. Und Kaffeetafeln mit sehr vielen köstlichen Kuchen. Eine unbeschwerte Zeit bei Menschen mit sehr viel Freude am Leben.

Von dort war es nur ein Katzensprung nach Frankreich, wo die Tochter ein Restaurant im Elsass eröffnet hatte. Es entwickelte sich anders als gedacht, und von gleich auf jetzt sprang ich als Köchin ein und blieb es die nächsten zehn Jahre. Unvergessen die ersten Tage, wenn ich durch die kleine Glasluke in den Speisesaal äugte, um zu sehen, mit welchem Gesichtsausdruck der Gast das Filet Mignon in Cognacsahne verspeiste. Wir führten dieses Restaurant als Großfamilie, und jeder hatte da seinen Aufgabenbereich, selbst unsere bald achtzigjährige Oma war unermüdlich beim Gemüseputzen unter dem Nussbaum im Hof und beim Enkelhüten am Samstagabend. Alle waren wir begeisterte Gastgeber, und so wurden Stammkunden zu Freunden und Frauen aus dem Dorf zu meinen neuen Lehrmeistern. Viele von ihnen waren überzeugte Hüterinnen der alten Traditionen, und ich lernte hier nicht nur die schmackhaften alten Bauerngerichte kennen, sondern konnte auch bald die Namen dieser Gerichte aussprechen.

Befreundete Köche, die bei uns gegessen haben, waren überrascht, wie einfach unsere Küche ausgestattet war. Ich hatte weder Grill noch Mikrowelle, keinen Cutter und keine Rührmaschine, nur gute Pfannen und gute Messer und jede Menge Freude am Experiment.

Nichts währt ewig, und so kam das Ende der Elsässer Zeit. Als Kleinfamilie zogen wir nach Ungarn und begannen ein ganz neues Leben als Selbstversorger mit Ziegen, deren Milch ich zu Quark und Käse verarbeitete, und Gänsen und Hühnern, die uns mit Fleisch versorgten. Der Garten lieferte Gemüse, Kartoffeln und Kräuter. Nun speisten wir nicht mehr am großen Tisch unter einem Nussbaum, sondern am großen Tisch unter dem Blätterdach eines uralten Kirschbaums. Auch Gäste wanderten uns bald nach und waren begeistert von der Bereicherung meiner Küche durch ungarische Einflüsse, und neue Freunde aus Ungarn erfreuten sich am altbayrischen Schweinebraten und französischen Gockel in Weißwein.

Denn hier in Ungarn, ganz auf uns gestellt und mit einem anfangs sehr mangelhaften Wortschatz und eher bescheidenen Einkaufsmöglichkeiten, kam ich langsam dahin, wo ich schon immer hinwollte. Ganz & einfach das, was die Jahreszeit gerade bietet, zu einer Mahlzeit zusammenfügen. Und wenn es nur ganz einfache Zutaten sind und auch immer wieder die gleichen, so doch mit viel Phantasie und Geduld jeden Tag etwas kochen. Zwei Dinge waren in Ungarn hilfreich, zuallererst einmal die typisch ungarische «Sommerküche». Ein kleiner Raum mit einer ganz einfachen Kochstelle und einer immer offenen Tür zum Garten. Ein oder höchstens zwei Töpfe, vielleicht eine Pfanne, ein Kessel am Dreibein beim Feuerplatz vor der Tür, ein Brett, ein Messer, ein Kochlöffel und sonst nichts. Hier wurden alle Zutaten, die im Garten reiften, mit Paprika und Zwiebeln zu immer neuen Variationen zusammengeworfen und mit dicken Scheiben Brot und ungarischem Wein vertilgt. Köstlich!

Geholfen hat mir auch meine Angewohnheit seit Kinderzeit, dass ich gern die älteren Leute auf dem Land anspreche – egal ob ein alter Mann auf der Hausbank, eine Oma, die ihre Beete hackt, oder eine alte Marktfrau an ihrem winzigen Stand. Immer will ich von ihnen wissen, was sie gerne essen und wie sie es zubereiten. Die traditionelle Küche der Bauern und der Menschen auf dem Land interessiert mich, und in diesem Buch habe ich jetzt die Gelegenheit, einen Teil des Wissens, das ich angesammelt habe, an Sie weiterzugeben. Eine Brücke zu schlagen von der Küche der Großmütter aus der Zeit vor den Weltkriegen bis in unsere Zeit.

Küchentanz

Frauen stehen total auf gute Tänzer. Ein Mann, der willens und fähig ist, seine Partnerin selbstsicher und souverän, zugleich feinfühlig und anschmiegsam über das Parkett zu schieben, dabei mit leicht nach oben geschrägten Augenbrauen tief in ihre Seele zu schmachten, ohne lächerlich auszusehen, und ihr darüber hinaus – multitasktrainiert – dezent-originelle Komplimente zu schenken, ohne schleimig zu klingen, ein solcher Mann braucht sich keine Sorgen zu machen um mangelnden Schwärmfaktor vonseiten des schönen (oder sagen wir: des etwas schöneren) Geschlechts.

Ich spreche aus Erfahrung, glauben Sie mir!

Denn ich gehöre *nicht* zu diesen Tanzparkett-Casanovas. Ich gehöre zu jener unbeholfenen Masse von Männern, die am Rande der Tanzfläche lungernd darüber sinniert, warum ein durchschnittlich geschobener Pseudo-Tango die Frauen so viel mehr beeindruckt als das humorvollste, feinsinnigste und verständnisvollste Gespräch.

Ja: Ich gehöre zu jener leidenden Mehrheit von Y-Chromosom-Geschlagenen, die schon in den allerersten von Pubertätsangstschweiß gesteuerten Kontaktaufnahmeversuchen zum anderen Geschlecht die bittere Erfahrung machen mussten, dass diese Frau, die dein wegen Testosteronüberflutung wild pochendes Herz mit einem einzigen kleinen Schlag ihrer Wimpern in geschmolzene Margarine verwandelt hat, dass diese Frau nach gefühlten zehn Milliarden humorvoller, feinsinniger und verständnisvoller Worte die Hand auf deine Schulter legt, sodass du in die Knie gehst, als ob es nicht ihre Hand wäre, die dich zum ersten Mal (endlich!) berührt, sondern eine Elektroschockkeule. Dass dir diese Frau jetzt abgrundtief in

deine Augen hineinblickt mit ihren Scheinwerfern, ihren zwischen zwei Kajallinien schwebenden, schimmernden Sehnsuchtsteichen, nach denen du dich schon dein ganzes traurig-einsames Männerleben lang, also bereits seit Monaten, verzehrt hast, dass diese Frau, die dich endlich (!) anschaut und anfasst, dass diese Frau jetzt ganz leicht ihre Lippen, diese Lippen, von denen du weißt, dass du, nachdem du sie nur ein einziges Mal mit den deinen hast berühren dürfen, dass du danach nie wieder etwas essen wirst, damit die Erinnerung an die samtene, volle, nachgiebige, warme Haut dieser Frau sich in deinen Mund einätzen kann und nicht etwa, Gott bewahre, überschrieben wird von plump-tumben Nahrungsmittelkontakten, dass also diese Frau ihre Lippen leicht öffnet und sagt:

«Duhu, Dieter. Du ...» Und du machst die Erfahrung, dass, während sich ihre Lippen für das Du-u zum Kussmund schürzen und ihre Hand langsam von deiner Schulter abwärtsgleitet und jetzt deinen Oberarm zum Kochen bringt, dass du also währenddessen krampfhaft den Atem anhältst, damit es dir nur ja nicht zu früh entwischt, dein «Ich dich auch!», das wie ein Klumpen von geschmolzenem Blei deinen peinlich aus dem Hals erigierenden Kehlkopf verpfropft. Und du machst die Erfahrung, dass deine Ohren rauschen und du das Schönste, was deine Trommelfelle je in Vibration versetzt hat – die tief sanfte, besoffen machende Stimme dieser Frau –, dass du sie kaum in dich eindringen lassen kannst, diese Wohltat und Ursache für dein flatterndes Zwerchfell, dass also die Stimme dieser Frau von deinem Ohrenrauschen fast übertönt wird und dass du mehr ahnst als hörst, wie sie sagt:

«Duhu, Dieter, du ... ich kenne echt keinen Mann, mit dem ich so toll reden kann wie mit dir. Echt, du. Du bist wirklich ein ganz, ganz wertvoller, lieber Mensch, und duhu, ich finde es ganz wunderschön, so mit dir befreundet zu sein, und alles und, duhu, dafür danke ich dir auch, du, aber ... jetzt will ich tanzen!»

Und du machst die Erfahrung, dass diese Frau ihren Du-u-Kussmund in die Breite grinst, dass ihre Hand sich mit kumpelhaftem Pferdehinterngeklapse von deinem Oberarm verabschiedet, dass sich diese Frau von dir abwendet, so entschlossen, dass dich ihre fliegenden Haare, diese Haare, durch die du so gerne die Finger deiner Hände hättest gleiten lassen, stunden- und tagelang, dass diese Haare dich ohrfeigen im Schwung ihres Abgangs und dass nur deine Nasenrezeptoren als letzte Botschaft noch schnell den flüchtigen Duft von Muskat-Pfirsich-Shampoo registrieren dürfen.

Und jetzt, verlassen, wie du bist, bist du dazu gezwungen, die bittere Erfahrung zu machen, dass diese Frau auf die Tanzfläche geht ohne dich … dafür mit Beat! Mit Beat, dem Tanzparkett-Casanova. Der keine drei zusammenhängenden Sätze reden kann, weil er sich beim dritten schon nicht mehr erinnert, was er im ersten abgesondert hat.

Und du? Du machst die noch bitterere Erfahrung, dass du deine Augen nicht abwenden kannst von dieser Frau, die jetzt den Beat anlacht und ihre Hand, nein, ihre beiden Hände auf seine Schultern legt, aber ganz anders als vorher bei dir, viel schwerer, dass du mit ansehen musst, obwohl du wegschauen willst, wie er seine kurznägelig genagten, verlutschten Spachtelfinger im Kreuz dieser Frau spreizt und wie seine Hand wie zufällig immer tiefer rutscht. Und du musst Zeuge werden, wie diese plumpe Dreistigkeit von ihrer Hand mitnichten schallend ohrfeigig bestraft, sondern im Gegenteil belohnt wird, dass nämlich die Hand dieser Frau jetzt auf seiner Brust ruht, nein: nicht ruht, sondern sich bewegt auf seiner Brust, als ob sie ihn streicheln würde – nein: nicht würde! Sie streichelt ihn wahrhaftig, sie streichelt diesen Beat, der noch heute Morgen nach dem Turnen verkündet hat, er dusche nie nach dem Sport, weil sein Schweißgeruch die Mädels verrückt mache. Du musst zusehen, wie diese Frau wieder ihren U-Mund schürzt, und du denkst noch, was sagt sie wohl jetzt: «Duhuu, Beat …», oder was? Aber der Mund dieser Frau zieht sich nicht in die Breite für das Beat-e. Er bleibt in U-Stellung, und dir wird klar, diese Frau sagt gar nichts, so wenig wie der Beat, der jetzt auch einen U-Mund macht, was aber bei ihm aussieht wie eine mit Salz bestreute Nacktschnecke. Und jetzt, jetzt musst du, obwohl du das ganz, ganz sicher nicht sehen willst – alles andere, aber nicht das –, jetzt musst du zusehen, wie diese Frau sich von dem Beat küssen lässt und wie seine andere Hand, also die, mit der er nicht am Hintern von dieser Frau herumknetet, wie dieser andere Beat-Griffel unter den Haaren dieser Frau verschwindet und wie dieser Griffel diese Frau im Nacken packt, ihr Göttinnenantlitz gegen die Nacktschneckenfresse von dem Beat schiebt und wie ihre beiden U-Münder zu O-Мündern werden und dann zu A-Mündern, damit der widerliche Schlecker vom ungeduschten Beat durchkommt bis zum Halszäpfchen dieser Frau.

Und nun machst du die ultimative Erfahrung, dass du dringend, ganz dringend, einen Tanzkurs brauchst.

...

Ich hab dann doch nie einen Tanzkurs besucht.

Es wäre mir peinlich gewesen. Tanzkurse sind, das weiß ich ganz genau, obschon ich, wie gesagt, nie einen besucht habe, Tanzkurse sind grundsätzlich peinlich. Weil sie von Menschen frequentiert werden, die zugeben: Ich brauche es! Ganz dringend!

Männer in Tanzkursen haben resigniert. Sich damit abgefunden, dass auf normalem Wege keine Frau zu kriegen ist. Nicht für sie. Und nun greifen sie verzweifelt zum letzten, zum allerletzten Mittel: dem Tanzcasanova-Trick. Sie sind schon so fertig, dass sie sich freiwillig, wenn auch beschämt, selbst outen als Loser mit ihrem Tanzkursbesuch. Auch jene Männer, die in Begleitung in den Tanzkurs kommen, also mit einer Lebensabschnittspartnerin, die sie, obwohl Nichttänzer, doch irgendwie abgekriegt haben, auch sie sind bekennende Loser. Denn: Warum soll ein Mann, der schon eine Frau hat, warum soll der noch tanzen lernen – nachträglich? Es gibt dafür nur zwei Erklärungen:

Erstens: Er hat einzig dritte Wahl gekriegt und versucht jetzt tanzend, vielleicht eine Kategorie aufzusteigen. Von «Übergewichtiges-Heimchen-aber-schönes-Gesicht» auf «Ganz-okay-Frau». Oder von «Ganz-okay-Frau» auf «Na-holla-Frau». Und selbst wenn er den Anlauf in die höchste Kategorie versucht, in die «Wow-was-findet-so-'n-scharfer-Feger-bloß-an-diesem-Typen?»-Liga: Er ist auch dann ein Loser! Weil er nicht gekriegt hat, was er eigentlich wollte und was ihm eigentlich zustünde. Theoretisch.

Erklärung Nummer zwei, warum ein Nicht-Single einen Tanzkurs besucht: Er hat eine Frau abgekriegt, die unzufrieden ist mit dem, was sie abgekriegt hat: mit ihm. Und die sich jetzt coachmäßig abmüht, sich ins Zeug legt, um ihn auf ihr Wunschniveau raufzudeluxen. Kategorie: «Aus-dir-mach-ich-noch-was-Schatz».

Tanzkursbesucher sind Loser. Alle. Und Extanzkursbesucher sind Tanzparkett-Casanovas. Kam beides für mich nicht in Frage. Nur über meine Leiche. Ich will damit nicht sagen, ich hätte mir eingebildet, *kein* Loser zu sein, aber ich legte Wert darauf, mich wenigstens nicht als solchen zu outen. Mit einem Tanzkursbesuch.

Daher: kein Tanzkurs für mich. Daher: keine Kategorie-1-Frau für mich. Daher: weitere Versuche meinerseits, mit humorvollen, feinsinnigen und verständnisvollen Gesprächen zu beeindrucken. Daher viele gute Freundinnen, die mich wahnsinnig wertvoll fanden und mir die Hand auf die Schulter legten, bevor sie gingen. Es gab auch die eine oder andere «Aus-dir-mach-ich-noch-was-Schatz»-Frau. Das Raufdeluxe-Programm dieser Kategorie beginnt übrigens immer mit der von einem sanft-feuchten Gebärmutterblick unterstrichenen Überreichung eines selbstgestrickten Pullovers. Das nur nebenbei.

Es gelang mir jedenfalls partout nicht, eine Frau aus der «Wow-was-findet-so-'n-scharfer-Feger-bloß-an-diesem-Typen?»-Liga ausreichend nachhaltig zu beeindrucken, dass sie mehr von mir wollte als 'ne echt gute Freundin sein … du. So ging das jahrelang.

Das ging so jahrzehntelang.

Ewig ging das so.

Bis es nicht mehr ging. So nicht. Ich erkannte: Auf meinem Kopfkissen wird sich niemals der Duft von Pfirsichshampoo einnisten. Höchstens flüchtiges Veilchen. Oder Lemon Fresh. Aber kein Muskat-Pfirsich.

Und dann geriet ich, durch Zufall, in einen Tanzkurs. Er war weder als Tanzkurs ausgeschrieben, noch stand Cha-Cha-Cha, Foxtrott, Walzer oder gar Tango auf dem Programm. Er fand weder in einem Tanzsaal statt noch in einem Volkshochschulzimmer, sondern in der Küche eines mondänen Grandhotels in den Schweizer Bergen. Die ausgeklügelte Choreographie wurde vom Chefkoch dirigiert, die Bewegungen der virtuosen Tänzerinnen und Tänzer dienten nicht der Beeindruckung des anderen Geschlechts, sondern der Beeindruckung der Hotelgästegaumen. Es war ein Wirbeln und Zwirbeln, ein Drehen und Wenden, ein Laufen und Rennen, ein Bücken und Rücken, ein Hexentanz um den glühenden Altar, die riesige Herdplatte im Zentrum der kapellengroßen Küche. Und es geschahen Wunder am laufenden Band. In wild orgiastischem Durcheinander verwandelten sich die Zettelchen, die von Kellnern und Serviertöchtern auf die beheizte Durchreiche geworfen wurden wie Konfetti bei einer amerikanischen Straßenparade – dieses Schneegestöber aus Zettelchen verwandelte sich in köstliche Gerichte und Nebengerichte und Beilagen, jeder Gang für die jeweilige Tafel in der jeweils richtigen Kombination mit den anderen Gerichten und Nebengerichten und Beilagen für die nämliche Tafel und alle anderen Tafeln auf die Minute genau getaktet und präzise arrangiert.

Die Musik zu diesem Wahnsinnstanz bestand aus Topfgeklapper, Fettgezische, Brätertürzugeschlage, Schneebesen-Schüssel-Geschrabbel, Wasserstrahl-in-Topf-Gedröhne, Kochgeschirr-sauber-Geschrubbe, Kochholz-Schuhgetrampel, Kochfinger-verbrannt-Geschrei, Gemüsemesser-auf-Holzbrett-Getackere, und über allem dominierte der Tenor des Küchenchefs, der in unerbittlich schneller Abfolge auf Französisch die Namen der *tout suite* herbeizuzaubernden Wunder in das heiße Küchengewaber hineinsang.

Mich hat es, wie gesagt, ganz zufällig in diesen Tanzkurs verschlagen. Ich sollte in einem Film einen Koch spielen. Da es sich um die Hauptrolle handelte, dieser Koch also praktisch immer im Bild war – und zwar die meiste Zeit kochend –, hatte mich der Produzent des Films für zwei Wochen in diesen Hexenkessel geschickt, damit ich dort wenigstens die grundsätzlichsten Handgriffe und Bewegungsabläufe so weit beherrschen lernen sollte, dass der von mir später darzustellende Filmkoch sich nicht allzu sehr blamieren würde.

So übte ich den «Küchentanz». Zum einen als unbeholfenes Kurzzeitmitglied dieses perfekt aufeinander abgestimmten Ensembles, zum anderen als Undercover-Solist. In tiefnächtlichen Einsätzen unter Ausschluss jedweder Zeugen. Ich, vier Uhr morgens, ganz alleine in der riesigen, verwaisten Küche, bewaffnet mit einer Bratpfanne und einer Scheibe Brot, den perfekten Omelette-Wendetrick übend. Oder unter Lebensgefahr das profimäßige Gemüsezerkleinerungstraining absolvierend: mit einer Hand eine rohe Kartoffel oder Karotte fest im Krallengriff, mit der anderen das eindrucksvoll wuchtige Gemüsemesser in schnellem Stakkatotakt auf und ab sausen lassend, den kalten Stahl der Klinge mit meiner Haltekralle als Anlegeleiste am armen Gemüse entlangführend wie eine Maschinengewehrguillotine, tack-tack-tack-tack-tack, dass die dünnen Scheibchen nur so flogen – das gehört zweifellos zu meinen skurrilsten Erinnerungen.

«Na, kannst du's endlich?», war der allmorgendliche Gruß des Küchenchefs an mich. Und dann hatte ich – Morgenstund hat Wahrheit im Mund – zu zeigen, was ich schon konnte. Vor dem vollständig versammelten Küchenteam. Sie haben viel gelacht mit mir, meine Kollegen auf Zeit. Nach solch unfreiwillig komischen Showeinlagen hieß es dann: «Fertig mit luschtig», und es begann wieder loszuwirbeln, das kulinarische Ballett, die blütenweiß gewandete Kitchen-Dance-Company.

Dieser phänomenale Tanzkurs hat mein Leben verändert. Punkto Frauen. Besser gesagt: punkto *einer* Frau. Einer Kategorie «1a-Frau-1a-plus».

Sie war schön wie die Sünde, sie war klug wie Sappho, und sie lachte gern. Nicht so ein Hihihi-Mädchenlachen, sondern ein breitdröhnendes Lachen, das von ganz tief unten hochstieg und sich dann in übereinanderkullernden Wellen herzhaft Gehör verschaffte. Es entströmte einem Mund, für den diese Frau eigentlich einen Waffenschein gebraucht hätte, Kategorie «psychologische Kriegsführung»: In der Du-u-Stellung erinnerten ihre vollen Lippen an alle verbotenen Früchte Edens, und man konnte verstehen, warum Gott das alles für sich ganz alleine haben wollte und Adam und Eva aus dem Paradies schmiss. Beim Erbeer-e jedoch wurde ihr Mund so breit, dass man dieser Frau zutraute, ein Baguette locker quer essen zu können. Wenn sie lächelte, kam eine Reihe von Elfenbeinperlen zum Vorschein, die jeden Zahnarzt in Existenzangst versetzte.

Sie war groß, schlank, von aufrechter, selbstbewusster Haltung, ihre Bewegungen waren von harmonischer Natürlichkeit. Das lag daran, dass sie gerne … tanzte. Jazz, Afro und Bauch. Und ein wenig klassisch, wegen der Beweglichkeit.

Somit war's das. Für mich jedenfalls. Diese Frau war unerreichbar. Keine Chance, vergiss es. *No way*. Fertig. Schluss. *Mission impossible*. Changsenlos!

…

In genau zwanzig Minuten wird es an meiner Tür klingeln – und diese Frau wird davorstehen. Ich hab sie nämlich zum Abendessen eingeladen. War mehr so ein Reflex von mir gewesen, so ein Schuss ins Blaue, so wie man gedankenlos hinwerfen würde: «Die sechs Richtigen im Lotto sind 3, 5, 12, 26, 41, 15.» Und dann wird gezogen, und es kommen die Zahlen 3, 5, 12, 26, 41, 15.

«Wollen wir morgen zusammen abendessen?», hatte ich sie nach gefühlten zehn Milliarden humorvoller, feinsinniger und verständnisvoller Worte gefragt, ohne darüber nachzudenken, dass das eigentlich eine verbotene Frage war, von einem Mann wie mir an eine Frau wie sie.

Und dann drehte sich im Kopf dieser Frau die Lottotrommel und spuckte ein «Ja» aus. Kein «Weiß nicht» oder «Mal sehen» oder «Spinnst du, schau doch mal in den Spiegel». Noch nicht einmal ein «Vielleicht», sondern ein fadengrades «JA».

Ich war so platt, dass mein Kiefer runterklappte und mir nicht einfallen wollte, was nun eigentlich der nächste Text wäre. Totales Blackout.

«Wo?», fragte sie zum Glück – und ich wusste es wieder: Klar, nach «Was?» (Abendessen) und «Wer?» (wir zwei) wäre jetzt zu vereinbaren: «Wo?» und «Wann?».

«19 Uhr?», schlug ich vor.

«Gut, passt, aber *wo*?», fragte sie.

«Äh, ja, also, ich weiß nicht, ich kenne da … Magst du Mediterran oder Indisch, Chinesisch vielleicht, oder Ozean-Atlantisch? Da wäre auch ein sehr netter Mexikaner …

«Ich mag was Selbstgemachtes», unterbrach sie mich.

«Hä?», antwortete ich.

«Ich mag was Selbstgemachtes. Ich mag von dir bekocht werden.»

«Wie, äh, aha, ach so, verstehe, ich soll …»

«Was kochen, ja.»

«Öh … bei mir, dann?»

«Wo sonst?»

«Ja, gut, dann, klar, gerne, mach ich gerne, ich koche sehr, sehr gerne, ich kann uns natürlich auch was kochen, äh. Was magst du denn?»

«Überraschungen», sagte sie nur.

In genau zehn Minuten wird diese Frau vor meiner Tür stehen und klingeln. Und ich werde sie reinlassen. Und sie wird Hunger haben. Und ich werde kochen. Für sie!

HA! Ich werde nicht nur kochen für diese Frau, ich werde den vollen Küchentanz-Casanova-Trick de luxe anwenden. Ich werde die ganze Küchenbrigade des Schweizer Grandhotels in Personalunion verkörpern. Vom Küchenchef über den Gardemanger, den Pâtissier, den Saucier und Rotisseur bis zum Casserollier und dem Küchenjungen: alles ich. Ich werde wirbeln und zwirbeln, mich drehen und wenden, laufen und rennen, mich bücken und rücken, einen Hexentanz werde ich aufführen in meiner wohlorganisierten Küche, für diese Frau.

In genau acht Minuten werde ich sie an meiner Tür begrüßen und sie schnurstracks in die Küche führen, wo sie sich auf dem Logenplatz niederlassen wird, mit einem Glas kaltem, herbem Weißwein als einziger Begleitung. Denn ich werde mich nicht zu ihr setzen, ich werde auch nicht mit ihr anstoßen, Köche trinken NIE bei der Arbeit. Ich werde den Küchentanz-Casanova geben für diese Frau, ich werde sie immer wieder mit leicht schräg nach oben gestellten Augenbrauen anschmachten, ohne peinlich auszusehen, und werde ihr – multitasktrainiert, wie es nur Köche sind – hin und wieder ein dezent-originelles Kompliment schenken, ohne schmierig zu klingen.

In genau fünf Minuten geht's los. Dann ist sie da, Vorhang auf!

Ich checke nochmal Bühne, Kulisse und Requisiten. Organisation ist alles beim Ballett in der Küche. Das Wasser für den Reis hat schon fast die richtige Temperatur, sehr gut. In den Schälchen liegt alles fein säuberlich bereit: das Fleisch schon geschnitten, die Früchte schön drapiert. Der Curry ist bereit, habe das Fertigpulver ein wenig aufgepeppt, eigene Mischung, werde ich verkünden. Alle Zutaten für alles warten griffbereit auf ihren Einsatz wie die Musiker im Orchestergraben. *Mise en Place* heißt das in der Küchensprache. Macht, dass man sich auf das Eigentliche konzentrieren kann, aufs Kochen. Wie der Dirigent sich beim Konzert auf die Musik konzentrieren muss und nicht darauf, ob der Triangelspieler wohl sein Stäbchen hat. Und ich werde dem Ruf, den wir Männer haben, nicht weitere Nahrung geben. Sie wissen ja, wie trainierte Hausfrauen über die sporadischen Küchenaktionen ihrer Angetrauten reden: «Na, *wenn* er mal kocht, kocht er ja ganz essbar, aber die *Küche*! Also, die Küche sieht hinterher *aaaaus*, als ob ein *Tsunami* durchgegangen wäre, *schreeecklich*. Da koch ich doch lieber *gleich* selber ...»

Nicht bei mir, nicht beim Küchentanz-Casanova! Ich kenne die Regeln: Kein benutztes Gerät, kein verwendetes Geschirr bleibt länger als ein paar Minuten verschmutzt liegen. Sauberes von seinem Platz nehmen – anwenden – sofort sauber an den Platz zurück! So geht das. Zeit dafür ist immer, wenn man vorher das *Mise en Place* gemacht hat. Und dann bleibt auch die wichtigste Arbeitsstelle immer frei: das Abwaschbecken. Alle ach so geübten Hausfrauen, die ich kenne, müllen als Erstes das Abwaschbecken zu. Grundsätzlich. Oberste Pflicht: Abwaschbecken zumüllen! Mit verklebten Saucepfännchen, dem verkrusteten Backblech, der riesigen Spaghettipfanne und sämtlichen Rührlöffeln, Messbechern, Schneebesen und Rührstabvorsatzteilen und weiteren Elektro-Küchenhelfer-Bestandteilen, deren sie habhaft werden können, und mit all diesen lächerlich kurzen, stumpfen Blechmesserchen. Das ist so sinnvoll, als ob man beim Ballett sämtliche Kulissenteile mitten auf die Bühne packt, sodass für die Tänzer ja keine Tanzfläche frei bleibt. In Hausfrauenküchen aber ist das Zumüllen ein ungeschriebenes Gesetz, das von den Urgroßmüttern auf die Großmütter auf die Mütter auf die Töchter und deren Töchter ...

Es klingelt! Es hat geklingelt!!

Sie ist da. Die erste «1a-plus-Frau» meines Lebens ... Und sie ist pünktlich.

«Momeeeehent, ich koooomme.»

Drückt mir die Daumen, bitte, drückt mir alle Daumen.

•••

Fünf Stunden später.

Sie ist weg. Sie hat mir nicht ihre Hand auf die Schulter gelegt, zum Abschied. Sie hat nicht ihre Lippen leicht geöffnet, um mir zu sagen, ich sei ein ganz, ganz wertvoller, lieber Mensch, aber … Sie hat ihre Lippen leicht geöffnet, um mir einen Kuss auf die Wange zu hauchen. Und sie hat sich nicht so entschlossen weggedreht, dass mich ihre Haare ohrfeigten. Sie hat sich ganz langsam in die Nacht gedreht und gelächelt. Nach ein paar Schritten hat sie zurückgeschaut und zu mir gesagt: «Schön war's. Bis morgen, du.»

Ich werde sie heiraten.

Mit Gemüse und Kräutern durch das Jahr

Wir haben das große Glück, im Norden Mecklenburg-Vorpommerns zu leben, auf einem alten Hof mit genug Land für zwei Schafe, ein paar Hühner und Enten – und natürlich mit einem wunderschönen großen Gemüsegarten. Um uns herum nur Felder und Weite, darüber ein unendlicher Himmel. Mich führt der Garten durch das Jahr. Wenn der Winter dunkel ist und sich erdrückend lang hinzieht, dann hellen Ende Februar die Anzuchtschalen auf den Fensterbrettern schon wieder mein Gemüt auf, und Samenkataloge werden zu einer spannenden Lektüre. Sobald einem die Finger nicht mehr blau frieren, kommen die ersten Saaten in das Beet – Karotten und Steckzwiebeln sind meist zuerst dran –, die ersten robusten Salate werden ausgepflanzt.

Ab April beginnt alles zu sprießen, so langsam werden die braunen Beete grün, und spätestens ab Juni kommt man kaum mehr nach mit Unkrautjäten und Ernten. Wenn der Herbst Einzug hält, sind die Kräuter des Sommers in kleinen Portionen küchenfertig eingefroren, im ehemaligen Pferdestall liegen die Karotten und die Roten Beten in alten Zinkwannen im Sand, und in der Speisekammer stehen die Regale vollgefüllter Gläser. Ein herrlicher Anblick.

Im Garten sind große Flächen schon wieder umgestochen. Es stehen noch die winterharten Kräuter, Reihen von Feldsalat, Endivien und Petersilie, und von einigen Mangoldstauden lassen sich immer wieder ein paar Blätter ernten. Auch der Kerbel hält noch aus, und das bleibt so bis zum ersten Schnee. Ziehen Schnee und Frost ab, fangen die Mangoldwurzeln an, wieder frisches Grün zu produzieren, und auch Kerbel und Petersilie legen los und räumen erst ihren Platz, wenn die neuen Aussaaten erntereif sind. So wird der Garten nie leer und der Kreislauf nicht unterbrochen.

Das Mise en Place

Bevor wir mit dem ersten Rezept beginnen, möchte ich noch meine zwei wichtigsten Tipps in Sachen Kochen, Küche und Arbeitsablauf loswerden. Der erste Tipp ist ganz einfach: das Rezept ganz durchlesen, bis zur letzten Zeile, bis zu den Variationen. Erst dann weiß man genau, was alles gebraucht wird. Nun kommt der zweite Schritt, das sogenannte **Mise en Place**. Übersetzt heißt das «auf den Platz gelegt», und das setzen wir so um: alles zusammensuchen, was wir für das Rezept brauchen, und je nach Bedarf putzen, schälen, schnippeln, würzen, bis alles bereitliegt. Dann den Arbeitsplatz aufräumen,

und jetzt wird gekocht.

Frühlingssüppchen aus Wildkräutern

Wenn im März die Sonne an Kraft gewinnt, ist es Zeit, bei Spaziergängen nach den ersten Kräutern für ein Süppchen zu suchen. Von den noch ganz kleinen Brennnesseln mit spitzen Fingern die oberste Blattrosette abknipsen, die frischgesprossenen Blätter von Sauerampfer, Giersch und Löwenzahn sammeln, und wenn wir Glück haben, finden wir noch würzige Bärlauchblätter. Steht eine Wiese voll Bärlauch, wie jedes Jahr im alten Schlosspark in Putbus auf Rügen, kann man diese Suppe auch nur mit Bärlauch zubereiten. Wer möchte, ergänzt die Wildkräuter mit einem Bündel Schnittlauch und Kerbel.

3 Handvoll Wildkräuter fein hacken
1 Zwiebel fein würfeln
2 EL Butter
2 EL Mehl
1 l Gemüse- oder Hühnerbrühe
1 Becher Sahne mit
2 Eigelb verquirlen
Salz und Pfeffer

Die Butter erhitzen und die Zwiebelwürfel darin andünsten, mit Mehl bestäuben und gut verrühren. Mit der Brühe aufgießen und aufkochen. Nun die Kräuter dazugeben, nochmal kurz aufkochen, das Sahne-Ei-Gemisch hinzufügen. Unter ständigem Rühren erhitzen, aber nicht mehr kochen lassen. Mit Salz und Pfeffer abschmecken und sofort servieren.

Variationen: 500 g Spargel schälen, in Stücke schneiden und in gut 1 l Wasser mit etwas Salz ca. 20 Minuten kochen. Alles wie oben, aber mit dem Spargelwasser statt mit der Brühe aufgießen und die Spargelstücke dazugeben. Spargelsuppe schmeckt auch sehr gut nur mit Schnittlauch oder nur mit Kerbel.

Aus den ostpreußischen Geschichten von Siegfried Lenz kenne ich die sagenumwobene Sauerampfersuppe und wusste nie, wie sie wohl gemacht wurde. Aber unsere Nachbarin Sylvia hat ein altes Kochbuch ihrer pommerschen Großmutter. Dieses Buch ist gut 100 Jahre alt und hat durch die Zeit und die Kriegswirren etwas am Aussehen gelitten, es fehlt aber keine einzige Seite. Da habe ich sie gefunden, die Suppe, die von Ostpreußen bis Brandenburg ein Frühlingsbote war …

Die Sauerampfersuppe

Im Frühling auf brachliegenden Feldern und an Waldrändern werden die Sauerampferblätter gesammelt, die gröbsten Stiele entfernt und die Blätter gewaschen.

100 g Sauerampferblätter
1 l Fleisch- oder Hühnerbrühe
2 EL Butter
2 EL Mehl
1 Becher Sahne
mit 2 Eigelb verquirlen
4 wachsweich gekochte Eier (noch warm)
Salz und Pfeffer

Den Sauerampfer in der Brühe aufkochen und ca. 5 Minuten köcheln, anschließend pürieren. Nun in einem anderen Topf die Butter erwärmen, das Mehl einrühren und mit der Sauerampfersuppe ablöschen und verrühren. Einmal aufkochen lassen. Dann die Sahne mit dem Eigelb einrühren, erhitzen, aber nicht mehr kochen, und mit Salz und Pfeffer abschmecken. In die Suppenteller je 1 geschältes Ei legen und die Suppe darübergießen. Sofort servieren.

Suchen Sie eine Wiese oder einen Acker, der nicht gedüngt wird, und stechen Sie mit einem spitzen Messer junge Löwenzahnpflänzchen. Gerade am Ackerrand findet man oft Pflanzen, die sich aus Erdschollen rausarbeiten; sie haben in der Mitte noch gelbe Blättchen, und das ist genau richtig für einen …

Löwenzahnsalat

pro Person ca. 8–10 Löwenzahnpflänzchen
8 EL kleine Speckwürfel
1 Handvoll Walnusskerne grob hacken
Für die Vinaigrette
1 Knoblauchzehe sehr fein hacken
1–2 Schalotten fein würfeln
1 TL Dijonsenf
Rotweinessig und Sonnenblumenöl
Salz und Pfeffer

Den Löwenzahn gut putzen, sodass die Blätter einzeln sind, die äußeren dunkelgrünen entfernen, alle anderen in eine Schüssel geben. Die Vinaigrette mit dem Schneebesen gründlich verquirlen, die Blätter in der Schüssel damit vermischen und mittig auf den Salattellern anrichten. Den Speck und die Walnüsse in einer Pfanne anbraten und kurz vor dem Servieren mit dem ausgelassenen Fett auf dem Salat verteilen.

Variation: Besonders gut schmeckt zu Löwenzahnsalat auch gebratene Geflügelleber. Dazu die Leberstückchen kurz in getrocknetem Majoran wälzen, in der Speckpfanne mit etwas neuer Butter von beiden Seiten schnell und heiß anbraten, salzen und pfeffern und mit etwas Balsamico ablöschen. Die Leberstückchen um den Salat herum anrichten und sofort servieren.

Das erste Gemüse im Garten ist meistens der **Spinat**, den man noch im September oder Oktober auf abgeernteten Beeten ausgesät hat. Auch auf dem Markt ist er schon im April zu finden. Und was der Spinat im Frühling bei uns bewirkt, wissen wir doch sehr gut, seit wir Popeye kennen!

Salat aus Blattspinat

Wie bei den Kräutern sind auch hier die ersten grünen Blätter etwas ganz Besonderes, Langersehntes. Sie eignen sich hervorragend zu einem Salat. Wenn es noch wenige sind, mische ich sie unter den normalen Blattsalat; werden es mehr, gibt es Salat nur aus Spinatblättern.

ca. 300–400 g kleine Spinatblätter (nach Augenmaß) waschen und entstielen
10 feste Champignonköpfe ohne Stiel in dünne Blättchen schneiden

1–2 Tomaten enthäuten, entkernen und in Würfel schneiden
Für die Vinaigrette
5 EL Walnuss- oder Haselnussöl
3 EL Sherryessig
6 Korianderkörner im Mörser
  oder mit einer Flasche auf dem Brett
  möglichst fein zerbröseln
Salz und Pfeffer

Spinatblätter auf den Tellern anrichten, die Champignonscheiben dazwischenstecken oder einen Kranz drum herumlegen, die Tomatenwürfelchen drüberstreuen und die Vinaigrette darauftröpfeln.

Variation: Dieser Salat ist eine wunderbare Zugabe zu Räucherlachs. Dann setzt man den Salat etwas seitlich auf die Teller und den Lachs davor.

Mein Großvater liebte den Spinat, wenn er zu einem dicken Brei püriert und mit Mehlschwitze angedickt war. Da bin ich froh über die neuen Einflüsse, die sich inzwischen durchgesetzt haben.

Blattspinat als Gemüse

mindestens 1 kg Blattspinat
3 EL Olivenöl
2 Schalotten fein würfeln
2 Knoblauchzehen in dünne Blättchen schneiden
eventuell geriebene Muskatnuss
Salz und Pfeffer

Den Blattspinat putzen, gröbere Stiele entfernen und die Blätter anschließend gut waschen und abtropfen lassen. In einem großen Topf das Öl erhitzen und Schalotten und Knoblauch leicht andünsten, den Spinat dazugeben und den Deckel schließen. Nach 2–3 Minuten ist der Spinat zusammengefallen, dann salzen und pfeffern. Wenn man möchte, etwas Muskatnuss hineinreiben. Alles vorsichtig vermengen und noch gut 5 Minuten auf großem Feuer dünsten, damit die Flüssigkeit verdampft. Dabeibleiben und immer wieder wenden.

Der Blattspinat ist in dieser klassischen Form eine gute Beilage zu Fleisch, wie etwa Tellerfleisch, oder zu Fisch. Übriggebliebener Blattspinat kann sehr gut eingefroren und später wieder verwendet werden, beispielsweise zu einer Omelette (S. 103).

Variation: Im Frühling lässt sich ein Teil des Spinats durch gezupfte Brennnesselspitzen ersetzen, das ergibt einen volleren Geschmack und passt hervorragend in jede Frühjahrskur.

Der auf diese Art gegarte Blattspinat ist auch die Basis für die folgenden zwei Rezepte.

Lasagne mit Spinat

Ist mit den Lasagne-Nudelplatten, die nicht mehr vorgekocht werden müssen, ein phantastisches und schnelles Essen. Béchamelsauce (s. u.) bereiten und ca. 80–100 g frisch geriebenen Bergkäse in der Sauce schmelzen. Eine Auflaufform mit Öl ausreiben, mit einer Schicht Spinat beginnen, dann Nudeln – Spinat – Béchamelsauce – Nudeln – Spinat und als Letztes Béchamel darüber. Einige Tomatensegmente dekorativ mit der Wölbung nach oben in die Béchamelsauce stecken, mit geriebenem Parmesan bestreuen und in ca. 30 Minuten bei 180 °C überbacken, bis die Lasagne goldbraun wird.

Béchamelsauce

4 EL Butter
4 EL Mehl
ca. $^1/_2$ l Milch
Salz, Pfeffer und geriebene Muskatnuss

Die Butter in einem Topf erhitzen, das Mehl unter ständigem Rühren hineingeben. Wenn das Mehl mit dem Fett eine homogene Masse bildet, schubweise die Milch dazugeben und dabei ständig rühren. So viel Milch dazugeben, bis die Sauce eine cremige Konsistenz hat. Wie dick- beziehungsweise dünnflüssig sie sein soll, bestimmen Sie selber. Die Sauce mit den Gewürzen abschmecken. Wenn man es ganz samtig haben will, kann man die Hälfte der Milch durch Sahne ersetzen.

Pfannkuchen mit Spinatfüllung

Blattspinat und Béchamelsauce wie oben beschrieben zubereiten

ca. 300 g feste Champignonköpfe in dünne Blätter schneiden

3 EL geriebener Parmesan

Für die Pfannkuchen

250 g Weizenmehl Typ 405

1 kräftige Prise Salz

3 Eier

½ l Milch

Butter oder Butterschmalz zum Ausbacken

Backrohr auf 170 °C vorheizen

Mehl in eine Schüssel geben, Prise Salz dazu, eine Mulde hineindrücken, die Eier hineinschlagen und etwas einarbeiten, dann die Milch schubweise dazugeben, den Teig glatt

rühren. Mindestens 30 Minuten ruhen lassen. Eventuell nochmal etwas Milch nachgeben, sodass der Teig vom Löffel fließt. Zum Ausbacken etwas Butter oder Butterschmalz in einer Pfanne erhitzen, eine Kelle Teig auf eine Seite der Pfanne gießen und durch Schiefhalten der Pfanne dünn über den Pfannenboden laufen lassen. Den Pfannkuchen von beiden Seiten goldbraun backen. Sechs Pfannkuchen backen.

Die Champignons in Butter auf starker Flamme ebenfalls goldbraun braten, salzen und pfeffern. Zwei Drittel der Pilze mit der Béchamelsauce vermischen. Eine Auflaufform mit Butter ausstreichen. Auf jeden Pfannkuchen mittig eine Reihe Spinat geben, etwas von der Béchamelsauce drauftropfen, den Pfannkuchen aufrollen, halbieren und in die Auflaufform setzen. So mit allen Pfannkuchen verfahren und sie dachziegelartig einlegen, bis der Boden der Auflaufform mit den Pfannkuchenrollen bedeckt ist. Die restliche Béchamelsauce über die Pfannkuchen gießen, mit Parmesan und den restlichen Pilzen bestreuen. Im Backrohr ca. 20–30 Minuten backen, bis die Oberfläche gebräunt ist.

Variation: Wenn man eine eigene Mühle hat, 125 g Weizen gemischt mit 75 g Grünkern, 50 g Buchweizen und 1 TL getrocknetem Majoran fein mahlen; gibt sehr pikant schmeckende Pfannkuchen.

Auf die **Kohlrabi** im Garten kann ich nicht warten, und so kaufe ich schon vorab die ersten frischen Kohlrabi auf dem Markt. Denn es geht um das …

Kohlrabigratin

Alle lieben es, egal ob Jung oder Alt. In meinem Restaurant im Elsass habe ich damit manchen Franzosen begeistert, denn in ganz Frankreich ist *chou rave* so gut wie unbekannt. Kaufen Sie immer nur Kohlrabi mit knackigen, dunkelgrünen Blättern, Knollen ohne Blätter kommen überhaupt nicht in Frage.

3–4 Kohlrabi
Béchamelsauce (S. 42)
100 g Bergkäse oder Emmentaler frisch reiben
etwas Butter für die Auflaufform

Backrohr auf 170 °C vorheizen

Die Blätter entfernen; die festeren, inneren Blätter entstielen und in Streifen schneiden. Die Knollen schälen, halbieren und in Scheiben schneiden. Alles zusammen in kochendes Salzwasser geben und 5–8 Minuten kochen. Die Kohlrabi sollen gar sein, aber noch Biss haben. In einem Sieb abtropfen lassen. Béchamelsauce zubereiten und zwei Drittel des Käses einrühren.

Die Kohlrabi mit der Béchamelsauce vermischen, in der Auflaufform verteilen und mit dem restlichen Käse bestreuen. Im Backrohr gratinieren, bis die Oberfläche leicht bräunt. Passt gut zu Salzkartoffeln und Fleischpflanzerl.

Variation: So können Sie auch Blumenkohlröschen, Brokkoli oder Rosenkohl zubereiten.

Zeitgleich mit den ersten Kohlrabi gibt es auch die ersten kleinen Möhren. Diese schmecken – nur leicht abgeschabt, kurz in Salzwasser gekocht und dann in Butter leicht angebräunt – hervorragend und sehen zusätzlich auch noch sehr dekorativ aus. Aus diesen kleinen Rüben schmeckt auch die **Karottenrohkost**. Dazu reibt man die rohen Karotten grob und macht sie mit etwas Nussöl und Himbeeressig, Salz und Pfeffer an. Im Raum ca. 1 Stunde durchziehen lassen; vor dem Servieren noch einmal durchmischen und mit gehackter Petersilie oder gezupftem Kerbel bestreuen. Sehr pikant schmeckt der Salat, wenn Sie 2–3 von den innersten, hellen Stangen des Staudenselleries in dünne Scheibchen schneiden und mit den Karotten vermengen.

Jetzt gibt es auch die jungen Erbsen auf dem Markt, und das führt unweigerlich zum Klassiker der Kaiserzeit: das Möhren-Erbsen-Gemüse. Die Möhren wie gehabt putzen, eventuell der Länge nach vierteln und dann halbieren, die Erbsen auspulen und beide Gemüse zusammen in etwas Butter anschwitzen, salzen und pfeffern und mit etwas Hühnerbrühe aufgießen. Bei geschlossenem Deckel ca. 10 Minuten köcheln, einen kräftigen Schuss Sahne dazu, gehackte Petersilie untermischen, kurz aufkochen und servieren.

Wenn zusammen mit der Sahne noch einige vorgegarte Spargelstücke untergemischt werden, hat man das in alter Zeit so beliebte Leipziger Allerlei.

Hier ist der richtige Platz, um die geniale **Schalottenbutter** nach Alain Ducasse einzufügen. Ich bereite sie immer in größerer Menge zu und friere sie dann in Portionen ein. Diese Butter ist ideal, um nur kurz in Salzwasser gegarten Gemüsen in Sekundenschnelle eine delikate Note zu geben, beispielsweise Möhren und Erbsen, Kohlrabi oder grünen Bohnen.

250 g zimmerwarme Butter
20 g gemahlene, geschälte Mandeln
60 g luftgetrockneter Schinken
1 Knoblauchzehe
1–2 Schalotten
120 g Petersilie fein hacken
Salz und Pfeffer

Schalotten, Knoblauchzehe und Schinken äußerst fein würfeln. Zusammen mit den anderen Zutaten in eine Schüssel geben und mit einer Gabel so lange vermischen, bis eine gleichmäßig grüne Masse entsteht. Nun beliebig in Portionen teilen und einfrieren. Schmeckt auch gut zu gebratenem Fleisch jeder Art.

Osterspaziergänge in Putbus haben mich dazu gebracht, auf ähnliche Weise **Bärlauchbutter** zu produzieren. Dazu wiege ich reichlich Bärlauchblätter mit einem Wiegemesser sehr fein und knete sie anschließend in zimmerwarme Butter ein. Diese grasgrüne Butter forme ich zu Bällchen und friere sie ein. So kann ich das ganze Jahr Gemüsegerichte, Suppen, aber auch Fischpfannen köstlich parfümieren.

Wenn das Frühjahr in den Sommer übergeht und die Tage schon endlos scheinen, ist es Zeit, zum **Spargel**bauern zu fahren. Vorpommern mit seinen Sandböden ist bestens geeignet für dieses Gemüse, deshalb findet man hier überall kleine und große Spargelfelder. Die Leute stechen früh am Morgen die weißen Stangen aus den Erdwällen, anschließend wird der frische Spargel gewaschen und direkt an der Straße zum Kauf angeboten. Es gibt alle Sorten: die dicken und die dünnen Stangen und für ganz wenig Geld den Bruch, den man für die köstliche Spargelsuppe verwenden kann. Gerade Spargel sollte nur dann auf den Tisch kommen, wenn bei uns Erntezeit ist. Um auf dem Markt oder im Laden sicherzugehen, dass Sie keinen alten erwischen, kratzen Sie mit einem Fingernagel in die Schnittfläche der Stangen. Wenn gleich unter der angetrockneten Schnittfläche das saftige Spargelfleisch zum Vorschein kommt, ist alles in Ordnung.

Ich schäle Spargel noch immer so, wie es mir meine Großmutter beigebracht hat, mit einem kleinen scharfen Messer von unten nach oben verlaufend, das heißt, die Schale wird nach oben hin immer dünner entfernt. Natürlich gibt es viele «moderne» Geräte für diese Arbeit, da muss jeder ausprobieren, was ihm am besten von der Hand geht. Jede geschälte Spargelstange wird sofort in ein bereitliegendes feuchtes Küchentuch eingeschlagen, damit bis zum Kochen nichts austrocknet. Dann bringt man Wasser mit etwas Salz, einer Prise Zucker und einem dicken Klecks Butter zum Kochen. Wenn man mit dem Kochwasser später eine Suppe bereiten möchte, kann man zunächst die Schalen kochen und nach ca. 10 Minuten mit der Schaumkelle herausfischen. Das gibt dem Spargelwasser einen sehr intensiven Geschmack. Erst jetzt folgen die Stangen und werden ungefähr 10–15 Minuten gegart. Gar sind sie, wenn man das Ende einer Spargelstange mit Daumen und Zeigefinger zusammendrücken kann. Als Entschlackungs- und Entwässerungskur ist es sehr zu empfehlen, einfach eine Schale von dem Kochwasser zu trinken.

Für die Spargelstangen gibt es anschließend verschiedene Möglichkeiten …

Spargelsalat mit Radieschen-Schnittlauch-Vinaigrette

1 kg Spargel kochen wie oben beschrieben
2–3 hartgekochte Eier in Würfel schneiden
10 knackige Radieschen in kleine Stifte schneiden
1 Bund Schnittlauch in feine Röllchen schneiden
Weißweinessig
Sonnenblumenöl
Salz und Pfeffer

Mit dieser Vorspeise beginnen Sie bereits am Vortag.
    Gleich nach dem Garen die Spargelstangen mit einer Schaumkelle aus dem Wasser heben und in eine längliche hohe Form legen. Ich nehme dazu immer meine Kastenform vom Backen aus Jenaer Glas; es geht auch jede andere Kastenform,

nur rostfrei muss sie sein. Salz und Pfeffer drüberstreuen, Weißweinessig und Öl draufträufeln. Anschließend so viel heißes Spargelwasser dazugeben, bis alle Spargelstangen bedeckt sind. Die Form mit Folie abdecken und bis zum nächsten Tag bei Zimmertemperatur stehen lassen.

Kurz vor dem Essen die Vinaigrette herstellen: Eier, Radieschen und Schnittlauch in eine Schüssel geben, salzen und pfeffern, Weißweinessig und Sonnenblumenöl dazugeben, mit einem Löffel verrühren und abschmecken. So viel von der Spargelmarinade untermischen, dass die Vinaigrette saucig ist.

Nun die Spargelstangen auf Tellern oder einer großen Platte anrichten und die Vinaigrette mittig wie einen Gürtel darübergeben. Mit einigen ganzen Schnittlauchstängeln, wenn möglich mit Blüte, und Blüten von der Kapuzinerkresse dekorieren und servieren.

Eine sehr farbenfreudige Vorspeise.

Spargel mit Sauce Mousseline

1 kg Spargel kochen wie oben beschrieben
Für die Sauce
4 Eigelb
300 ml Sahne
eventuell etwas Zitronensaft
entweder 1 Bund Schnittlauch in feine Röllchen schneiden
   oder 1 Bund Kerbel* fein hacken
Salz und Pfeffer

In einer runden Schüssel über dem Wasserbad auf kleiner Flamme Eigelb und Sahne mit einem Schneebesen so lange kräftig schlagen, bis sich eine dickliche, cremige Sauce bildet. Vom Feuer nehmen und sofort in eine kühle Schüssel gießen. Sauce abschmecken, die Kräuter unterheben. In der Schüssel zusammen mit dem auf eine Platte gelegten heißen Spargel auftragen. Dazu gibt es neue Kartöffelchen und ein gutes Rindersteak.

Variation: Zuerst den Spargel garen und, wenn er fertig ist, vom Feuer nehmen, aber im heißen Wasser lassen. Die Sauce Mousseline zubereiten, diesmal mit feingehacktem Basilikum, Salz und Pfeffer würzen. Dann pro Person 1 Pfannkuchen ausbacken, wie auf S. 43 beschrieben. Die Pfannkuchen warm halten. Wenn die 3 Zutaten fertig sind, legen Sie auf jeden Teller 1 Pfannkuchen, auf dessen eine Hälfte an die 5–7 Spargelstangen, auf diese 4–5 EL Sauce Mousseline. Dann die freie Hälfte des Pfannkuchens darüberklappen und sofort servieren. Köstlich!

Das Ende der Spargelzeit ist an Johanni, am 21. Juni. Der Tag, an dem in Bayern Feuerräder die Berghänge hinunterrollen und überall große Sonnenwendfeuer entzündet werden – Mittsommer, Sommeranfang, Zeit des Überflusses. Die ersten grünen Bohnen können gepflückt werden. Die heutigen Züchtungen sind fast alle fadenlos, und das Putzen geht schnell. Grüne Bohnen wurden früher prinzipiell erst gekocht und dann weiterverarbeitet. Das kann man

---

* Nun ein Wort zum **Kerbel**, ein feines, sehr aromatisches Kraut, das kaum auf dem Markt zu kriegen ist. Wenn Sie aber einen Garten haben, und sei es nur ein kleiner, dann säen Sie in einem Eck – es reicht ein halber Tag Sonne – etwas Kerbel aus. Entweder im zeitigen Frühjahr oder Ende August, Anfang September, der Kerbel liebt nicht die brüllende Sommerhitze. Lassen Sie ruhig einige Pflanzen bis zur Blüte und bis zum Abtrocknen kommen. Der Kerbel sät sich dann selber aus, und Sie werden in den nachfolgenden Jahren überall und immer wieder dieses köstliche und auch sehr hübsche Kräutchen in Ihrem Garten ernten können.

immer noch machen und sie nur kurz in Butter oder Sahne und Petersilie oder in der Schalottenbutter von S. 47 schwenken, quasi **Bohnen klassisch**. Ich bevorzuge die Variation, sie direkt zu dünsten, dann schmecken sie noch intensiver, noch bohniger.

Das altbekannte **Bohnenkraut**, auch Pfefferkraut genannt, verstärkt den Geschmack von grünen Bohnen enorm, und so ist es gut, 3–4 Stiele mitzukochen oder im Sommer jedem Bohnengemüse die frischen Blättchen beizugeben. Auch im Winter braucht man nicht auf dieses würzige Kraut zu verzichten, denn **Bohnenkraut**, **Oregano** und **Majoran** sind die Kräuter, die durch das Trocknen nicht an Aroma verlieren, deshalb kann man sie jederzeit getrocknet verwenden. In den Gartencentern werden jetzt häufig kleine Pflanzen winterhartes Bohnenkraut angeboten, manchmal auch unter dem Namen Bergbohnenkraut. Das kann entweder im Topf auf dem Balkon wachsen oder in einer sonnigen Rabatte im Vorgarten. Es ist sehr ausdauernd und liefert das ganze Jahr würzige Blättchen.

Grüne Bohnen mit Speck

750 g kleine grüne Bohnen putzen
1 Zwiebel klein würfeln
1 Handvoll kleine Speckwürfel
½ Bund Petersilie fein hacken
etwas Bohnenkraut
1 Tasse Brühe
2 EL Olivenöl
Salz und Pfeffer

Zwiebel, Petersilie und Bohnenkraut im Öl andünsten, Speckwürfel dazugeben, unter Rühren 5 Minuten zusammen dünsten. Nun die grünen Bohnen dazu, salzen und pfeffern. Alles vermischen, mit etwas Brühe oder Wasser aufgießen und bei geschlossenem Deckel auf kleinem Feuer köcheln lassen. Ab und zu alles vorsichtig umrühren und eventuell noch ein bisschen Flüssigkeit nachgeben. Sobald die Bohnen weich sind und doch noch etwas Biss haben, kann aufgetragen werden.

Grüne Bohnen mit Tomaten

750 g grüne Bohnen putzen
1 Zwiebel klein würfeln
2 Knoblauchzehen feinst würfeln
3 Tomaten, Stielansatz entfernen und würfeln
1 Kräutersträußchen aus je 3 Stängeln Thymian und Bohnenkraut und 1 Lorbeerblatt
$^1/_2$ Bund Petersilie fein hacken
Salz, Pfeffer und Olivenöl

Zwiebel und Knoblauch im Olivenöl andünsten, Tomaten dazu, salzen und pfeffern, Kräutersträußchen einlegen. Alles zusammen ca. 5 Minuten dünsten, die Bohnen dazu und bei geschlossenem Deckel auf kleinem Feuer garen, bis die Bohnen weich sind. Das Kräutersträußchen entfernen, die Petersilie untermischen, nochmal abschmecken und servieren.

Bohnengemüse schmecken immer gut zu allem, was vom Lamm ist. Mit einem Kartoffelgratin von S. 127/128 serviert, ist es ein köstliches, vollwertiges vegetarisches Gericht.

Eine altmodische, aber geniale Erfindung ist das **Kräutersträußchen**. Man bindet mit einem Zwirn oder Küchenfaden die Kräuter zusammen, die dem Gericht eine unterstützende Note geben sollen. Am Ende der Kochzeit entfernt man den Strauß – das Aroma bleibt, Stiele und Blattreste verschwinden. Man bindet das Kräutersträußchen je nach Bedarf aus Stängeln von Thymian, Rosmarin, Majoran, Bohnenkraut, Estragon, Petersilie und meistens auch einigen Lorbeerblättern.

Nun noch ein Wort zu den **frischen Bohnenkernen**. Wenn man die Bohnen aus dem Garten holt, egal ob von Stangen- oder Buschbohnen, so übersieht man beim Abpflücken immer wieder einige Schoten im Blätterdickicht. Die werden dann so dick, dass sich die Kerne schon abzeichnen, und sind als grüne Bohnen nicht mehr geeignet. Deshalb holt man sich nur die Kerne aus den Hülsen und dünstet diese mit den grünen Bohnen. Das gibt dem Gemüse noch eine zusätzliche geschmackliche Note.

Gemüse aus Bohnenkernen

2 Tassen frische oder eingeweichte Bohnenkerne
1 Zwiebel klein würfeln
2 Knoblauchzehen fein hacken
1 TL frische Thymianblättchen
2 Tassen Hühnerbrühe
$^1/_2$ Becher Sahne
Olivenöl
Salz und Pfeffer

Zwiebel und Knoblauch in Olivenöl andünsten. Jetzt Bohnenkerne und Thymian dazu, salzen und pfeffern. Alles dünsten und mit 1 Tasse Hühnerbrühe aufgießen. Bei geschlossenem Deckel ca. 20 Minuten sanft köcheln lassen – eventuell noch etwas Hühnerbrühe nachgießen –, bis die Bohnenkerne weich sind. Nun die Sahne dazu und bei offenem Deckel ca. 5–10 Minuten einköcheln. Dieses Gemüse passt hervorragend zu Lammkoteletts oder Lammkeule mit Rosmarin.

Der **Mangold** war eines dieser vergessenen Gemüse, die jetzt wieder überall zu kriegen sind, und gerade nach seiner Verwendung werde ich oft gefragt. Ein kurzer Tipp vorab: Einige Mangoldblätter gebe ich fein gehackt in jede Gemüsesuppe oder auch in Streifen geschnitten zum Ofengemüse von S. 74. Sehr pikant schmecken die Hackfleischbällchen von S. 199, wenn 2–3 kleinstgehackte Mangoldblätter in die Farce geknetet werden.

Mangoldstiele gratiniert

1 kg Mangold
Saft von $^1/_2$ Zitrone
1 EL Mehl
Béchamelsauce (S. 42)
80 g Bergkäse
etwas Butter für die Auflaufform
Salz

Backrohr auf 170 °C vorheizen

Den Mangold putzen und mit einem kleinen, scharfen Messer das Grün von den Stielen entfernen. Die Stiele in ca. 5 cm lange Stücke schneiden, 2 l Wasser mit Salz, Mehl und Zitronensaft zum Kochen bringen und die Stiele darin ca. 10 Minuten sprudelnd kochen. Inzwischen die Sauce bereiten, die Hälfte des Käses einrühren. Die Stiele abgießen und abtropfen lassen, mit der Sauce vermischen, in die gebutterte Auflaufform füllen und mit dem restlichen Bergkäse bestreuen. Im Backrohr goldbraun gratinieren.

Gemüse aus Mangoldblättern

Das Grüne von ca. 1 kg Mangold in 1 cm breite Streifen schneiden
1 große Zwiebel klein würfeln
2 Knoblauchzehen fein hacken
4 Tomaten ohne Stielansatz würfeln
Olivenöl
Salz und Pfeffer

Zwiebeln und Knoblauch im Olivenöl andünsten, die Tomaten dazugeben, pfeffern und salzen, ca. 5 Minuten köcheln. Dann das Mangoldgrün unterrühren und bei geschlossenem Deckel ca. 15–20 Minuten auf kleinem Feuer garen. Nun die beiden Gemüse servieren. Vegetarier geben Ofenkartoffeln dazu, Fleischesser reichen sie als Gemüsebeilage zu jedem beliebigen Gericht.

Variante: Wenn es schnell gehen soll, bereite ich Blätter und Stiele nicht getrennt zu, sondern schneide die ganze Pflanze in breite Streifen und koche sie wie bei dem obigen Rezept im Tomatenfond.

Mangoldstiele mit schwarzen Oliven

Mangoldblätter wurden für ein Gratin mit Fisch oder Fleisch gebraucht, die Stiele sind noch da, knackig und weiß, auf Gratin habe ich keine Lust, weil es Hochsommer ist. Dann nehme ich die Stiele, schneide sie in ganz dünne Streifen, dünste Knoblauch und Schalotten in einer Pfanne in Olivenöl an und gebe die Stiele dazu. Weiterhin 1 Chilischote, entkernt und fein geschnitten, in Scheiben geschnittene schwarze, entkernte Oliven und Thymianblättchen. Alles immer wieder wenden. Salzen und pfeffern. Kurz vor dem Servieren ca. 15 halbierte Kirschtomaten mitdünsten.

Und jetzt ist sie da, die Zeit, die für mich Hochsommer ist – die **Tomaten**zeit. Ende März fange ich an, die sorgfältig ausgesuchten Tomatensamen in Anzuchtschalen auszusäen. Eine lange Zeit des Kümmerns beginnt: mit dem Sprüher ständig feucht halten, pikieren, in größere Töpfchen umsetzen und an den ersten sonnigen Tagen ins Freie tragen; abends natürlich zurück in das geschützte Haus. In noch größere Töpfe setzen. Mitte Mai unter das Tomatendach pflanzen, bei Gefahr eines kalten Nachtwindes einen Schutz aus Vlies drüberstülpen und ständig ausgeizen, stützen, wässern – und dann kommt sie endlich, die Zeit der ersten roten Tomate!

Und wenn der Sommer warm und trocken bleibt, gibt es jeden Tag eine Schüssel und bald einen Korb voll. Nur eines darf nicht passieren – ein feuchter Sommer, wie bald jedes zweite Jahr. Dann greift die Braunfäule um sich, die Tomaten bekommen braune Flecken, und es bleibt einem nur die rigorose Entfernung aller Pflanzen. Wir haben das schon einige Male erlebt. Doch im Gedächtnis behalten wir die Sommer mit Körben voll reifer Früchte, und deshalb beginnt jeden März wieder – siehe oben.

Natürlich gibt es in dieser Jahreszeit als Entree einen **Tomatensalat**. Dazu lege ich Scheiben der Tomaten schuppenartig auf eine große Platte. Darauf streifig geschnittenes Basilikum und Rauke, auch als Rucola bekannt. Mit etwas Salz und Pfeffer würzen, mit Olivenöl vom Feinsten und etwas Balsamicoessig beträufeln. Einige Tomatensorten eignen sich dafür ganz besonders, und ich baue sie jedes Jahr mit großen Erwartungen an. Da ist zum einen die aromatische Ananastomate, gelborange gestreift und so groß, dass eine Frucht für vier Personen reicht. Green Zebra und das französische Cœur de Bœuf sind ebenfalls als Salat vorzüglich.

Tomatensalat schmeckt aber auch ganz hervorragend mit einer **Mayonnaisensauce**. Natürlich selbstgemachte Mayonnaise, die geht wirklich einfach. 2 ganze Eier in einen hohen Becher, 1–2 TL Senf (am besten Dijonsenf) und etwas Salz dazu und 1 großes Wasserglas neutrales Öl bereithalten. Nun mit einem Pürierstab die Eier pürieren und das Öl stetig hineinfließen lassen, dabei ständig weiterpürieren. So viel Öl nehmen, bis die Mayonnaise dicklich wird. Nun mit etwas Zitronensaft abschmecken. Fertig. Für den Tomatensalat gebe ich noch Pfeffer und weißen Balsamicoessig dazu und eine dicke Portion Schnittlauchröllchen.

Eine wunderbare Beilage ist den ganzen Sommer hindurch …

Grilltomate mit Kräutern

pro Person 2 Tomaten, je nach Größe auch 3
2–3 Knoblauchzehen und
reichlich Thymian und Rosmarin miteinander fein hacken
3 EL Balsamicoessig
Olivenöl
Salz und Pfeffer

Backrohr auf 200 °C vorheizen

Die Tomaten der Länge nach halbieren, Stielansätze entfernen. Eine flache Auflaufform mit Olivenöl ausreiben. In einer weiten Pfanne Olivenöl erhitzen, die Tomaten mit der Schnittfläche nach unten in die Pfanne setzen und bei starkem Feuer 2–3 Minuten anbraten. So arbeiten, dass jede Tomate ganz aufliegt. Anschließend kommen sie mit der Schnittfläche nach oben in die Auflaufform, wo sie etwas enger aneinandergeschoben werden können. Mit Salz und Pfeffer und den gehackten Kräutern bestreuen. Die Pfanne mit dem Essig löschen, den Bratensatz mit einem Kochlöffel lösen, aufkochen lassen und diese Flüssigkeit auf den Tomaten verteilen. Die Form auf der mittleren Einschubleiste in das Backrohr schieben und ca. 30 Minuten backen, sodass die Tomaten am Rand schon etwas braun werden.

Variation: Wenn es etwas reichhaltiger sein soll, weil man zum Beispiel ein großes Gemüseessen machen will, dann kann man die Tomaten in der Form noch mit Parmesan bestreuen.

Für das folgende Gericht ist es am besten, ein Gratin mit Mangoldstielen (S. 56) zu bereiten und dies mit den gefüllten Tomaten auf den Tisch zu bringen. Die beiden Gemüsegerichte ergänzen sich ausgezeichnet und sind zusammen ein wahrer Hochgenuss.

Tomaten mit Mangold gefüllt

pro Person 2 Tomaten
von 1 kg Mangold die Blätter in Streifen schneiden
1 Zwiebel klein würfeln
2 Knoblauchzehen fein würfeln
1 Becher Sahne mit
80 g geriebenem Bergkäse vermischen
Olivenöl
Salz und Pfeffer

Backrohr auf 180 °C vorheizen

Am Stielansatz der Tomaten 1 Scheibe abschneiden und das Innere der Frucht aushöhlen. Das Innere aufheben. In einem Topf Zwiebel und Knoblauch in Olivenöl andünsten, das Mangoldgrün dazugeben, salzen und pfeffern und in 20 Minuten weich dünsten. Eventuell etwas Wasser dazugeben. Abkühlen lassen.

Eine Auflaufform mit Olivenöl ausreiben. Das kleingehackte Innere der Tomaten auf dem Boden verteilen, salzen und die mit den Mangoldblättern gefüllten Tomaten draufsetzen. Ins Backrohr schieben und ca. 20 Minuten backen. Jetzt das Käse-Sahne-Gemisch auf den Tomaten verteilen. Es macht nichts, wenn rechts und links etwas in die Auflaufform läuft. Noch einmal ins Rohr und goldbraun gratinieren.

Variation: Dieses Gericht kann auch mit dem Blattspinat von S. 41 zubereitet werden.

In den trocken-heißen Sommern, wenn die Tomaten aus unserem Garten oder auf dem Bauernmarkt im Überfluss vorhanden sind, machen wir …

Eingelegte Tomaten

Jetzt kommen die Eiertomaten oder Roma zum Einsatz. Eingelegte Tomaten lassen sich im Voraus zubereiten und bilden einen kleinen Vorrat im Kühlschrank. Ich reiche gerne zu einer großen Schüssel Salat einige kleine, getoastete, mit Knoblauch abgeriebene Weißbrotscheiben mit diesen Tomaten belegt als Vorspeise oder als sommerliche Zwischenmahlzeit.

Backrohr auf 70 °C vorheizen. Backblech mit Alufolie auslegen und diese mit Olivenöl einreiben. Die Eiertomaten enthäuten, vierteln und die Kerne entfernen. Die Tomatenviertel mit der gewölbten Seite nach oben auf der Alufolie auslegen. Knoblauchzehen schälen, fein würfeln, mit Thymianblättchen und Salz mischen und auf den Tomaten verteilen. Mit Olivenöl beträufeln; ca. 2 Stunden im Backrohr lassen. Die Tomatenviertel in ein Schraubdeckelglas schichten, mit der ausgetretenen Flüssigkeit auf dem Blech begießen und noch so viel Olivenöl dazugeben, dass alle Tomaten bedeckt sind. Hält sich im Kühlschrank ca. 2–3 Wochen.

Und jetzt meine Lieblingsspaghetti. Das kann ich mit einer Riesenschüssel grünem Salat dazu mindestens so oft essen wie unser Enkel Pepe Spaghetti mit Tomatensauce.

Sommerspaghetti

Pro Person ca. 200 g Spaghetti und ca. 200 g schöne reife Tomaten; besonders gut sind hier Fleischtomaten. Für die Kräuter gehe ich einmal quer durch den Garten und zupfe überall und von allem reichlich: Petersilie, Rosmarin, Thymian, Oregano und Basilikum. Knoblauch auch reichlich nehmen, mindestens aber 1 Zehe pro Person.

Die Tomaten in Würfel schneiden und die Kräuter mit den Knoblauchzehen fein hacken. Nun geht es schnell. Die Spaghetti wie gewohnt kochen und abgießen. In dem Topf Olivenöl erhitzen, die Kräuter-Knoblauch-Mischung dazu und unter Rühren kurz andünsten. Die Tomatenwürfel hinein, erhitzen, die Spaghetti dazu, alles vermengen und sofort servieren.

Variation: Ergänzen Sie dieses Gericht mit kleingeschnittenen schwarzen oder grünen Oliven oder geben Sie mit den Kräutern noch 2 entkernte und gewürfelte Chilischoten in den Topf.

Von Lizzy aus Österreich habe ich folgende schnelle, köstliche **Tomatensauce**, die ich in großen Mengen in Schraubdeckelgläser aller Größen abfülle. So kann ich den ganzen Winter Saucen und Suppen mit dem Aroma sonnengereifter Tomaten parfümieren. Und so wird's gemacht: Beliebig viele Tomaten in Würfel schneiden, dazu pro Kilo Tomaten 1 kleingewürfelte Zwiebel. In einem passendem Topf Butter erhitzen, erst die Zwiebeln anschwitzen, dann die Tomaten dazu, salzen, aufkochen lassen und auf kleinem Feuer so lange köcheln, bis es aussieht, als sei nur noch halb so viel im Topf. Dabei immer wieder rühren. Jetzt den Pürierstab so lange hineinhalten, bis eine glatte, cremige Sauce entsteht. Noch kochend in die Schraubdeckelgläser füllen, verschließen, die Gläser auf den Kopf stellen, abkühlen lassen, umdrehen und in die Speisekammer.

Zu Spaghetti passt am besten die klassische, pikante …

Tomatensauce mit Kräutern

3 kg Tomaten kurz in kochendes Wasser legen, häuten und grob würfeln
9 Knoblauchzehen klein würfeln
3 Zwiebeln fein würfeln
3 TL getrockneter Oregano
2 Bund Petersilie fein hacken
6 Anchovisfilets in Stücke schneiden
1 Bund Basilikum fein hacken
1 Kräutersträußchen aus 6 Thymianzweigen und 3 Lorbeerblättern
Olivenöl
Salz und Pfeffer

Zwiebel, Anchovisfilets, Knoblauch, Petersilie und Oregano in Olivenöl andünsten, die Tomaten dazugeben, salzen und pfeffern und das Kräutersträußchen einlegen. Auf kleinem Feuer ca. 1 Stunde köcheln lassen, ab und zu umrühren. Sträußchen entfernen, das Basilikum hineingeben, abschmecken und servieren. Zu diesen Spaghetti mit Tomatensauce gehört unbedingt frischgeriebener Parmesan.

Was zu viel ist, fülle ich wieder kochend in Schraubdeckelgläser oder Milchflaschen – ein wunderbarer Wintervorrat.

Dick und groß werden sie, die **Gemüsegurken**, aber sie sind im Anbau äußerst sensibel. Viel Sonne soll es sein, keine feuchten, taunassen Morgenstunden und zu viel Wind bitte auch nicht. Also, um die Gemüsegurke muss ich mich im Garten ganz besonders kümmern, und wenn es gelingt, dann liebe ich …

Schmorgurke mit Dill

1–2 große dicke Schmorgurken, die Schale kann schon gelb werden
5 Tomaten häuten und in Stücke schneiden
5 Schalotten halbieren und in dünne Scheiben schneiden
1 dickes Bund Dill fein hacken
1 Becher Crème fraîche
Butter
Salz und Pfeffer

Die Gurke schälen und an den beiden Enden prüfen, ob sie bitter sind. Dann so viel abschneiden, bis nichts Bitteres mehr auf der Zunge zu spüren ist. Gurke der Länge nach halbieren und mit einem Esslöffel die Kerne rausschaben, innen salzen. 10 Minuten ruhen lassen und anschließend das ausgetretene Wasser abtupfen. In der Zwischenzeit die Zwiebeln in Butter glasig anschwitzen, die Tomaten dazugeben und dann die Gurken. Salzen und pfeffern und ca. 20–30 Minuten bei geschlossenem Deckel köcheln. Die Crème fraîche und den Dill unterheben, nochmal kurz aufkochen und servieren.

Eines der vielseitigsten Sommergemüse ist die **Zucchini**. Jedes Jahr pflanze ich in Vorfreude auf die ersten kleinen Früchte zu viele Pflanzen, was irgendwann unweigerlich zu einer Zucchinischwemme führt. Aber das macht nichts, auch Schafe essen gerne Zucchini, und die Hühner picken zu groß gewordene Früchte gerne zu Hohlkörpern. Früchte von ca. 15–20 cm Länge sind am besten, im Fruchtfleisch geschlossen und saftig. Sie sind ideal für einen …

Salat aus gekochten Zucchini

Dafür gibt es zwei Möglichkeiten, beide köstlich, beide dekorativ.

1. 3–4 ganze Zucchini in kochendes Salzwasser geben und ca. 10 Minuten sprudelnd kochen. Vorsichtig herausnehmen, kurz kalt abschrecken und anschließend in ca. $1/2$ cm dicke Scheiben schneiden. Diese entweder kreisförmig oder der Länge nach ziegelartig auf Teller oder Platten mit Rand anrichten. Noch lauwarm mit kleingeschnittenem Basilikum bestreuen, salzen und pfeffern und mit weißem Balsamicoessig und bestem Olivenöl beträufeln. Bei Zimmertemperatur ziehen lassen und ab und an die Vinaigrette am Tellerrand mit einem Löffel abschöpfen und über die Zucchini träufeln.

2. 2 Zucchini mit einem Gurkenhobel in dünne Scheiben hobeln und in Salzwasser 2–3 Minuten blanchieren. In einem Sieb abtropfen lassen. Anschließend 2 Möhren putzen, in dünne Scheiben hobeln, ca. 4–5 Minuten in Salzwasser blanchieren und ebenfalls in einem Sieb abtropfen lassen. Nun beide Gemüse noch warm in eine Schüssel geben, salzen und pfeffern, weißen Balsamicoessig und Olivenöl sowie feingehackten Kerbel oder Petersilie dazugeben. Sehr sanft alles miteinander vermischen und bei Zimmertemperatur durchziehen lassen. Vor dem Servieren noch einmal sanft wenden.

Zucchinigemüse oder Zucchini – das Tor zum freien Kochen

Zucchini sind ein eigentlich harmloses Gemüse, was ihren Geschmack anbelangt, aber gerade das macht sie wichtig, denn sie sind wahre Verwandlungskünstler und quasi vom Frühsommer bis in den späten Herbst verfügbar. Die spanischen Wintergewächshauszucchini lassen wir mal beiseite. Ich will die Zucchini jetzt zum Anlass nehmen, über die Freiheit in der Küche zu reden.

Die beginnt beim Einkaufen. Gartenbesitzer sind frei, denn sie gehen morgens in ihren Garten, schauen um sich, sammeln ein und überlegen dann, was sie kochen werden. Und genau so sollten Sie es machen, wenn Sie auf dem Markt vor einem Gemüsestand stehen. Nicht nach Rezept ein paar Gramm davon oder ein Stück davon. Schauen Sie, was Ihnen gefällt, was Ihnen Appetit macht, und kaufen Sie ein. Füllen Sie Ihren Korb mit allem, was das Herz begehrt und das Auge reizt. Ein Büschel Petersilie, ein Bündel Schnittlauch, Basilikum und frischen Knoblauch nicht vergessen. Man geht ja nicht jeden Tag auf den Markt, es soll für ein paar Tage reichen. Zu Hause machen Sie es wie der Gartenbesitzer. Sie schauen um sich, suchen aus und fangen an zu kochen. Es ist nicht wichtig, wie viele Blätter Basilikum. Wenn Sie Lust auf Basilikum haben, dann nehmen Sie einfach viel davon. Wichtig ist nur, dass die Gesamtmenge, die Sie kochen, am Ende so ungefähr die richtige Menge für die Anzahl der Esser ist, die Sie bekochen.

Und damit klar wird, was ich meine, zähle ich jetzt Gemüsemischungen mit Zucchini auf. Benötigt wird immer eine weite Pfanne oder ein Wok und als Basis Olivenöl, gewürfelte Zwiebel und Knoblauch, Salz und Pfeffer. Wenn eine Mischung zu trocken erscheint und ansetzt, entweder mit Weißwein, Hühner- oder Gemüsebrühe oder Wasser aufgießen.

Zucchini, Tomaten, Basilikum
Zucchini, rote und gelbe Paprika, Tomaten, Chili, Rosmarin, Thymian und Petersilie
Zucchini, streifig geschnittene Mangoldblätter, Tomaten, Petersilie
Zucchini, Auberginenwürfel, kleingehackte Mangoldblätter, grüne Bohnen, Tomaten, Rosmarin, Bohnenkraut, Petersilie
Zucchini, Fenchelknollen in feine Streifen geschnitten, Tomaten, Fenchelgrün und Dill, Crème fraîche
Zucchini, Lauch, Champignons, Curry, Ingwer, Kokosnussmilch und Petersilie
Zucchini ganz alleine mit Petersilie und etwas Sahne

Wenn Ihnen Gemüse mit Reis, Couscous, Bulgur oder Nudeln nicht reicht, dann setzen Sie entweder Hackfleischbällchen (S. 199) in das Gemüse oder Fischfilet, Garnelen oder Muscheln … Ihrer Phantasie sind keine Grenzen gesetzt.

Abschließend zu den Zucchini nun noch ein «richtiges» Rezept, ein ganz geniales obendrein, ich habe es von Chantal aus Lyon.

Clafoutis mit Zucchini

2 Zucchini der Länge nach in dünne Scheiben schneiden
1 Gemüsezwiebel halbieren und in dünne Scheiben schneiden
2 Knoblauchzehen würfeln
80 g geräucherten durchwachsenen Speck würfeln
50 g geräucherten Speck in Streifen schneiden
Olivenöl
Salz, Pfeffer und Currypulver

Für den Teig
100 g Mehl
2 Eier
3 Eigelb
250 ml Milch
1 EL Öl und Pfeffer
1 Bund Schnittlauch in feine Röllchen schneiden
100 g grob geriebenen Ziegenkäse

Backrohr auf 210 °C vorheizen

Als Ziegenkäse eignet sich entweder Schnittkäse, aber besser noch die kleinen, runden, schon ein bisschen festen «Crottin».

Alle Zutaten für den Teig, außer Schnittlauch und Käse, schnell und zügig zusammenrühren. Stehen und ziehen lassen. In dieser Zeit die Zucchini vorbereiten: Zwiebel und Knoblauch im Olivenöl andünsten, Speckwürfel und die Zucchinischeiben dazu, salzen und pfeffern, mit Curry bestäuben. Alles immer wieder wenden. Nach ca. 10 Minuten, wenn die Zucchini schon etwas gegart und weich sind, das Gemüse in eine gefettete, weite Auflaufform füllen.

In den Teig den Schnittlauch und den Käse einrühren. Den Teig über das Gemüse gießen. Die Form ein bisschen rütteln, damit sich der Teig gut verteilt. Die Speckstreifen auf dem Auflauf dekorativ verteilen. Im Rohr ca. 40 Minuten überbacken. Mit einer großen Schüssel Salat servieren.

Sogar bei uns im hohen Norden habe ich es schon geschafft, im Freiland **Auberginen** großzuziehen und auch einige der Eierfrüchte zu ernten. Die Pflanze braucht wie die Tomate einen warmen Standort, denn sie ist ursprünglich in Indien beheimatet und wanderte von dort aus nach Asien und mit den Arabern bis nach Nordafrika. Und über Italien kam sie dann sehr viel später auch nach Europa. Bei uns kennt man hauptsächlich die dunkelvioletten, birnenförmigen Früchte, aber es gibt sie auch rund, lang, weiß, gestreift und grün.

Hier ein kleines Rezept mit den ganz normalen, dicken lila Früchten – die sind heute quasi bitterfrei gezüchtet, und man kann sie direkt verwenden.

Überbackene Auberginenscheiben

Backrohr auf 180 °C vorheizen. 2 Auberginen in ca. 1 cm dicke Scheiben schneiden und die Scheiben auf ein geöltes Backblech legen. Salzen und pfeffern, mit Olivenöl beträufeln und das Öl auf der Scheibe verreiben. Mit etwas kleingeschnittenen Rosmarinnadeln und gehackten Thymianblättchen bestreuen. Sehr kleine Tomatenwürfelchen drauf und als krönenden Abschluss die Scheiben entweder mit geriebenem Parmesan oder zerbröseltem Ziegenfrischkäse bestreuen, oder mit beidem. Im Backrohr goldbraun backen und sofort servieren.

Diese Auberginenscheiben sind eine feine kleine Vorspeise, aber sie eignen sich auch als Gemüsebeilage zu einem Fleischgericht oder als Teil einer vegetarischen Gemüseorgie.

Hier nun ein Wort zu **Sommerkräutern**, so nenne ich meine Mischungen, die ich im Sommer bei einem kurzen Gang durch den Garten einsammle – und das mache ich wirklich ohne Plan. Was die Menge angeht, nehme ich immer *viel* Kräuter, und wenn es dann doch zu viele sein sollten, friere ich sie fein gehackt in kleinen Portionen für den Winter ein. Zu den Sommerkräutern gehören Thymian, Rosmarin, Salbei, Bohnenkraut, Oregano, Petersilie. Oder ich lasse den Salbei weg und nehme stattdessen Basilikum dazu. Die Kräuter hacke ich mit Knoblauch zusammen sehr fein und würze mit dieser Mischung Gemüse- oder auch Fleischgerichte. Sparen kann man mit allem Möglichen, aber nicht mit Kräutern in der Küche. Schon ein kleiner Balkon oder Blumenkästen vor den Fenstern können einen Kräutergarten teilweise ersetzen.

Salbei Rosmarin

Auberginengratin

2–3 Auberginen der Länge nach vierteln
1 kg Tomaten ohne Stielansatz
Sommerkräuter: Thymian, Rosmarin, Petersilie und Basilikum mit
3 Knoblauchzehen fein hacken
Parmesankäse frisch reiben
Olivenöl
Salz und Pfeffer

Backrohr auf 170 °C vorheizen

Eine Auflaufform mit Öl ausstreichen und die Auberginen mit der Haut nach unten dicht nebeneinander hineinlegen. In das Fruchtfleich mit einem spitzen Messer kleine Schnitte ma-

Thymian　　Schnittlauch　　Rosmarin

chen, salzen und pfeffern, die Kräuter-Knoblauch-Mischung und die Hälfte des Parmesans drüberstreuen. Die Tomaten in der Breite halbieren und mit der Hautseite nach oben dicht draufsetzen. Mit reichlich Parmesankäse bestreuen und mit etwas Olivenöl betropfen. Die Auflaufform auf der mittleren Schiene in das Backrohr schieben und ungefähr eine Stunde backen, bis die Tomaten schon leicht braun werden.

Der Sommer neigt sich dem Ende zu, und jetzt, Ende August bis Ende September, wird die Fülle im Garten zur Überfülle. Es ist die arbeitsreichste Zeit, denn nun werden nicht nur Kräuter und Gemüse eingekocht und eingefroren, auch Äpfel, Birnen und Zwetschgen wandern als Marmelade, Mus oder Kompott in die Gläser.

Es ist Zeit für **Gemüsesuppen**, die in der Pfalz den passenden Namen «de Supp quer durch de Gaade» trägt. Denn Gartenbesitzer gehen quer durch den Garten und sammeln wieder mal alles ein, was gut passt. Für alle anderen ist vielleicht dann der richtige Moment gekommen, wenn sie ein paar Tage vorher so einen Rundumschlag am Gemüsestand gemacht haben, wie bei den Zucchini empfohlen. Nun haben Sie lauter Gemüsereste, für ein Einzelgericht nicht lohnend, aber für eine Gemüsesuppe genau richtig.

Man sammelt alles ein, was in Frage kommt, setzt sich mit seinen Schätzen wenn möglich an die Sonne und beginnt zu putzen, zu schälen und zu schnippeln. Alles wird klein gewürfelt, und erst wenn diese Vorarbeit geleistet ist, beginnt man wie üblich mit Olivenöl, Zwiebel und Knoblauch. Mengenmäßig nehmen Sie ungefähr von jedem Gemüse gleich viel und den größten Topf, den Sie haben. Was Sie nach einem Tag, oder vielleicht auch zwei Tagen, noch übrig haben, frieren Sie in Ein-Liter-Behältern ein. Das ist im Winter die gefühlte Rückkehr des Sommers. Und *quod erat demonstrandum*, was zu beweisen war: Gemüse ist nie zu viel!

Ich schreibe jetzt auf, was alles reinpassen könnte; das eine oder andere darf auch fehlen, es wird auf jeden Fall gut: Karotten, Lauch, Sellerie, Blumenkohl, Brokkoli, Mangold, Spinat, Kohlrabi, grüne Bohnen (in 1 cm langen Stückchen), Bohnenkerne, Paprika, Tomaten, Kürbis, Kartoffeln, Zucchini, Auberginen, Wirsing und als Kräuter Liebstöckel, Selleriegrün, Petersilie. Die Zutaten kommen in den Topf, werden angedünstet, gerührt und noch ein bisschen gedünstet, dann mit Wasser aufgegossen, dass das Gemüse gerade mal bedeckt ist, und nun lässt man es leise vor sich hin kochen. Salzen und pfeffern, eventuell noch eine Prise Chili. Kurz vor dem Servieren noch eine *dicke* Portion Pesto dazu und auf den Tisch eine Schale mit frischgeriebenem Parmesan.

Was den Pfälzern ihre «Supp quer durch de Gaade» ist, bedeutet in unserer Familie …

Sommerliches Ofengemüse

1 Aubergine der Länge nach vierteln und in Scheiben schneiden
4 Fleischtomaten grob würfeln
2 kleine Zucchini halbieren und in Scheiben schneiden
3 bunte Paprikaschoten ohne Kernhaus würfeln
10 Schalotten halbieren
mindestens 4 Knoblauchzehen in dünne Blättchen schneiden
reichlich «Sommerkräuter» (S. 71)
Salz und Pfeffer

Backrohr auf 150 °C vorheizen

Die Gemüse, Kräuter und Knoblauch in eine Schüssel geben, mit Salz und Pfeffer würzen und mit 5–6 EL Olivenöl beträufeln. Alles gut vermischen und anschließend in eine mit Olivenöl ausgeriebene große Auflaufform oder einen Bräter geben. Auf der mittleren Schiene in den Ofen schieben und in ca. 1 Stunde weich schmoren. Kann auch etwas länger im Rohr sein. Dieses Gemüse passt zu jedem Fisch oder Fleisch und besonders gut zu Beilagen wie Reis, Bulgur oder Couscous.

Variation: Hier ist die Variation eher eine Ergänzung. Machen Sie Fleischklößchen wie auf S. 199 beschrieben. Die rohen Fleischklößchen zwischen das Gemüse schieben und mitschmoren lassen. 100 g geriebenen Emmentaler mit einem Becher Sahne vermischen und nach 45 Minuten auf jeden Fleischklops eine dicke Portion von dieser Käse-Sahne-Mischung geben. Macht nix, wenn sie in das Gemüse hineinläuft. Dann das Backrohr auf 180 °C einstellen, und wenn die Käsehauben nach ca. 10 Minuten goldbraun gebacken sind, in der Form servieren.

Nun ist er dahin, der Sommer mit seiner ganzen Fülle und Vielfalt. Die Tage werden kühler, das Licht weniger, mit seiner Farbenpracht versucht der Herbst uns darüber hinwegzutrösten. Für mich, die ich das Glück habe, mit dem Garten zu leben, ist die Ernte der **Kürbisse** ein Höhepunkt im Gartenjahr. Ich liebe es, wenn auf dem Tisch vor der Küche die dicken Bollern liegen, von Orange bis Dunkelgrün. Erst wenn Nachtfröste drohen, kommen die Kürbisse in ihr Winterquartier, den alten Pferdestall, und von da werden sie dann bis Februar oder März der Reihe nach in die Küche geholt.

Wenn so ein Riese vor einem auf dem Küchentisch liegt, macht sich erst mal Ratlosigkeit breit. Aber es ist wieder mal ganz einfach: Kürbisse mit einem großen, stabilen Küchenmesser in nicht zu breite Segmente teilen, dann schälen und das weiche Innere mitsamt den Kernen entfernen.

Eine sehr zarte, feine Suppe ist die …

Kürbissuppe à la Bocuse

1 Rührschüssel voller Kürbiswürfel
3 Stangen Lauch der Länge nach halbieren, waschen
 und dann in 1 cm breite Streifen schneiden
3 EL Butter
1 l Hühnerbrühe (S. 218)
200 ml Crème fraîche
1 dickes Bund Kerbel sehr fein hacken
Salz und Pfeffer

In einem großen Topf die Butter erwärmen, dann den Lauch und die Kürbiswürfel dazugeben, andünsten und immer wieder rühren. Salzen und pfeffern, mit der Hühnerbrühe aufgießen und so lange auf kleinem Feuer köcheln, bis die Kürbiswürfel zerfallen. Die Suppe mit dem Pürierstab fein pürieren, die Crème fraîche einrühren und ohne Deckel nochmal kurz aufkochen. Anschließend den Kerbel dazu, die Suppe vom Feuer nehmen, abschmecken und sofort servieren.

Etwas würziger, exotischer ist die …

Kürbissuppe mit Curry

1 große Rührschüssel voller Kürbiswürfel
1 große Zwiebel in kleine Würfel schneiden
3 Knoblauchzehen fein würfeln
2–3 TL Currypaste oder Currypulver
1 Chilischote entkernen und klein würfeln
5 cm Ingwerwurzel schälen und fein würfeln
3 Tomaten schälen und in Würfel schneiden
 oder 1 Glas von «Lizzys Tomatensauce» (S. 63)
1 Dose Kokosnussmilch
1 l Hühnerbrühe (S. 218)
Koriandergrün *oder* Petersilie fein hacken
Olivenöl, Salz und Pfeffer

Das Olivenöl erhitzen, darin Zwiebel, Knoblauch, Ingwer, Chili und die Tomaten andünsten, den Curry unterrühren und kurz mitdünsten. Mit der Kokosnussmilch ablöschen und dann

die Kürbiswürfel in den Topf, salzen und pfeffern. Alles zusammenrühren und noch ein wenig dünsten. Nun mit Hühnerbrühe aufgießen und so lange kochen, bis die Kürbiswürfel zerfallen. Mit einem Pürierstab pürieren oder mit dem Kartoffelstampfer zerdrücken. Sehr heiß mit frischen Korianderblättern oder Petersilie bestreut servieren.

Da im Süden der Kürbis vielfältiger in der Küche genutzt wird als im hohen Norden, achtet man dort auch sehr genau auf die Sorte, die man verwendet beziehungsweise anbaut. Ich selber liebe den Muscade de Provence, ein kulinarischer Alleskönner, der im Herbst auf vielen Märkten stückweise verkauft wird, und den Butternusskürbis, weil der nicht so riesig ist und ein wunderbar zartes, fruchtiges Fleisch hat. Tochter Lena hat das folgende Rezept entdeckt und natürlich voller Begeisterung weitergegeben. Eine sehr schmackhafte, etwas ungewöhnliche Vorspeise, die wir gerne übernommen haben.

Salat mit Butternuss und Pinienkernen

Backrohr auf 200 °C vorheizen. Kürbisfleisch in ca. 3 × 3 cm große Würfel schneiden, mit Olivenöl, Salz und Pfeffer würzen und vermischen, auf ein Backblech legen und ca. 30–40 Minuten im Backrohr auf der mittleren Schiene backen, bis die Würfel leicht braun und karamellisiert sind.

In der Zwischenzeit gemischten Blattsalat mit Endivien, Chicorée und Feldsalat putzen, in essbare Stücke zupfen und auf den Tellern mittig anordnen. Vinaigrette mit rotem Balsamicoessig bereiten (S. 89) und Basilikum und 3 Minzeblätter dazugeben, beide Kräuter feinst geschnitten.

Eine Handvoll Pinienkerne in einer trockenen Pfanne rösten. Weil die Kerne sehr leicht anbrennen, dabeibleiben und ständig rühren. Nun bis zu 8 nur leicht abgekühlte Kürbiswürfel und einige Pinienkerne auf jedem Salat verteilen, mit der Vinaigrette beträufeln und servieren.

Tipp: Sollten Sie zu viele Kürbiswürfel haben, können Sie diese im Kühlschrank 2–3 Tage aufbewahren, um sie nochmals für einen Salat zu verwenden. Sie können sie auch als Gemüsebeilage servieren, dazu noch einmal kurz mit Olivenöl und einer Petersilien-Knoblauch-Mischung in der Pfanne erhitzen.

Den Muscade de Provence verwende ich immer dann, wenn ich folgendes Gratin mache, das – zu einem Fleischgericht gegessen – die Kartoffel ersetzt.

Gebackener Kürbis

ca. 800 g Kürbis in Würfel schneiden
100 g Emmentaler reiben
1 dickes Bund Petersilie mit
3 Knoblauchzehen zusammen fein hacken
Olivenöl
Salz und Pfeffer

Backrohr auf 170 °C vorheizen

Alle Zutaten in eine Schüssel geben, würzen und mit Öl beträufeln, gut vermischen und in eine gefettete Auflaufform füllen. Im Backrohr ca. 45 Minuten goldbraun backen. Passt hervorragend zu jedem Ragout oder vegetarisch zu Grilltomaten und grünen Bohnen. Das schmeckt nicht nur gut, das sieht auch noch toll aus: orange-rot-grün.

Die orangerote Farbe und die Konsistenz des Muscade de Provence eignen sich auch hervorragend für ein …

Kartoffel-Kürbis-Püree

Je 300 g Kartoffel- und Kürbiswürfel in Salzwasser weich kochen, abgießen, 2 EL Butter und frischgeriebene Muskatnuss dazu. Mit einem Kartoffelstampfer zerdrücken und ca. 1 Tasse Milch schluckweise dazugeben. Mit dem Schneebesen den Brei schlagen, bis er die richtige, cremige Konsistenz hat. Dieser «Kartoffelbrei» schmeckt köstlich und ist zusätzlich ein optischer Effekt.

Und jetzt gleich zu einem anderen farblichen Knaller in der Herbstküche: die Rote Rübe oder **Rote Bete**. Wie beim Kürbis hat es eine Zeit gebraucht, bis ihre kulinarischen Qualitäten erkannt wurden. Und um sie so richtig zu nutzen, möchte ich Ihnen empfehlen, die Knollen in ihrem Urzustand auf dem Markt oder im Bioladen zu kaufen – statt der vakuumierten, viel zu matschig vorgegarten Dinger aus dem Supermarkt oder der charakterlosen Scheiben im Glas. Ab Ende Juli zieht man schon hie und da kleinere Knollen aus den Reihen im Gemüsebeet, damit die zurückgebliebenen bis zum Spätherbst dicker werden können. Auch auf dem Wochenmarkt werden sie schon angeboten, und diese erste Ernte der Roten Bete ist besonders zart und eignet sich sehr gut zu einem …

Rote-Bete-Gemüse

1 kg kleine Rote Beten schälen und in dünne Scheiben schneiden
2–3 Schalotten fein hacken
2 EL Rotweinessig
$^1/_2$ Becher Sahne mit 1 Becher Naturjoghurt vermischen
Butter
1 Bund Schnittlauch in feine Röllchen schneiden
Salz und Pfeffer

Die Zwiebeln in der Butter andünsten. Sobald sie glasig werden, die Roten Beten dazugeben und salzen und pfeffern. Kurz anschwitzen lassen und mit dem Essig ablöschen. Auf kleinster Flamme mit geschlossenem Deckel weich köcheln, eventuell ab und an etwas Wasser dazugeben, damit sie nicht ansetzen. Wenn sie weich sind, die Sahne-Joghurt-Mischung dazu und ohne Deckel erhitzen, aber nicht mehr kochen lassen. In eine Schüssel geben, den Schnittlauch drüberstreuen und servieren. Passt hervorragend zu Tellerfleisch mit Meerrettich oder kurzgebratenem Fleisch.

Rote-Bete-Salat mit Apfel

5–6 Rote Beten
2 säuerliche Äpfel schälen, Kernhaus entfernen, vierteln und in Scheiben schneiden
1 Zwiebel fein würfeln
neutrales Öl und Balsamicoessig oder Rotweinessig
1 Bund Schnittlauch in feine Röllchen schneiden
Salz und Pfeffer

Die Roten Beten als Ganze ca. 45 Minuten kochen; mit einem spitzen Messer prüfen, ob sie schon weich sind. Dann abgießen und mit kaltem Wasser abschrecken. Wenn sie abgekühlt sind, schälen; das geht ganz leicht, man schiebt die Schale mit den Fingern einfach weg und schneidet höchstens den Stielansatz mit dem Messer gerade. Anschließend die Knollen halbieren und in Scheiben schneiden. Alle Zutaten zusammen in eine Schüssel geben, durchmischen und bei Zimmertemperatur ziehen lassen. Vor dem Servieren noch einmal durchmischen und nachwürzen. Mit Schnittlauch bestreut servieren.

Variation: Mit frischgeriebenem Meerrettich, den man mit den anderen Zutaten vermischt, erhält der Salat eine pikante Note.

Eine **Rote-Bete-Suppe mit Ingwer** beschert Ihren Gästen zwei Überraschungen: zuerst den Anblick der leuchtend pinkfarbenen Suppe mit grünen Tupfen und dann den unerwarteten Geschmack. Und das bei einer Suppe, die ganz einfach ist und äußerst preiswert.

5–7 Rote Beten schälen und in Würfel schneiden
ein 5 cm langes Stück Ingwerwurzel schälen und würfeln
2 Knoblauchzehen schälen
1 großer Becher Crème fraîche
1 Bund Rucola in dünne Streifen schneiden
Salz und Pfeffer

Die Roten Beten schneidet man am besten auf einem Plastikbrett, wegen der Farbe. Die Rübenwürfel in kaltem, leicht gesalzenem Wasser ansetzen. Das Wasser soll die Würfel gerade bedecken. Sprudelnd kochen, bis die Würfel sich weich anstechen lassen. Die Suppe vom Feuer nehmen. Die Knoblauchzehen hineinpressen und die Ingwerwurzel auf einer feinen Reibe hineinreiben. Mit dem Pürierstab die Suppe fein pürieren. Noch einmal aufkochen, mit Salz und Pfeffer abschmecken. Nun gut $^1/_2$ Becher Crème fraîche einrühren, erhitzen, aber nicht mehr kochen. Die vorgewärmten Suppenteller füllen, mit Rucola bestreuen und in die Mitte noch 1 EL Crème fraîche setzen. Sofort servieren.

Ofengemüse mit Roter Bete

2–3 Rote Beten schälen und in Würfel schneiden
3–5 Karotten schälen und in dicke Scheiben schneiden
10 kleine Kartoffeln bürsten und halbieren, größere vierteln
10 Schalotten schälen, größere halbieren
4 Knoblauchzehen fein würfeln
einige Blatt Salbei und die Nadeln von einem Rosmarinast in feine Streifen schneiden
3 EL Butter
1 Flasche dunkles Bier
Salz und Pfeffer

Backrohr auf 200 °C vorheizen

Eine Auflaufform oder ein tiefes Backblech mit einem Teil der Butter ausstreichen, salzen und pfeffern. Nun alle Zutaten außer dem Bier in der Auflaufform vermischen, den Rest der

Butter in Flöckchen darauf verteilen und die Form in das Backrohr auf die untere Schiene setzen. 30 Minuten backen lassen, dann mit einem Wasserglas dunklem Bier ablöschen. Nach 10 Minuten nochmal ein halbes Wasserglas Bier dazu. Nach insgesamt 50–60 Minuten ist alles fertig geschmort.

Dieses Gemüse ist eine einmalige Beilage zu dem Tellerfleisch mit Meerrettichsauce und Kapern (S. 154). Wenn es vegetarisch sein soll, ergänzt man dieses Gericht mit einer Sauce. Dazu vermischen Sie:

1 Becher Joghurt
100 ml Crème fraîche
1 Bund Schnittlauch in kleine Röllchen schneiden
3 EL frisch geriebenen Meerrettich;
  wenn kein frischer zu kriegen ist, tut es auch Meerrettich aus dem Glas

Mit Salz und Pfeffer abschmecken und zu dem Gemüse servieren.

Noch so eine dicke, köstliche Knolle, die im Herbst geerntet wird und den ganzen Winter über zu haben ist, ist der **Sellerie**. Er fristet heute größtenteils ein etwas verstecktes Dasein, als Beipack im gebündelten Supermarktsuppengemüse. Dabei wurde ihm früher sogar eine sehr positive Wirkung für das männliche Geschlecht nachgesagt, und ich erinnere mich noch an den Slogan meiner Großmutter: Freu dich, Fritzchen, freu dich, Fritzchen, denn morgen gibt es **Selleriesalat.** Dabei lag die Betonung auf dem langgezogenen ieieie…

Beim Einkauf darauf achten, dass die Schale rundum trocken ist. Die Sellerieknolle von allen groben Unreinheiten befreien und dann in ca. 1 cm dicke Scheiben schneiden. Erst jetzt schälen und die größeren Scheiben halbieren. Die Scheiben in Salzwasser in ca. 5–10 Minuten weich kochen (mit der Messerspitze kontrollieren) und mit dem Schaumlöffel herausheben. In eine weite Schüssel legen, salzen und pfeffern und mit Essig und Öl beträufeln. Anschließend so viel von dem Kochwasser dazugeben, dass alle Scheiben gut bedeckt sind. Bei Zimmertemperatur mindestens ein paar Stunden oder über Nacht stehen lassen. Vor dem Servieren wenden und nochmals abschmecken.

Selleriesalat und der Rote-Bete-Salat sind zusammen eine wunderbare Beilage zu Bratkartoffeln mit Fleischpflanzerln oder Würstchen oder auch zu Tellerfleisch mit Meerrettich. Und man kann beide Salate bereits am Tag vorher zubereiten beziehungsweise so viel machen, dass sie für zweimal reichen.

Und noch schnell etwas Delikates:

Sellerierohkost mit Walnüssen

1 halbe Knolle Sellerie schälen und grob reiben
ca. 10 Walnüsse knacken und die Kerne halbieren
Saft von 1 Zitrone
1 kleiner Becher Sahne
Salz und Pfeffer

Den geriebenen Sellerie mit allen übrigen Zutaten mischen, bei Zimmertemperatur durchziehen lassen, noch einmal abschmecken und servieren.

Wenn die letzten Roten Beten und Karotten im Sandbett verschwunden, die letzten Äpfel gepflückt und die Regalbretter gefüllt sind, beginnt der Winter. Dann weht hier im Norden der eisige Ostwind, es wird schon um vier Uhr am Nachmittag dunkel, der Kerzenverbrauch steigt ins Unermessliche, und in der Küche beginnt die Zeit der Wintergemüse. Das heißt eigentlich, es beginnt die Zeit des **Kohls**. Kohl in Weiß und Lindgrün, in dunkelstem Grün und Lila-Rot. Kohl mit Röschen, Kohl mit Blumen, Kohl mit Blättern.

Was das Gemüse betrifft, ernährte sich in früheren Zeiten das einfache Volk im deutschsprachigen Raum die meiste Zeit des Jahres hauptsächlich von Kohl, und da vor allem von Weißkohl bzw. dem Weißkraut. Als ganzer Krautkopf ist er lange lagerfähig und klein geschnitten und gesäuert – als Sauerkraut – transportfähig, vitaminreich und ohne großen Aufwand sofort speisefertig. Ein Fastfood der Geschichte. Sauerkraut bewahrte Seeleute vor Skorbut, und in den ländlichen Gegenden, ganz besonders in den südlichen Bergregionen, gehörte es im vitaminarmen Winter zur täglichen Ernährung. Bis heute ist es eine Spezialität des deutschsprachigen Raumes geblieben, und *the kraut* wurde seit dem Ersten Weltkrieg auch der Name für den Deutschen an und für sich.

Sauerkraut wird eigentlich immer zu deftigem Fleisch gegessen, und deshalb werden wir uns hier nur mit den verschiedenen Kohlsorten in ihrer Urform beschäftigen. Der leichteste und zarteste und daher auch von den Kindern am ehesten akzeptierte Kohl ist der Blumenkohl. Unsere Kinder, und viele andere auch, sind absolute Fans von …

Blumenkohlauflauf

1 großer weißer Blumenkohl
2–3 dickere Scheiben gekochten Schinken in Würfel schneiden
4 Eier mit
300 ml Milch verrühren
2 Tomaten ohne Stielansatz in je 6 Segmente schneiden
ca. 60 g geriebener Bergkäse
Butter
Salz, Pfeffer und geriebene Muskatnuss

Backrohr auf 180 °C vorheizen

Die Blätter des Blumenkohlkopfes entfernen; mit einem spitzen Messer am Strunk entlang die einzelnen kleinen Rosetten abschneiden. Die Blumenkohlröschen in kochendes Salzwasser geben und in ca. 5–8 Minuten garen. Lieber ein paarmal mit einem spitzen Messer überprüfen, damit der Blumenkohl nicht zu weich wird. Nun die Röschen mit einem Schaumlöffel herausheben, kurz mit kaltem Wasser abschrecken und nebeneinander in eine gebutterte Auflaufform legen, sodass der Boden bedeckt ist. Die Schinkenwürfel drüberstreuen und die Tomatensegmente mit der Hautseite nach oben dekorativ dazwischenstecken. Die Eiermilch mit Salz, Pfeffer und geriebener Muskatnuss würzen und über das Ganze gießen; zum Abschluss mit Käse bestreuen. Im Backrohr auf der mittleren Schiene ca. 30 Minuten backen, bis die Oberfläche schön goldbraun ist. Mit Salzkartoffeln servieren.

Variation: Der Auflauf schmeckt auch sehr gut mit einer anderen Kohlvariante, dem **Rosenkohl**. In diesem Fall lässt man aber die Tomatensegmente weg, sie passen nicht so gut zu Rosenkohl. Und auch **Wirsing** bereite ich gerne auf diese Weise zu. Dafür schneide ich den Wirsingkopf in 8 Teile, die ich in Salzwasser ca. 10 Minuten koche, mit dem Schaumlöffel herausziehe und mit kaltem Wasser abschrecke. Dann erst entferne ich die Strunkstücke von den Segmenten und schichte die Blätter locker in eine Auflaufform. Beim Wirsing nehme ich keine Schinkenwürfel, sondern ich bräune eine kleingewürfelte Zwiebel mit Speckwürfeln in der Pfanne an und gebe diese über den Kohl. Dann die Eiermilch und weiter wie gehabt.

Und jetzt kommen die gewichtigsten Vertreter des Wintergemüses zu Wort, die dicken Köpfe, die den ganzen Winter zur Verfügung stehen und ausgesprochen gesund und preiswert sind. Beginnen wir mit dem hellgrünen Weißkraut. So ein dicker Kopf erscheint etwas viel für einen Vier-Personen-Haushalt, aber die Verwendung ist ja vielseitig.

Bayrisch Kraut

Dieses Rezept kann auch mit Wirsing bereitet werden.

¹/₂ Kopf Weißkraut (ca. 1 kg) ohne Strunk in feine Streifen schneiden
1 Zwiebel fein würfeln
100 g geräucherten durchwachsenen Speck würfeln
1 große Tasse Brühe
1–2 TL Kümmel auf einem Holzbrett mit einem großen Messer etwas zerkleinern
Schweineschmalz oder Gänseschmalz
Salz und Pfeffer

Die Zwiebeln im Fett andünsten. Den Räucherspeck dazugeben und unter Rühren auf starkem Feuer andünsten. Nun das Kraut unterrühren, salzen und pfeffern. Den Kümmel beigeben, mit etwas Brühe ablöschen und bei geschlossenem Deckel weich dünsten. Während der Garzeit eventuell nochmals Brühe nachgießen – das Kraut darf auf keinen Fall ansetzen und dadurch bräunlich werden. Durch das Wort «bayrisch» ist schon klar: Dieses Gemüse passt zum Schweinebraten mit Semmelknödeln.

Und nun die Verwendung für den Rest des Krautkopfes:

Krautsalat

500 g Weißkraut ohne Strunk in sehr feine Streifen schneiden
1 Zwiebel fein würfeln
Vinaigrette aus Weißweinessig, neutralem Öl, Salz und Pfeffer
1 Handvoll kleinste Speckwürfel
Salz

Wenn im Haushalt ein Gurkenhobel vorhanden ist, kann das Weißkraut auch damit in dünne Streifen geschnitten werden. Die Weißkrautstreifchen mit Salz vermischen und ca. 1 Stunde stehen lassen. Der Effekt ist noch besser, wenn das Kraut mit einem Teller abgedeckt und beschwert wird, zum Beispiel mit einem mit Wasser gefüllten Gefäß. In dieser Zeit die Speckwürfel mit der Zwiebel in einer Pfanne anrösten. Das Kraut sehr gut ausdrücken und jetzt die Vinaigrette untermischen und die Speck- und Zwiebelwürfel unterheben. Den Krautsalat mindestens 1 Stunde bei Zimmertemperatur durchziehen lassen.

Variation: Der Krautsalat schmeckt auch ohne den Speck sehr gut; und wer möchte, kann mit der Vinaigrette 1–2 TL Kümmel vermischen, dann wird er noch herzhafter. Auch mit Rotkraut kann dieser Salat zubereitet werden, ohne Speck, jedoch in die Vinaigrette gehört roter Balsamicoessig.

Für das folgende Rezept möchte ich jetzt fast missionarisch werden. Denn dies ist wohl das Gericht, bei dem die meisten Leute automatisch zum Büchsen- oder Glasöffner greifen und auch noch, ohne rot zu werden, behaupten, man merke heutzutage keinen Unterschied mehr, ob selber gemacht oder nicht. Man merkt ihn! Es geht ums …

Apfelrotkraut

1 Kopf Rotkraut vierteln, den Strunk großzügig entfernen und alles andere in feine Streifen schneiden
3 EL Gänse- oder Butterschmalz
1 große Zwiebel schälen und an der sehr festen Wurzelseite
3 Nelkennägel hineinstecken
2 Boskopäpfel schälen, vierteln, Kernhaus entfernen und in dünne Scheiben schneiden
3 EL Pflaumenmus
1 kräftiger Schuss Rotweinessig
Salz und Pfeffer

Das Schmalz erwärmen und die Rotkrautstreifen andünsten. Die Apfelstücke untermischen und die Zwiebel mitten ins Kraut legen, sodass sie ganz darin verschwindet. Mit 1 Tasse Wasser aufgießen und auf kleinem Feuer mindestens 1 Stunde köcheln lassen. Ab und zu umrühren und eventuell nochmal Wasser nachgießen. Wenn das Kraut weich wird, aber noch Biss hat, salzen und pfeffern. Das Pflaumenmus einrühren. Nochmal 10–20 Minuten köcheln und eventuell einen Schuss Essig beigeben – wie viel, das ist Geschmackssache.
    Dieses Rotkraut passt zu Enten- und Gänsebraten, aber auch zu jedem Wild.

Ein Gewächs im Garten begleitet uns in verschiedenen Farben und Formen durch das ganze Gartenjahr, vom Frühjahr bis weit in den Winter hinein – der **Blattsalat**. Zahllose Neuzüchtungen und der Samenaustausch innerhalb der europäischen Länder haben eine Artenvielfalt hervorgebracht, von der zuallererst der Gartenbesitzer profitiert. Aber so langsam erweitert sich auch die Palette der Angebote auf dem Markt. Im Frühling gibt es die ersten

zarten Pflücksalate, die Wildkräuter und Spinatblättchen. Dann die Blattsalate in allen Schattierungen des Grüns und des Rostrots, im Herbst schließlich die herberen Endiviensalate, den dunkelroten Radicchio, den Chicorée und den zarten, nussigen Feldsalat.

Ein Salat ist aber nichts ohne seine Vinaigrette, und auch da haben wir in den letzten Jahren viel von unseren europäischen Nachbarn profitiert, denken wir nur an die phantastische Auswahl an Olivenölen, an den italienischen Balsamicoessig, an das französische Walnussöl und all die köstlichen Essigsorten. So ist es heute möglich, aus einer Schüssel Salat eine wahre Delikatesse zuzubereiten.

Als Erstes also die **Vinaigrette**: Sie steht und fällt mit der Qualität der verwendeten Öle und Essige. Und wenn man gerne und regelmäßig Salat isst, lohnt es sich, eine Auswahl an guten Ölen und Essigen zur Hand zu haben. Das Öl sollte immer ein kaltgepresstes, also natives sein. Am meisten brauchen wir ein sehr sanftes, fruchtiges Olivenöl, welches ergänzt wird durch ein Walnussöl und Traubenkernöl oder Distelöl als neutrale Variante. Sechs Essige bilden dann den Grundstock für vielseitige Variationen. Als milde Basis roten und weißen Balsamicoessig und als fruchtigen Aufheller den Himbeeressig. Wenn es mal etwas kräftiger und pikanter werden soll, ein Sherryessig und für die besondere Säurenote ein Weißweinessig und ein Rotweinessig.

Als Gundmaß für eine Vinaigrette würde ich Folgendes vorschlagen: 5 EL Öl, 3 EL Essig, Salz und Pfeffer, 1 Knoblauchzehe und 1 TL Senf. Das kann aber ganz nach persönlichem Geschmack in die eine oder andere Richtung verändert werden. Angereichert wird die Vinaigrette noch mit den unterschiedlichsten Kräutern, die ich reichlich verwende und mit dem Wiegemesser fein wiege.

Die Vinaigrette kann entweder in der Salatschüssel angemacht und der Salat kurz vor dem Servieren damit vermischt werden, oder man rührt in einer Schüssel eine größere Menge Vinaigrette zusammen, richtet den Salat auf Platten oder Tellern an und tropft die Vinaigrette kurz vorher darüber. Die übriggebliebene Vinaigrette kommt in ein Schraubdeckelglas und in den Kühlschrank. An einem der folgenden Tage kann sie wieder verwendet werden. Da schüttelt man das Glas gut durch und fertig.

Die verwendeten Blattsalate sollten immer knackig frisch sein, und – das muss ich eingestehen – da sind die Gartenbesitzer im Vorteil. Aber wie bei den anderen Lebensmitteln findet man sicher heraus, wo und bei wem man die besten Salate in seiner Umgebung kaufen kann. Kaufen Sie wenn möglich immer mehrere Salatsorten aus dem Angebot, denn gemischte Blattsalate schmecken auf jeden Fall besser als nur eine Sorte. Was an einem Tag zu viel ist, kommt bis zum nächsten Tag mit einem feuchten Küchentuch abgedeckt in das Gemüsefach des Kühlschranks.

Ich selber bin ein großer Salatliebhaber und stelle ihn immer wieder neu zusammen. Hier nun einige Vorschläge als Anregung für Ihre vielfältigen Salatorgien:

1. Verschiedene Blattsalate, Frühlingszwiebeln in dünnen Ringen, Rucola, Kresse und Spinatblätter, Traubenkernöl, weißer Balsamico und Weißweinessig, Knoblauch und Senf, Petersilie, französischer Estragon, Schnittlauch.
2. Verschiedene Blattsalate, ungeschälte Gurkenscheiben, Radieschen in Scheiben, frische Zwiebelschlotten in Ringe geschnitten, Olivenöl, weißer Balsamico, Knoblauch und Senf, Dill, Kerbel, Schnittlauch.
3. Verschiedene Blattsalate, Tomate und Gurke, Staudensellerie in dünnen Scheiben, Olivenöl, roter Balsamico, Rotweinessig, Himbeeressig, Knoblauch und Senf, Petersilie, Basilikum, Rucola.
4. Verschiedene Blattsalate auf einer großen Platte anrichten, darauf Paprika, Gurke, Tomate, Selleriestange, kleine Zwiebelchen – alles klein geschnitten – und Würfel vom Feta-Schafsmilch-Käse und Oliven obendrauf. In diesem Fall Vinaigrette in einer Extraschüssel anrühren: Olivenöl, Walnussöl, Knoblauch, roter Balsamico, Himbeeressig und Rotweinessig, Rucola und Basilikum. Ein Sommeressen.
5. Verschiedene Blattsalate, 1–2 grobgeriebene Karotten und 1 in dünne Scheiben geschnittene sehr kleine Zucchini; Walnussöl, Himbeeressig, Kerbel.
6. Verschiedene Blattsalate, Traubenkernöl, weißer Balsamico, 1 Eigelb und Schnittlauch.
7. Zuckerhut, Endivien, Feldsalat, kleingewürfelte Schalotten, in dünne Scheiben geschnittene feste Champignons, Olivenöl, Knoblauch, Senf, Petersilie Weißweinessig, Sherryessig.
8. Zuckerhut, Endivien, Chicorée, Feldsalat, neutrales Öl, Knoblauch, Senf, Rotweinessig und über den angerichteten Salat in der Pfanne gebratene Speckwürfel und Walnusskerne.

Wer diese Variationen durchgespielt hat, wird mit viel Elan auch noch 1001 neue Versionen kreieren.

Unterwelten

Sie brauche Herdäpfel aus dem Keller, sagte meine Großmutter und drückte mir ein Bastkörbchen in die Hand. Und indem sie mich anlächelte mit ihren braunen Koboldaugen, die glänzen konnten wie die Kieselsteine im Bach jenseits der Wiese, fügte sie hinzu: «Und ich brauche sie dann bald mal.» Sie wusste nur zu gut: Für mich sechsjährigen Steppke gab es in ihrem Bauernhaus zwei Orte, die zu Kontinenten des Vergessens werden konnten. Des Selbst-Vergessens. Zum einen der Dachboden mit all den Kartonschachteln voller Krimskrams, den Truhen mit altmodischen Kleidungsstücken, mit Stapeln vergilbter Illustrierter und längst vergessenem Spielzeug, das vor sich hin staubte und nur darauf wartete, von einem kühnen kleinen Entdecker – von mir! – gefunden und wieder zum Leben erweckt zu werden.

«Grosi, dörf i id' Winde uä?» («Großmutter, darf ich zum Dachboden rauf?»), war immer die erste Frage, mit der ich sie löcherte, wenn mich die Eltern für ein paar Tage in ihre Obhut gegeben hatten. Und die Antwort lautete immer: «Wänn'd brav bisch, vilicht moorn.»

Dieses Ritual des Auf-morgen-Vertröstens stachelte natürlich meine Sehnsucht nach diesem exotischen Kontinent hoch oben unter dem Dach nur noch heftiger an. Und es steigerte den Wert des anderen verheißungsvollen Kontinents in Grosis Haus, dem Gegenstück zum sonnenwarmen, nach Staub und Taubenkot duftenden oberen Paradies: die kühle, feuchte Unterwelt des Kellers, mit ihrem charakteristischen Geruch nach Äpfeln, Erde, Holz und Mäusepisse, den ich bis heute wahrnehme, wenn ich an mein Grosi denke.

Es gab auch ein Codewort für den Einlass in dieses untere Paradies, eine Schlüsselfrage. Sie lautete: «Söll der öppis us em Chäller hole?» («Soll ich dir etwas aus dem Keller holen?») Ich wusste nämlich: Großmutter tat sich ständig schwerer mit der steilen, schmalstufigen Holztreppe, die nach unten führte, und sie war froh, wenn ich ihr diesen Gang abnahm. Fast immer fiel ihr etwas ein, was es heraufzuholen gäbe. Und fast immer musste sie lange auf die Lieferung des Bestellten warten. Denn da unten, in ihrem Keller, vergaß ich alles ganz und gar. Raum und Zeit, mich selbst und die Welt über mir mitsamt der sich gedulden müssenden Großmutter.

«Härdöpfel soll der bringe?», vergewisserte ich mich. «Herdäpfel» – wie viel schöner das klingt als das stumpf-tumbe Wort «Kartoffeln».

Grosi angelte nach dem Kellerschlüssel, der unerreichbar hoch oben an einem der vielen Haken unter dem Tellerbord hing, an denen die großen Kafichacheli, die Kaffeetassen, baumelten. Feierlich, als wäre sie Petrus und die grobgezimmerte Brettertür zur Kellertreppe das Himmelstor, schloss sie auf und drehte am Lichtschalter. «Also!», sagte sie und gab mir einen Klaps auf den Rücken.

Das von unten heraufglimmende dunkelgelb-trübe Licht der verstaubten Kellerfunzel beleuchtete die Stufen nur schwach. Die Holztreppe verengte sich perspektivisch bis tief hinab zum mit spitzen Kieselsteinchen bedeckten Kellerboden.

Das Körbchen mit dem Arm an meine Seite gedrückt, legte ich die freie Hand auf die von Tausenden von Kellergängen polierte, in die Wand geschraubte Haltestange – und ich setzte mich in Bewegung. Nahm die Stufen eine nach der anderen, immer das linke Beinchen auf die nächstuntere Stufe platzierend, dann das rechte danebenstellend, dann wieder mit dem linken tastend und so weiter. Mit jeder Stufe, die ich herabstieg, versank ich tiefer im kühl-schweren Brodem. Bis zur Hüfte … bis zum Bauch … bis zur Brust … und jetzt war ich ganz abgetaucht im Kellersee.

Schlosssee, Kirchensee, Grabsee.

Die Sohlen meiner Sommersandalen knirschen auf dem Kellerboden. Ich drehe mich um. Die Treppe verengt sich nun nach oben, zur Tür hin. Seltsam – immer, wo man nicht ist, wird's eng! Ich sehe gerade noch, wie mein Grosi dort oben, ganz klein, weit weg, hinter dem sich schließenden Türblatt verschwindet. Ich horche. Nein, kein Schlüssel dreht sich im Schloss wie bei Hänsel und Gretel. Sie hat mich nicht zu den anderen Lebensmitteln gesperrt, also plant sie nicht, mich aufzufressen. Glück gehabt!

Ich drehe mich nach links zum Löwen, der mich erwartungsvoll anblinkt, seine vier Pfoten fest in den Kies gestemmt. Diese Pranken, die mich so begeistert hatten, als ich sie zum ersten Mal sah. Mächtig, mit gebogenen Krallen und wuchtig-zottigem Fell. Kunstvoll aus Eisen gegossen, so lebensecht, dass allein diese Pfoten die riesige gusseiserne Badewanne zum Löwen werden lassen. «Sali, Leu», grüße ich und will an ihm vorbei, doch er lässt mich nicht! Er funkelt und schimmert mit seinem Emailfell so hell, dass alles andere um uns herum in grottenhafte Düsternis versinkt. Das Gleißen zieht mich mit Gewalt an, verschlingt mich. Ohne dass ich merke, wie mir geschieht, liege ich schon drinnen, im kalt-harten Schimmer.

Der Löwe verwandelt sich in einen weißen Ozeandampfer. Als Kapitän umklammere ich das duschbrausenförmige Sprachrohr. Jetzt gilt's! «Volle Kraft voraus», rufe ich in den Apparat, den Heizern und Maschinisten tief unter mir im Schiffsbauch zu. So hab ich es abgeschaut bei meinen Kollegen, den Dampfschiffkapitänen auf dem Vierwaldstätter See. Die großen Schaufelräder pflügen das Meer, wir nehmen Fahrt auf, teilen die Wogen, wir sind unterwegs nach Afrika.

Da ... da vorn, da sind sie ja schon: die Todesklippen! «Volle Kraft zurück!» Wild peitscht die Gischt, die Maschinen kämpfen gegen die Trägheit von Millionen Tonnen von Stahl, wildes Wasser tost donnernd gegen den Bug – und nur mit knapper Not können wir vor den mächtigen Felsen haltmachen.

«Wer kommt mit?», frage ich in die Runde. Doch weder unter den Passagieren noch in der Mannschaft findet sich auch nur einer, der genug Mut im Leibe hat, mit mir das Festland zu erobern. Kein Wunder: Schon der bloße Anblick der schrecklichen Todesklippen lässt den meisten das Blut in den Adern gefrieren: In mehreren terrassenförmigen Etagen türmen sie sich vor dem mächtigen Schiff auf. Und auf jeder dieser Terrassen liegen, sorgfältig verteilt, sodass keiner den anderen berührt – Schrumpfköpfe. Genau solche, wie Onkel Ernst einmal einen aus Afrika mitgebracht hat.

Sicher tausend liegen hier, womöglich sogar mehr als tausend! Dereinst saßen sie alle auf den Schultern von Seereisenden, die das Gold der Klippen stehlen wollten und ihre Gier mit dem Leben bezahlen mussten: Die mächtigen Eingeborenen haben ihnen zur Strafe die Köpfe abgeschlagen, sie in der heißen Sonne schrumpfen lassen, um sie dann zur Abschreckung auf diesen Klippen auszulegen.

«Feiglinge», rufe ich über das Schiff und wende mich verächtlich ab. Ich steige auf die Reling, und dann, nach kurzem Zögern, wage ich den kühnen Sprung aufs Festland. Fast wäre ich bei der Landung gestürzt und hätte mir die Knie aufgerissen an den spitzen Steinchen des Strandes.

Die Klippen sind jetzt zum Greifen nah. Ich klettere an ihnen empor. Ich muss herausfinden, ob auch dort, ganz hoch oben, Schrumpfköpfe liegen. Dort nämlich, ganz zuoberst, dort thronen nur Köpfe von Königen, Kalifen und Kaisern. Wer einen von diesen stehlen kann, der bekommt das ewige Leben. Großvater hat das halt nicht gewusst. Oder er hat es nicht mehr geschafft, so hoch hinauf. Darum musste er letzten Winter sterben. Ein Krebs habe ihn getötet, hat der Doktor zu mir gesagt. Mir kann das nicht passieren, denn ich werde das ewige Leben erlangen!

Entschlossen hangele ich mich an den Klippen hoch, Etage um Etage. Die unglücklichen Schrumpfköpfe rufen warnend: «Mach's nöööd, mach's nöööd!» Ich schaue weg, will ihre verletzten Gesichter nicht sehen, konzentriere mich auf das Klettern. Doch dieser Geruch! Dieser Leichengeruch, wie nach süßen Äpfeln, der lässt sich nicht ausblenden. Ich bleibe tapfer, atme durch den Mund ein und durch die Nase aus. Das hat auch in Vetter Emils Schweinestall immer geholfen.

Endlich bin ich oben. Unglaublich hoch oben, so hoch, dass ich sogar den weißverhangenen Himmel berühren kann. Er fühlt sich kalt an und feucht, und wenn man mit der Handfläche über ihn fährt, wird sie ebenfalls weiß. Tief, tief unter mir liegt das Löwenschiff am Kiesstrand. Von hier oben wirkt der Riesendampfer klein – wie eine Badewanne.

Tatsächlich: Da liegt einer. Ein einziger gelblich verrunzelter Schrumpfkopf. Der Kaiserkopf! Krampfhaft klammere ich mich am Felsen fest, während meine andere Hand vibrierend nach dem ewigen Leben tastet. Ich kann es mit der Fingerspitze berühren, aber es liegt zu weit, um es greifen zu können. Fast kugele ich mir den Arm aus der Schulter, mache ihn lang und länger. Jetzt – jetzt vermag ich gerade noch die äußerste Spitze des Mittelfingers auf den Schrumpfkopf zu legen; ich drücke auf ihn und ziehe gleichzeitig meine Hand zurück. Dumpf polternd rollt das Haupt des Kaisers auf mich zu. Ich schnapp's mir. Doch dadurch hab ich ein Problem: Für den Abstieg brauche ich beide Hände – wie soll ich da meine Beute mitnehmen? Ich schließe die Augen, halte die Luft an, und mit größter Überwindung klemme ich mir den grausigen Runzelschädel zwischen die Zähne. Während des Abstiegs gerate ich in Atemnot. Ich will nicht schnaufen mit dem Kaiser im Mund, doch meine Lunge giert nach Sauerstoff, mein Zwerchfell zuckt in Krämpfen. Ich kann nicht mehr: Röchelig pfeifend zwängt sich die verbrauchte Luft zwischen meinen Mundwinkeln und der faltigen Kaiserhaut aus mir heraus und Frische in mich hinein. Der Geruch ist überpräsent. Intensiv. Apfel.

Ohne dass ich es will, graben sich meine Zähne in das saftige Fleisch. Ich habe es schon fast ganz durchgebissen, das ewige Leben – der Kaiser droht mir aus dem Mund zu fallen. Kühn überspringe ich die letzten beiden Etagen und lande katzengleich, die schützende Hand über Mund und Kaiser, auf dem Strand.

Während ich dort in der Hocke auf dem Kiesboden kauere und zur Belohnung die unansehnliche, aber wunderbar süß schmeckende Frucht vertilge, schweift mein Blick hinüber zum Kristallpalast. In Grün, Blau, Braun und Luftfarbe funkeln durchsichtige Zylinder zu mir herab. Zaubergläser: In ihrem Inneren bleibt die Zeit stehen! Und in diesen auf ewig gebannten Herbsten und Sommern schwimmen die Köstlichkeiten vergangener Ernten wie verwunschene Meeresgeister. Birnenschnitze, Zwetschgen, Kirschen, grüne Bohnen, Rübchen, Spargeln, Kohl, Apfelmus. Sie warten auf Erlösung wie der Geist in Aladins Wunderlampe, sie warten darauf, dass sich endlich jemand ihrer erbarmt und den Gummiring zwischen Deckel und Glas herauszieht, damit die Luft leise schmatzend eindringen kann, damit der Deckel sich löst, damit sie aus dem Glas in Schüsseln und auf Teller purzeln können, damit sich ihr Duft entfaltet und sie dienen können, ihrem Erlöser, ihn verwöhnen, erfreuen und sättigen.

Den letzten Apfelrest kauend, umschließe ich mit beiden Händen eines der Gläser. Bleiche Quittenstücke schweben darin. Vorsichtig ziehe ich an der Dichtringlasche. Nichts. Ich ziehe heftiger. Kein Schmatzen. Ich ziehe mit aller Kraft, die

Finger tun weh … ich schaffe es nicht. Bei den Gläsern mit den Marmeladen ginge es einfacher. Die sind nur mit einer dünnen Haut bespannt, straff wie Trommelfell. Einmal entschlossen mit dem Finger hineingepikst – pluck, das Pergamentpapier würde reißen, der süße Inhalt wäre befreit. Meine Finger werden zu kleinen Schlagstöckchen. Ping-Ping macht das eine Glas, Plöng-Plöng das andere. Blumm-Blumm das große da. Ping-Plöngplöng-Blumm spiele ich. Blumm-Blumm-Plöngping.

«He, was machsch du da unä so lang?» Grosis Stimme schneidet von oben herab durch den Keller. Flink wiesele ich in die dunkelste Ecke, zur Sandkiste, in der die Karotten zur Winterruhe gebettet sind. Darüber, in der Hurde, liegen die Herdäpfel. Ich fühle ihre grobe, sandige Haut. Lecke daran. Herbsterde. Sie knirscht zwischen meinen Zähnen.

Als ich, zurück in der Oberwelt, Grosi das volle Körbchen überreichte, fragte sie mich, was ich denn da unten immer so lang treiben würde? Ich blickte tief in ihre Bernsteinaugen. «Nüüt!», sagte ich, nichts. Grosi seufzte, als ob sie sich an etwas längst Vergessenes erinnern würde, und schickte sich an, ihren legendären Härdöpfelstock zu machen. Manche sagen dazu auch Kartoffelbrei. Aber die haben kein Grosi mit Keller …

Mehl, Eier, Milchprodukte, Kartoffeln, Speck
oder Feinschmeckereien zum Monatsende

Tiefste Bewunderung hege ich für all die Frauen, die in vergangenen Zeiten in einfachsten ländlichen Verhältnissen lebten und in gewisser Weise unsere Esskultur begründet haben. Sie kochten auf holzgefeuerten Herden in rußgeschwärzten Küchen, sie holten das Wasser aus dem Schwengelbrunnen auf dem Hof. Sie besaßen keine Küchenknethackschnippelmaschinen, aber dafür hatten sie ihre Hände, ihre Phantasie und die Bereitschaft und Hingabe, aus dem wenigen und immer Gleichen etwas Gutes auf den Tisch zu bringen.

Sommers wie winters mussten alle satt werden, von den Alten bis zu den Kindern. Die Lebensmittel mussten für lange Zeit haltbar gemacht werden. Das Fleisch wurde gepökelt und gesurt, luftgetrocknet und geräuchert, und das Gemüse wurde eingekocht oder im Fass vergoren zu Sauerkraut, sauren Bohnen und Rübenschnitzen. Brot backte man nur alle paar Wochen, und so gab es jede Menge Gerichte mit altbackenem Brot. Selbst der sommerliche Überfluss an Eiern musste für die eierarme Zeit um Weihnachten in Steinguttöpfen als Kalkeier aufbewahrt werden, damit man genug hatte, wenn zu den Feiertagen reichlicher gekocht und gebacken werden sollte.

Jedes noch so kleine Haus auf dem Lande hatte einen Gemüsegarten, meistens mit einem Lattenzaun eingefasst, um das Federvieh, das auf dem Hof frei herumlief, fernzuhalten. Dieser Garten, ganz der Obhut der Frau überlassen, lieferte die Kräuter und auch das wichtigste Gemüse. So war immer irgendetwas Grünes zur Verfügung, um die Speisen abzurunden. Allerdings erinnere ich mich an Bauern, die mir wortreich erklärten, Gemüse müsse erst durch die Sau gehen, bevor es bekömmlich sei.

Unendlich ist die Vielfalt der Gerichte, die diese Frauen aus Mehl, Eiern, Milch, Speck und Kartoffeln kreiert haben. Eine angenehme Bereicherung der Kost für alle Tage waren Reste der sonntäglichen Fleischgerichte. Dabei spielte es keine Rolle, von welcher Art Braten oder auch Suppenfleisch die Reste stammten. Einige dieser Rezepte möchte ich Ihnen vorstellen und Sie ermutigen, es den Frauen von früher nachzumachen. Sie werden überrascht sein, welchen Erfolg Sie damit erzielen – nicht zuletzt bei den Kindern.

Der Hühnerhof spielt zu allen Zeiten in ländlichen Haushalten eine große Rolle, und das vor allem wegen der Eier, die in der Küche unersetzlich sind und stets in großen Mengen verbraucht wurden und werden. Jeden Abend mit dem Korb die Eier aus den Nestern einsammeln ist eine schöne «Arbeit», sie hat etwas von Schatzsuche und wird deswegen von Kindern gerne übernommen.

In den reichen Eierzeiten, im Frühling und Sommer, ist eine «Eierspeis» oft das Hauptgericht, denn es geht schnell, die Leute werden satt, und eine gesunde Ernährung ist es noch dazu. Ich möchte Ihnen jetzt zwei Omelettevariationen vorstellen, die gerade im Sommer in Begleitung eines Salates eine schmackhafte und leichte Mahlzeit sind.

Tomaten-Kräuter-Omelette

Für dieses Gericht brauchen wir eine weite Pfanne mit einem Deckel; und da es in ungefähr 10 Minuten fertig ist, sollte man den Salat schon bereit haben, bevor man mit der Omelette beginnt.

8 Eier mit dem Schneebesen verquirlen
2 Tomaten ohne Stielansatz in kleine Würfel schneiden
1 reichliche Portion Sommerkräuter (S. 71) fein hacken
50 g Fetakäse zerbröseln
50 g geriebener Emmentaler oder Bergkäse
Butter
Salz und Pfeffer

In der Pfanne die Butter erhitzen und darauf achten, dass der ganze Pfannenboden dünn damit bedeckt ist. Die Flamme auf die kleinste Stufe stellen und nun die mit Salz und Pfeffer gewürzten Eier in die Pfanne laufen lassen. Die Tomatenwürfel, die Kräuter, den Fetakäse und den geriebenen Käse darauf verteilen. Den Deckel schließen und ab und zu die Pfanne leicht auf dem Feuer hin und her schuckeln. Wenn die Oberfläche der Omelette noch ganz leicht feucht ist, die Omelette zusammenklappen und auf eine Platte gleiten lassen. Sofort zu Tisch bringen; dazu ein knuspriges Weißbrot.

Spinatomelette

8 Eier
100 g Speck in Würfeln
1 Zwiebel fein würfeln
200 g Spinat waschen und klein schneiden
50 g geriebener Emmentaler oder Bergkäse
Butter
Salz und Pfeffer

In einer Pfanne Zwiebel und Speckwürfel in etwas Butter andünsten, leicht salzen und pfeffern. Den kleingeschnittenen Spinat schubweise dazugeben und mitdünsten, bis die entstandene Flüssigkeit verdampft ist. Vom Feuer nehmen und abkühlen lassen. Nun die Eier verquirlen, würzen, den Käse und die Spinatmischung einrühren. In einer weiten Pfanne mit Deckel wiederum etwas Butter erwärmen und dann weitermachen wie oben beschrieben.

Variation: Wenn zahlreiche Esser um den Tisch sitzen, kann man beide Omeletten nacheinander machen, sie nach der Fertigstellung aufeinanderlegen und servieren.

PS: Wenn von diesen Omeletten etwas übrig bleibt, dann schmecken sie kalt als Imbiss auch am nächsten Tag hervorragend.

In den Jahren im nördlichen Elsass haben wir sehr schmackhafte Rezepte der traditionellen Landküche kennengelernt, die in Variationen im ganzen alemannischen Raum zur Bauernkost gehörten. Zuallererst die …

Kasknepfle

750 g Quark (20%)
5 Eier
250 g Mehl
Schnittlauch, Petersilie und Kerbel fein hacken
150 g Speckwürfel
300 ml Sahne
Butter
Salz, Pfeffer und geriebene Muskatnuss

Backrohr auf 180 °C vorheizen

Quark, Mehl und Eier in einer Schüssel zu einem glatten Teig verrühren. Mit Salz, Pfeffer und Muskatnuss würzen und die gehackten Kräuter untermischen. Etwas ruhen lassen. Dann Wasser mit Salz in einem weiten Topf zum Kochen bringen. Mit einem Esslöffel, der in dem Wasser immer wieder angefeuchtet wird, aus dem Quarkteig längliche Klößchen stechen und in das kochende Wasser gleiten lassen. Auf kleinem Feuer ca. 10 Minuten köcheln lassen. Die Klößchen plustern sich richtig auf, und wenn alle oben schwimmen, sind sie fertig.

In der Zwischenzeit die Speckwürfel in einer gefetteten Pfanne kräftig anbraten und mit der Sahne ablöschen. Mit etwas Pfeffer würzen und dann nur noch ganz kurz einköcheln. Nun die Klößchen mit einer Schaumkelle aus dem Wasser heben und in eine Auflaufform locker nebeneinanderlegen. Die Specksauce darüber verteilen, in den Ofen schieben und ca. 15 Minuten gratinieren. Wenn die Kasknepfle ganz dick und groß und oben schon ein bisschen braun werden, die Form herausholen und sofort servieren. Dazu gibt es eine große Schüssel Salat.

Variation: Den Boden der Auflaufform mit dem Mangoldgemüse von S. 57 bedecken, die Kasknepfle daraufsetzen, die Specksauce drüber und dann wie gehabt.

Die folgenden Gerichte ranken sich um die Nudeln, natürlich selber gemachte, und ich sehe sie noch vor mir, wie sie zum kurzen Antrocknen über die Herdstange gehängt wurden und über die Lehnen der Küchenstühle. Bevor wir mit den Rezepten beginnen, ein kurzes Wort zum **Mehl**. Sehr gut lassen sich die Nudeln mit Weizenmehl 405 zubereiten, aber optimal ist das Mehl, das in Österreich «das griffige» genannt wird und in Bayern «Dunst». Das ist eine Mehlform, deren Körnung zwischen Grieß und Mehl ist und die beim Müller als Nebenprodukt der langwierigen Siebvorgänge abfällt. Sie finden im Anhang die Adresse der Mühle Wagenstaller am Simssee im Chiemgau, dort bekommen Sie Dinkeldunst. Für Nudeln und Strudelteig gibt es nichts Besseres.

Für die folgenden Gerichte empfehle ich diesen Teig:

Der Nudelteig

400 g Mehl
4 Eier
1–2 EL Wasser und 1 EL Öl
Salz und etwas geriebene Muskatnuss

In einer weiten Schüssel das Mehl mit den Gewürzen vermischen. In die Mitte eine Mulde drücken, Eier und Wasser und eventuell Öl hinzufügen. Von außen nach innen das Mehl mit den Eiern vermischen und dann zu einem glatten, festen Teig zusammenkneten. Die fertige Teigkugel mit einer Schüssel abdecken oder in Frischhaltefolie hüllen und 30 Minuten ruhen lassen. In dieser Ruhephase kann die Füllung oder auch die Sauce zubereitet werden. Danach den Teig auf einem bemehlten Untergrund sehr dünn ausrollen und je nach Bedarf weiterverarbeiten.

Wieder aus dem Elsass sind die …

Schniderspattle

Schnider ist der Schneider, und Spattle sind kleine Stoffreste. Und so wie ein Schneider noch etwas Schönes aus den Stoffresten fabrizieren kann, so macht die Hausfrau aus Nudeln in der Form von Stoffresten dieses zauberhafte Gericht.

Nudelteig wie oben beschrieben
3 EL Gänseschmalz
3 große Zwiebeln halbieren
  und in dünne Scheiben schneiden
250 g Speckwürfel
$^{1}/_{2}$ l Crème fraîche verrühren
  und leicht pfeffern und salzen
Butter
Salz und Pfeffer

Backrohr auf 180 °C vorheizen

Während der Nudelteig ruht, die Zwiebeln in dem Gänsefett anbraten, salzen und pfeffern und so lange dünsten, bis sie weich sind und nur ganz leicht braun. Die Speckwürfel in einer extra Pfanne auf starker Flamme kurz und kräftig anbraten. Nun den Nudelteig ausrollen und in ganz willkürliche «Stofffetzen» schneiden. Diese kurz in Salzwasser kochen, abgie-

ßen und in eine Schüssel kaltes Wasser geben – dann kleben sie, bis man sie braucht, nicht zusammen.

Eine Auflaufform ausbuttern und eine Schicht Nudelstücke hineinrüschen und -fälteln; sie sollen uneben und hügelig den Boden der Form bedecken. Dann Zwiebel, Speck und Klecks von der Crème fraîche darauf verteilen. Nochmal Nudeln, Zwiebeln, Speck, Crème fraîche. Nudelflecken und Crème fraîche zum Abschluss. Die Form in den Ofen schieben und in ca. 30 Minuten goldbraun backen.

Variation: Statt des Specks können Sie jeden Bratenrest oder Rest eines anderen gegarten Fleischs in Würfel schneiden und mit den Zwiebeln und etwas Thymian andünsten; dann weiter wie gehabt.

Hier ist jetzt vielleicht der richtige Ort, um eine Lanze für das **Schmalz** zu brechen, bevor es endgültig von unseren Speisezetteln verschwindet. Das Fett ist beim Essen der Geschmacksträger, und daher ist es verständlich, dass jede Art von Fett auf seine ganz spezielle Art den Geschmack eines Gerichtes unterstützt. Schweine-, Gänse- oder Butterschmalz: Alle drei können hoch erhitzt werden, ohne zu rauchen, und so werden Bratkartoffeln in Gänseschmalz nicht nur äußerst wohlschmeckend, sondern auch besonders knusprig. Pfannkuchen und Crêpes in Butterschmalz gebacken schmecken unvergleichlich und werden wunderschön goldbraun. Auf alle Unkenrufe im Gesundheitswesen habe ich nur eine Ant-

wort: Der Wohlgeschmack des Essens löst Glückshormone aus, und die sind nachgewiesen unersetzlich für das menschliche Wohlergehen.

Im gesamten schwäbischen Sprachraum sind die Maultaschen eine altbewährte Kost. Alles konnte darin verpackt werden, ein bisschen Grünzeug aus dem Garten, Speck und ein kleines Restchen vom Sonntagsfleisch. Der Legende nach wurden sie von einem Mönch aus Maulbronn erfunden, der darin in der Fastenzeit das verbotene Fleisch verbarg, und so kamen die Maultaschen auch zu ihrem zweiten Namen: «Herrgottsbscheißerle». Und wie bei allen Gerichten, die zu einer Region gehören und auf die die Menschen dort stolz sind, hat jede Familie ihr eigenes Rezept. Hier nun die Art, wie ich sie mache.

Die Maultaschen

Nudelteig wie oben beschrieben
Für die Füllung
100–150 g Speckwürfel
150 g Reste von Braten- oder Suppenfleisch würfeln
1 Zwiebel sehr fein würfeln
1 Bund Petersilie fein hacken
2 Handvoll Blattspinat *oder*
4 Mangoldblätter ohne Stiel fein hacken
1 Stange Lauch, nur das weiße Ende fein würfeln
2 Eier
50 g Bergkäse reiben
2 Scheiben Toastbrot
1 Ei verquirlen zum Bepinseln
Butter
Salz, Pfeffer und etwas geriebene Muskatnuss
Für die Garnitur
3–4 Gemüsezwiebeln halbieren und in dünne Scheiben schneiden
Butter

Speck- und Fleischwürfel zusammen mit einem großen Messer oder einem Wiegemesser noch kleiner hacken. In einer Pfanne die Butter erhitzen, die Zwiebeln, den Lauch und die Speck-Fleisch-Mischung andünsten. Danach die Petersilie und den Blattspinat beziehungs-

weise den Mangold dazugeben. Noch ca. 8 Minuten weiterdünsten und dabei immer wieder wenden. Vom Feuer nehmen und abkühlen lassen. Dann die zerbröselten Toastscheiben, den Käse und die Eier beigeben und mit Salz, Pfeffer und Muskatnuss würzen. Alles gut miteinander vermischen – und das geht nach wie vor am besten mit den Händen.

Nun den Nudelteig halbieren. Nacheinander jede Hälfte zu einem ca. 20 cm breiten, langen Streifen ausrollen und mittig mit 3 cm Abstand esslöffelgroße längliche Häufchen der Füllung quer daraufsetzen. Die Längsseiten und Zwischenräume mit Ei bepinseln und den Teig von beiden Seiten über die Häufchen klappen. Der Teig soll sich in der Mitte überlappen. Mit einem Kochlöffelstiel den Teig zwischen den Häufchen fest zusammendrücken. An diesen Stellen dann die lange Reihe zu einzelnen Maultaschen schneiden. Die Schnittstellen mit den Gabelzinken schließen. Die Maultaschen auf einer bemehlten Fläche ablegen, etwas ruhen lassen. Anschließend im sanft köchelnden Salzwasser ca. 6 Minuten garen.

Für die Garnitur die Zwiebeln in Butter andünsten, bis sie weich und leicht gebräunt sind. Die Maultaschen auf einer vorgewärmten Platte oder den Tellern anrichten und mit den gebräunten Zwiebeln bedecken. Dazu gibt es eine große Schüssel grünen Salat.

Übriggebliebene Maultaschen werden am nächsten Tag in fingerdicke Scheiben geschnitten, in verquirltes Ei getaucht und von beiden Seiten in Butter goldgelb gebraten. Wieder grünen Salat dazu reichen.

Variation: Die Maultaschen können auch in übriggebliebener Fleischbrühe gegart und mit Schnittlauch bestreut in der Brühe serviert werden. Mein Favorit ist die Zwiebelsuppe von S. 156 und dahinein die Maultaschen!

Wie die Maultaschen aus dem Allgäu gibt es eigentlich in jeder Region, in jedem Land der Welt Teigtaschen. In allen nur denkbaren Formen, im Wasser oder im Dampf gegart oder im Rohr gebacken. Gefüllt wurde mit allem, was gerade zur Verfügung stand, und der Teig wurde mit dem Getreide zubereitet, das in der Region heimisch war. Es erscheint uns heute «viel» Arbeit: Nudelteig selber machen, Füllung bereiten und eine Menge Teigtäschchen formen. Aber das ist vielleicht nur beim ersten Mal so, denn auch hier gilt: Übung macht den Meister. Wenn ich allerdings sehe, mit welcher Geschwindigkeit so manche ältere Bäuerin diese Täschchen formt, füllt, zusammenklappt und auch noch den Rand hübsch gestaltet, dann werde ich ganz still.

Ein vegetarischer Hochgenuss sind die …

Südtiroler Schlutzkrapfen

Sie sind größer als die Ravioli und deswegen und durch das Roggenmehl weicher, eben «schlutziger». In den Bergregionen konnte auf den kargen Flächen und wegen des härteren Klimas nur Roggen und in den hohen Lagen nur Buchweizen angebaut werden. So wurde bei vielen Gerichten ein Teil des teuren Weizens durch eines der beiden Mehle ersetzt.

Nudelteig wie oben beschrieben, die Hälfte des Weizenmehls durch Roggenmehl ersetzen
750 g Spinat putzen und waschen
1 Knoblauchzehe und
1 Zwiebel zusammen fein hacken
2 EL Mehl
Milch
Butter
Salz, Pfeffer und geriebene Muskatnuss
geriebener Parmesan zum Servieren

In einem Topf den Spinat mit dem Tropfwasser erhitzen, sodass er zusammenfällt. Abkühlen lassen, fest ausdrücken und klein hacken. In einer Pfanne etwas Butter erhitzen und darin die Zwiebel und den Knoblauch glasig andünsten. Mit Mehl bestäuben und mit etwas Milch ablöschen, aufkochen und dabei rühren. Es muss eine dicke pastenartige Sauce entstehen. Die Sauce und den Spinat vermischen, salzen, pfeffern und mit geriebener Muskatnuss würzen.

Den Nudelteig dünn ausrollen und mit einem Wasserglas Kreise ausstechen. Einen Teelöffel Füllung auf jeden Kreis geben, diesen zu einem Halbmond zusammenfalten und die Kanten fest aufeinanderdrücken, das geht gut mit den Spitzen der Gabelzinken. Die Taschen müssen nach der Fertigstellung zügig gekocht werden, sonst weichen sie durch. Die Schlutzer also in kochendes Salzwasser einlegen und ca. 9 Minuten sieden lassen. Nicht sprudelnd kochen, sonst platzen sie. In dieser Zeit Butter zerlassen und ganz leicht bräunen. Die Taschen mit einem Schaumlöffel aus dem Wasser heben und auf vorgewärmte Teller legen. Mit der heißen Butter begießen und mit Käse bestreuen. Sofort servieren.

Variation: Statt mit der Béchamelsauce den Spinat mit Frischkäse und etwas geriebenem Parmesan oder Bergkäse vermischen.

Und um der Vielfalt dieser globalen Feinkost nur ein bisschen gerecht zu werden, hier noch die köstlichen …

Piroggen

die in allen östlichen Regionen beheimatet sind, so auch in der Lausitz, in Brandenburg und in Pommern. Sie sind eine herrliche Bereicherung für ein festliches Buffet oder ein kleiner Zwischenimbiss bei großen Familienfeiern – Fingerfood mit Tradition.

Für den Teig
300 g Mehl
$1/2$ TL Backpulver
$1/2$ TL Salz
80 g Butter
1 Ei
$1/8$ l saure Sahne

Das Mehl mit dem Backpulver in einer Schüssel vermischen. Eine Mulde hineindrücken und die Butter in Flocken sowie das Salz hineingeben. Mit dem Mehl vermengen. Nun das Ei und die saure Sahne dazu und alles mit dem Kochlöffel zu einem glatten Teig schlagen. Zu einer Kugel formen und mindestens 45 Minuten kühl stellen.

Für die Füllung gibt es genauso viele Möglichkeiten wie bei den Nudeltaschen, deshalb lieber eine, die etwas ungewöhnlich erscheint, die …

Sauerkrautfüllung
2 EL Schweineschmalz
1 kleine Zwiebel würfeln
400 g Sauerkraut
1 kleines Bund Dill sehr fein schneiden
½ Tasse Weißwein
4 hartgekochte Eier fein würfeln
1 Eigelb mit 1 EL Wasser vermischen
Salz

Backrohr auf 200 °C vorheizen

Im heißen Schweineschmalz die Zwiebel hell anschwitzen. Das Sauerkraut dazugeben und andünsten. Den Wein dazugießen und mit Salz abschmecken; auf kleinster Flamme köcheln, ab und an rühren, damit sich nichts ansetzt. Nach ungefähr 30 Minuten vom Feuer nehmen, abkühlen lassen und Dill und Eier untermischen.

Den Teig ca. 3 mm stark ausrollen und mit einem Wasserglas Kreise ausstechen. In die Mitte eines Kreises ein Häufchen von der Füllung legen und den Rand mit Eigelb bestreichen, dann einen zweiten Kreis darüberlegen. Die Ränder mit einer Gabel festdrücken und die Oberfläche mit Eigelb bestreichen. Die Piroggen auf ein gebuttertes Backblech legen und im Backrohr in ca. 20 Minuten goldgelb backen.

Variation: Man rollt den Teig etwas dicker aus und formt etwas größere Taschen. Mit einer Füllung aus Bratenresten, Zwiebel, Petersilie und etwas Käse haben Sie köstliche und nahrhafte Teigtaschen, die man auf eine Wanderung, eine Reise oder zu einem sommerlichen Picknick mitnehmen kann.

Eine Abwandlung der Nudeln sind die Spätzle. Gehört die Nudel in der ganzen Welt zur Grundnahrung, so sind die Spätzle in einer äußerst kleinen Region beheimatet, dem Allgäu. Dieses Gebiet mit den endlosen, hügeligen Weiden, mit seinen wohlgenährten Kühen ist seit alters berühmt für seinen Käse – Emmentaler oder Bergkäse – und berühmt für die Kässpätzle. In neuester Zeit sind sie von dem behäbigen Kommissar Kluftinger weit über das Allgäu hinaus bekannt gemacht worden. Um in den Genuss des Gerichts zu kommen, muss man erst mal die von allen und vor allem von den Kindern heißgeliebten Spätzle fabrizieren. Zu Wild oder zu Lamm, aber auch zu Gulasch sind sie eine phantastische Beilage.

Spätzle

500 g Weizenmehl
6 Eier
1 kleines Glas Wasser
Salz, Pfeffer und geriebene Muskatnuss

Das Mehl in eine Rührschüssel geben und mit den Gewürzen vermischen. Die Eier reinschlagen und das halbe Glas Wasser dazugeben. Nun mit einem Kochlöffel mit einem Loch alles gut verrühren und dann den Kochlöffel immer schwungvoll von einer Seite zur anderen durch den Teig ziehen. Man sagt dazu «den Teig schlagen» und tut das so lange, bis er Blasen wirft. 10 Minuten ruhen lassen und in dieser Zeit einen großen Topf Salzwasser zum Kochen bringen. Den Teig nochmals kräftig durchschlagen – er muss Blasen werfen und eine eindeutig zähe Konsistenz haben. Im Zweifelsfall entweder etwas mehr Mehl oder Wasser beigeben. Nochmals kräftig durchschlagen.

Und nun gibt man den Teig entweder portionsweise auf ein nasses Brett, hält es schräg über das kochende Wasser und schneidet mit einem langen geraden Messer den runterfließenden Teig streifenweise ab. So machen es die Schwaben, und zwar in bewundernswerter Geschwindigkeit; der wahre Könner schabt auf diese Weise sehr dünne, lange Spätzle. Oder man macht es wie die bayrischen Schwaben und die Bayern an und für sich und verwendet den Spatzenhobel. Das gibt dann kleinere, eher runde Spätzle.

Das Wasser weiterkochen lassen; wenn die Spätzle nach oben kommen, mit einem Schaumlöffel herausheben und abtropfen lassen. Nun lasse ich sie auf einem Tablett oder einer weiten Schale abkühlen und ausdampfen, dabei wende ich sie immer mal wieder. Das Praktische an den Spätzle ist, dass ich sie machen kann, wenn ich gerade Zeit habe und die Hühner gut gelegt haben, denn sie lassen sich hervorragend einfrieren.

In jedem Fall werden die Spätzle in einer Pfanne mit Butter kurz angebraten und als Beilage zu Fleischgerichten serviert oder weiterverarbeitet zu …

Kässpätzle

3–4 Gemüsezwiebeln halbieren und in dünne Scheiben schneiden
250 g geriebener Allgäuer Emmentaler
Butter

Die Zwiebeln in einer Pfanne in der Butter anbraten und so lange weiterbraten, bis sie richtig schön braun sind. Immer wieder wenden, denn braun sollen sie sein, aber nicht verbrannt. Spätzle in einer anderen Pfanne in Butter heiß werden lassen und dabei ganz leicht anbraten, dann ein Drittel davon in eine weite, vorgewärmte Schüssel geben, darauf die Hälfte des Käses verteilen, dann die zweite Schicht Spätzle, den Rest des Käses darauf und mit dem Rest der Spätzle abdecken. Diese mit den braungerösteten Zwiebeln zudecken, sofort servieren und eine große Schüssel grünen Salat dazu reichen.

Ein den ganzen deutschsprachigen Raum vereinendes Essen und von der Form her rundum vollendet ist der südliche Knödel oder der nördliche Kloß. Im Süden besteht er meist aus altbackenem Brot, im Norden eher aus Kartoffeln. Der Knödel oder Kloß war und ist von Süden bis Norden nicht nur ein fester Bestandteil des Essens, er ist bei vielen Menschen ein Teil ihrer Erinnerungen an Festtagsessen in der Kindheit, ein Synonym für Geborgenheit.

Quer durch die Alpen zieht sich die Spur des Semmelknödels, und das nicht nur in Schüsseln und Tellern. In Hocheppan in Südtirol findet man in einer kleinen Burgkapelle ein 1000 Jahre altes Fresko von einem Knödelesser. Vor ihm eine Schüssel mit aufgehäuften Knödeln, in der Hand ein auf einer Gabel aufgespießter Knödel, der Mund erwartungsvoll geöffnet. Und Karl Valentin durchdenkt in einem langen Monolog die korrekte Bezeichnung dieses Hauptnahrungsmittels: Heißen sie nun Semmelknödeln oder, da ja mehrere Semmeln daran beteiligt waren, doch eher Semmelnknödeln?

Semmelknödel

10 altbackene Semmeln
6 Eier
1 Bund Petersilie fein hacken
1 große Zwiebel fein würfeln
1 große Tasse Milch
3 EL Mehl
Butter
Salz, Pfeffer und geriebene Muskatnuss

Die Semmeln in möglichst dünne Scheiben schneiden und in eine große Schüssel geben. Salz, Pfeffer und Muskatnuss darüberstreuen und die Eier hineinschlagen. In einer Pfanne Zwiebeln und Petersilie in Butter andünsten, bis die Zwiebeln glasig werden. Vom Feuer nehmen und mit der Milch aufgießen. Diese Mischung nun über das Knödelbrot geben und alles mit den Händen schnell durchkneten. Mehl darüberstreuen, nochmal kurz durchkneten, aus dem Teig eine große Kugel formen. Den Teig mindestens 30 Minuten ruhen lassen. In der Zeit Salzwasser zum Kochen bringen.

Dann aus dem Teig mit nassen Händen Knödel formen und sie in das Salzwasser einlegen. Aufkochen, Hitze reduzieren und die Knödel ca. 20 Minuten sieden lassen. In eine weite Schüssel einen umgedrehten kleinen Teller legen, dann die Knödel darauf anordnen und die dampfende Schüssel auftragen. Durch den Teller liegen die Knödel etwas höher und können abtropfen, sie liegen nicht im Wasser. Der Semmelknödel ist eine der besten Beilagen zu allen Braten und Fleischgerichten mit viel Sauce.

Variation: Sehr gut ist es, 3–4 Semmeln durch in feine Scheiben geschnittene Laugenbrezn zu ersetzen.

Aber, nun wäre ein Bauernessen kein Bauernessen, wenn es nicht auch ohne fleischige Beilage schmecken würde.

Gröschtl aus Semmelknödeln

Das Wort leitet sich von geröstet ab, das heißt, man schneidet die übriggebliebenen Semmelknödel in Scheiben und brät sie in einer Pfanne in Schweine- oder Gänseschmalz so gut an, dass sie rundum leicht gebräunt sind. Dann verquirlt man in einer Schüssel 3–4 Eier mit Salz, Pfeffer und reichlich Schnittlauch, gießt das über die Knödel und wendet sie ganz sanft, bis die Eiermasse rundum gestockt ist. Dazu einen schönen grünen Salat.

PS: Eine Handvoll Speckwürfel mit den Knödeln gebraten ist nicht nur einem Landbewohner immer recht. Und wie ich bei den Elsässern gelernt habe: Speck ist kein Fleisch!

Die Phantasie der Landbewohner war bewundernswert, und so gibt es noch Variationen des Knödels mit den Produkten, die auf dem Hof waren. Beim **Speckknödel** mischt man angebratene Speckwürfel in den Knödelteig. Dann wird er wie vorher beschrieben gekocht und in einer Fleischbrühe mit Schnittlauch bestreut serviert. Beim **Spinatknödel** dünstet man mit den Zwiebeln und der Petersilie noch kleingeschnittene Spinatblätter mit an, und beim **Kasknödel** werden kleine Würfel aus Bergkäse in den Semmelknödelteig geknetet. Von jeder Sorte einer auf dem Teller, mit ausgelassener, leicht gebräunter Butter begossen, mit Käse bestreut und dazu einen Salat – das habe ich einmal als «Knödeltrio» in einem Berggasthof zwischen Sterzing und Brixen gegessen.

Nun die anderen Knödel, die Kartoffelknödel. Da gibt es mehrere Varianten, angefangen mit den Klößen aus rohen Kartoffeln, die grünen Klöße, die rund um Thüringen beheimatet sind. Dann die Klöße oder Knödel, die halb aus rohen, halb aus gekochten Kartoffeln bestehen, und schließlich die Knödel, die nur aus gekochten Kartoffeln gemacht werden. Dieser Teig ist ein wahrer Vertreter der ländlichen Küche, denn er ist unübertroffen in seiner Vielseitigkeit. Der Ausgangspunkt ist immer gleich:

Kartoffelteig

1 kg mehlige Kartoffeln in der Schale kochen
100–150 g Mehl
2 Eier mit einer Gabel verquirlen
Salz, Pfeffer und geriebene Muskatnuss

Die Kartoffeln so heiß wie möglich schälen und durch die Kartoffelpresse drücken. Die Gewürze und die Hälfte des Mehls draufstreuen und mit einer Gabel locker vermengen. Dann die Eier mit der Gabel einarbeiten und nun schnell zu einem Teig zusammenkneten. Nach Bedarf restliches Mehl dazu. Schnell soll es gehen, weil der Teig sonst feucht wird und mehr Mehl braucht. Aus demselben Grund auch erst kurz vor der Weiterverarbeitung zubereiten.

Kartoffelknödel

Kartoffelteig wie oben beschrieben
1 alte Semmel würfeln
2 EL Butter oder Butterschmalz

Die Semmelwürfel in dem Fett von allen Seiten goldbraun anbraten und abkühlen lassen. Nun den Kartoffelteig teilen und zu 2 langen Rollen formen. Davon gleich große Stücke abschneiden und auf der bemehlten Handfläche zu Talern klopfen, 2–4 Semmelbrocken mittig hineindrücken, den Teig über den Würfeln zusammenschlagen und die Nähte schließen und glätten. Die Knödel in kochendes Salzwasser einlegen und zugedeckt wieder zum Kochen kommen lassen. Dann mit nur halb aufgelegtem Deckel noch ca. 20 Minuten ziehen lassen. Mit einem Schaumlöffel herausheben und sofort servieren. Herrlich zu saucenreichen Fleischgerichten.

Mit einer gehaltvolleren Füllung wird der Kartoffelknödel zum österreichischen …

Grammelknödel

und wird zum Sauerkraut serviert.

Kartoffelteig wie oben beschrieben
Für die Füllung
150 g Speckwürfel
2 große Zwiebeln klein würfeln
2 Knoblauchzehen zusammen mit 1 Bund Petersilie fein hacken
etwas Schweineschmalz oder Butter

In einer Pfanne die Zwiebeln und den Speck in dem Fett anbraten. Die Petersilien-Knoblauch-Mischung dazugeben und alles zusammen dünsten; pfeffern und eventuell salzen. Nun mit dem Kartoffelteig wieder verfahren wie oben beschrieben, nur mittig einen Esslöffel der Füllung legen, den Knödel verschließen …

Und wie wäre es mit diesen **Füllungen**:

Etwas Speck, Zwiebel und Petersilie andünsten und feingewürfelte Pilze dazugeben. Am besten natürlich frisch gefundene Waldpilze, es gehen aber auch Egerlinge. Dann wieder wie gehabt.

Oder:

Speck, Zwiebel, Petersilie, Bratenreste und Käsewürfel und wie gehabt.

Zum Abschluss sei die Möglichkeit erwähnt, dass man aus diesem Kartoffelteig auch **Fingernudeln** formen kann. Sie sehen so aus, wie es der Name sagt: fingerlang und -dick. In Butter-, Schweine- oder Gänseschmalz in der Pfanne von allen Seiten goldbraun gebraten sind sie eine wunderbare Beilage zu Fleischgerichten, passen aber auch als Wochentagsessen zu Sauerkraut oder Bayrisch Kraut.

Die Variante von der Südseite der Alpen mit diesem Alleskönner «Kartoffelteig» sind die **Gnocchi**. Dazu macht man aus dem Kartoffelteig auf bemehlter Unterlage lange dünne Rollen und schneidet diese in ca. 1 cm lange Stücke. Diese drückt man mit dem Daumen über die Zinken einer Gabel, und schon hat man die typische Gnocchiform. Gnocchi werden kurz in Salzwasser gekocht und dann mit Saucen gegessen, von Tomaten-, Gorgonzola-Sahne- bis zur Pilzsauce ist alles möglich.

Die Kartoffel ist seit ihrer Entdeckung zu einer wesentlichen und tragenden Säule in der ländlichen Küche geworden, und ich könnte ihr gut und gerne ein eigenes dickes Kochbuch widmen, denn sie ist in ihrer vielseitigen Verwendbarkeit unübertroffen. Hier drei kartoffelige Mahlzeiten aus Brandenburg und der Pfalz, zwei Regionen, die durch ihre Sandböden hervorragend für den Anbau der Knollen geeignet sind.

Das nachfolgende Gericht wird in ganz Deutschland gegessen, aber in der Lausitz genießt es Kultstatus, sodass man denken könnte, es habe vielleicht von hier aus seinen Siegeszug durch das ganze Land angetreten.

Pellkartoffeln mit Kräuterquark

pro Person je nach Größe 2–4 Kartoffeln in der Schale kochen
pro Person mindestens 250 g Quark (20%)
reichlich kleingehackte Kräuter
eventuell feingehackte Zwiebeln und Knoblauchzehen
Salz und Pfeffer

Den Quark in eine große Schüssel geben, Kräuter und gegebenenfalls Zwiebeln und Knoblauch dazu, ebenso Salz und Pfeffer. Alles gut vermengen. In Frage kommen: Schnittlauch, Dill, Estragon, Borretsch, Pimpernelle, Petersilie, Kerbel, Sauerampfer und im Frühling auch noch Wildkräuter wie Brennnessel und Giersch. Das heißt jetzt nicht, dass Sie alle auf einmal nehmen müssen – die Mischungen sind variabel. Die heißen Pellkartoffeln mit der Schüssel Quark auf den Tisch bringen und dazu Butter und Salz reichen. In der Lausitz ist Leinöl, das über den Quark getröpfelt wird, eine unerlässliche Beigabe.

Und von meinem preußischen Großvater habe ich die Leidenschaft für …

Petersilienkartoffeln

geerbt.

1 kg festkochende Kartoffeln in der Schale kochen
Béchamelsauce (S. 42)
$^1/_2$ Becher Sahne
1 überaus dickes Bund Petersilie fein hacken
Salz und Pfeffer

Die Kartoffeln kochen; sobald sie gar sind, abgießen und etwas abkühlen lassen. In dieser Zeit die Béchamelsauce zubereiten und die Sahne dazugeben. Aufkochen lassen. Die Petersilie untermischen und nochmal kurz aufkochen. Abschmecken. Nun die leicht abgekühlten Kartoffeln schälen, in Scheiben schneiden und in die Sauce geben. Noch einmal kurz erwärmen und servieren. Passt gut zu jedem kurzgebratenen Fleisch und zu Fleischpflanzerln.

Nun aus dem Pfälzer Wald ein tolles Essen, auch für uns heute, die wir nie Zeit haben. Denn es ist schnell zubereitet:

De Grumbeerküschelscher

Zu Deutsch: Kartoffelküchelchen

5–6 große, eher mehlige Kartoffeln schälen
1 Karotte schälen
1 große Zwiebel sehr fein würfeln
1 Stange Lauch, das weiße Ende in feine Ringe schneiden
1 Bund Petersilie fein hacken *oder*
2 EL getrockneter Majoran
2 Eier
2 EL Mehl oder Kartoffelmehl
Butterschmalz zum Ausbacken
Salz und Pfeffer

Die Kartoffeln auf einer groben Reibe in eine große Schüssel reiben, ebenso die Karotten, dann die restlichen Zutaten zufügen. Alles mit einem Kochlöffel vermischen und sofort danach in einer weiten Pfanne das Butterschmalz erhitzen. Mit dem Esslöffel untertassengroße Küchelchen hineinsetzen, von beiden Seiten bei mittlerem Feuer knusprig goldbraun braten. Diese «Küschelscher» werden zu Salat oder auch zu Sauerkraut mit Bratwürstln serviert.

Jetzt das Kartoffelgericht, dem ich auch in Diätzeiten nicht widerstehen kann:

Ofenkartoffeln

die am besten im Frühsommer mit neuen kleinen Kartöffelchen schmecken.

pro Person mindestens 5–6 neue, kleinere Kartoffeln
Nadeln von 2 Rosmarinästen und
8 Salbeiblätter, beides fein schneiden
2–3 Knoblauchzehen fein hacken
Olivenöl
Salz und Pfeffer

Backrohr auf 160 °C vorheizen

Die Kartoffeln mit einer Bürste säubern und halbieren, eventuell vierteln, und mit Rosmarin, Salbei und Knoblauch in eine geölte Auflaufform geben. Salzen und pfeffern und mit dem

Olivenöl beträufeln. Alles mit einem Löffel vermengen, auf der mittleren Schiene ins Backrohr schieben und 50–60 Minuten backen. Schmeckt zu allen Gerichten, zu denen Sie gerne Kartoffeln essen.

Variante: Im Winterhalbjahr können die Ofenkartoffeln auch zubereitet werden, dann muss man sie allerdings schälen.

Ofenkartoffeln mit Tomaten

pro Person 2–3 Kartoffeln bürsten, schälen und vierteln
2 Zwiebeln grob würfeln
3 Tomaten ohne Stielansatz grob würfeln
2 Karotten schälen und in dickere Scheiben schneiden
1 Bund Petersilie fein hacken
Butter
Salz und Pfeffer

Backrohr auf 170 °C vorheizen

In eine gebutterte Auflaufform alle Zutaten hineingeben, salzen, pfeffern und miteinander vermischen. Mit Wasser oder Brühe aufgießen, sodass das Gemüse nur knapp bedeckt ist. Mit einigen Butterflöckchen belegen und ca. 1 Stunde auf der mittleren Schiene im Backrohr garen. Diese Ofenkartoffeln sind eine sehr gute Beilage zu allem Kurzgebratenen ohne Sauce.

Variation: Kann auch mit einer dicken Portion Sommerkräuter (S. 71) vermischt werden. Passt hervorragend zu Lammkoteletts.

Das Kartoffelgratin

ist für mich das richtige Gericht, um diesen Abschnitt zu beenden, quasi der krönende Abschluss. Das Kartoffelgratin aus der Dauphiné ist ursprünglich ein ganz einfaches Bauerngericht. Mit Hilfe der Köche von Lyon und Paris wurde es berühmt und hat von da aus einen Siegeszug um die ganze Welt angetreten. Die Dauphiné ist ein Landstrich in Frankreich, der zwischen den Bergen der Haut Savoie und der sonnendurchfluteten Provence liegt. Mireille, eine Bäuerin aus dieser Region, legt Wert darauf, dass ich dazu beitrage, dieses «einzig» richtige Rezept für das Kartoffelgratin in die Welt zu tragen.

1 kg fest-mehlige Kartoffeln
³/₄ l Milch
300 ml Sahne
2 EL Butter
2 durchgepresste Knoblauchzehen
Salz, Pfeffer und geriebene Muskatnuss

Backrohr auf 170 °C vorheizen

Die Milch mit Sahne, Butter und allen Gewürzen zum Kochen bringen. Die Kartoffelscheiben ganz fein schneiden oder einen Gurkenhobel benutzen. Die Scheiben in die kochende Milch geben und ca. 5 Minuten köcheln lassen. Dabeibleiben und rühren, denn es brennt leicht an. Eine Auflaufform ausbuttern, die Kartoffelmasse einfüllen und auf der mittleren Schiene für 20–30 Minuten ins Backrohr schieben, bis die Oberfläche bräunt.

Das ist die klassische Version, ganz einfach oder, wie man in Frankreich sagt, *sans cinéma* – ohne Kino.

Variationen: Das Gratin wird zu einem Hauptgericht, wenn wir ca. 50 g geräucherten Speck in dünne Streifen schneiden und diese auf dem Gratin verteilen, ebenso 100 g geriebenen Käse. Dazu ein buntgemischter Salat.

Eine andere Version: In einer Pfanne Zwiebel, Knoblauch und Petersilie mit Wald- oder anderen Pilzen anbraten. In die Auflaufform die Hälfte der Kartoffelmasse einfüllen, dann die Pilzmischung und danach den Rest der Kartoffeln und geriebenen Käse darauf verteilen. Dazu grüner Salat.

Kartoffelgratin mit Senf

1 kg Kartoffeln in der Schale ca. 15 Minuten kochen; sie sollen noch nicht ganz weich sein
1 Bund Petersilie fein hacken
1 Bund Schnittlauch in kleine Röllchen schneiden
½ l Sahne
2 EL Dijonsenf
Butter
Salz und Pfeffer

Backrohr auf 170 °C vorheizen

Die Kartoffeln kurz abkühlen, schälen und in Scheiben schneiden. Die Auflaufform ausbuttern und die Hälfte der Kartoffelscheiben hineinlegen. Die Hälfte der Kräuter darüberstreuen, die zweite Hälfte der Kartoffeln und darauf die restlichen Kräuter. Die Sahne mit dem Senf, Salz und Pfeffer verrühren und über die Kartoffeln gießen. Im Rohr ca. 30 Minuten überbacken.

Gerüche sind etwas Faszinierendes und beeinflussen einen mehr, als man ahnt. Wer kennt nicht diese appetitanregenden Geruchserlebnisse wie Zwiebeln und Speck, die in der Pfanne brutzeln, oder den Duft, den eine kochende Hühnerbrühe verströmt? Aber unschlagbar an erster Stelle steht der Geruch nach frischgebackenem Brot. Der Duft ist uns allen vertraut, und nichts vermissen wir mehr als ein gutes, frischgebackenes Brot, wenn wir es längere Zeit entbehren mussten. Versuchen Sie ein Brot zu backen, es ist nicht schwierig, es beginnt ganz & einfach mit einem …

Hefeteig

600 g Weizenmehl 550 oder Dinkelmehl 630
1 Tüte Trockenhefe
1 gehäufter TL Salz
360 ml Wasser

Mehl, Hefe und Salz miteinander vermischen. Das Wasser dazugeben und die Zutaten zuerst kurz verrühren, dann mit den Händen so lange kneten, bis der Teig geschlossen ist und sich glatt von der Schüssel löst. Um zu verstehen, warum das Kneten das Entscheidende bei einem Hefeteig ist, sollte man sich klarmachen, wie das mit dem Mehl funktioniert. Am besten und kürzesten hat das Hans Gerlach im *Süddeutsche Zeitung Magazin* erklärt:
«Für die Backeigenschaften ist der Gehalt an wasserunlöslichem Eiweiß im Weizenkorn entscheidend, aus diesen Proteinen bildet sich beim Kneten ein elastisches Netz, das Gluten oder Klebereiweiß. Sobald Sie genug Kleber geknetet haben, klebt der Teig mehr nach innen als nach außen, er bekommt eine seidig-glänzende Oberfläche. Das Klebergerüst hält Luftblasen im Teig, erstarrt beim Backen und gibt so dem Backwerk seine Struktur. Weizenproteine liegen in den Randschichten des Getreidekorns. Hoch ausgemahlene Mehle, die vor allem aus dem inneren Mehlkörper bestehen, sind deshalb kleberarm. Weizenmehl der Type 405 enthält ein Viertel weniger Eiweiß als Mehle der Typen 550 oder 630.»
Wenn Sie nun genug geknetet haben, die Teigkugel abdecken und gehen lassen. Soll es

schnell gehen, verwendet man lauwarmes Wasser und stellt die Teigschüssel an einen wärmeren Ort. Der Teig ist nach einer Stunde ausreichend gegangen. Die andere Methode ist, kaltes Wasser zu verwenden und den Teig an einen kühlen Ort zu stellen. So kann man den Hefeteig schnell am Morgen kneten. Dazu benötigt man mit «Küche aufräumen» maximal 15 Minuten. Dann macht man den ganzen Tag, was immer man möchte, und wenn nachmittags oder abends der Hunger kommt und alle essen wollen, geht es ganz schnell. Der kühl gegangene Teig wird sehr viel luftiger und vom Geschmack her pikanter. Doch egal, welche Methode Sie anwenden, mit diesen Hefeteigen haben wir jede Menge Möglichkeiten.

Sesambrot

Hefeteig wie oben beschrieben
1 Handvoll Sesam
Butter für das Backblech

Backrohr auf 200 °C vorheizen

Den Sesam mit Salz und Hefe unter das Mehl mischen, ansonsten alles wie oben beschrieben. Den gegangenen Teig kurz durchkneten, einen länglichen Brotlaib formen und auf das eingefettete Backblech legen. Abdecken und noch einmal 20 Minuten ruhen lassen. Mit einem scharfen Messer Schlitze in das Brot schneiden. Auf der unteren Schiene in den Ofen schieben. Nach 30 Minuten die Temperatur auf 180 °C reduzieren und nach insgesamt 50 Minuten das Brot aus dem Ofen holen.

Kräuterbrot mit Tomaten

Hefeteig wie oben beschrieben
reichlich Petersilie, Rosmarin, Thymian und
2 Knoblauchzehen miteinander fein hacken
10 kleine Cherrytomaten halbieren
Olivenöl
$^1/_2$ TL Salz

Backrohr auf 200 °C vorheizen

Ein Backblech mit Öl einfetten, den gegangenen Teig noch einmal kurz durchkneten, einen fingerdicken Fladen formen und auf das Blech legen. Mit einem Tuch abdecken und ca. 20 Minuten gehen lassen. In dieser Zeit die Kräuter mit Olivenöl und Salz zu einer dicken Paste vermischen. Auf dem gegangenen Teigfladen verteilen und mit gespreizten Fingern Löcher in den Teig machen, damit die Kräuter leicht eindringen. Nun die Cherrytomaten mit der Schnittfläche nach oben in den Teig drücken. Das Fladenbrot auf der untersten Schiene in 40 Minuten braun backen.

Das ist ein wirklich köstliches Sommerbrot für ein Abendessen im Freien.

Irgendwie gleichen sich die ländlichen Bewohner in ihren kulinarischen Leidenschaften. Das hängt sicher damit zusammen, dass sie alle – im Norden wie im Süden – so ungefähr die gleichen Grundnahrungsmittel zur Verfügung hatten. Und deshalb ist es jetzt nicht weit zum …

Zwiebelkuchen

Hefeteig wie oben beschrieben, und wenn er fast fertig geknetet ist,
3 EL weiche Butter in kleinen Flocken einkneten
5–6 große Gemüsezwiebeln halbieren und in dünne Scheiben schneiden
2 EL Butter
1 großes Glas Weißwein
Salz und Pfeffer

Backrohr auf 200 °C vorheizen

Die Butter erwärmen und darin die Zwiebeln andünsten. Glasig und leicht gelblich, aber nicht braun werden lassen. Salzen und pfeffern und immer wieder rühren, damit nichts anbrennt. Wenn die Zwiebeln schon sehr trocken werden, mit dem Weißwein löschen und weiterdünsten, bis die Flüssigkeit verschwunden ist. Abkühlen lassen. Den Hefeteig auf einem bebutterten Backblech ausrollen und einen Rand hochziehen. Die Zwiebelmasse darauf verteilen und auf der untersten Schiene im Backrohr in ca. 30 Minuten goldbraun backen. Noch lauwarm mit Wein servieren.

Wie immer gibt es noch einige Alternativen:

1. Mit den Zwiebeln 1–2 TL Majoran und 100 g kleine Speckwürfel dünsten, ansonsten wie gehabt auf dem Hefeteig verteilen und backen.
2. Die Zwiebelmasse auf dem Teig verteilen und mit einem Gitter aus abgetropften Anchovis in Öl belegen. Hier und da eine schwarze Olive. Sehr pikant!
3. Die Zwiebelmasse auf dem Teig verteilen. 3 Eier, Salz, Pfeffer, gehackten Kümmel und 3 EL saure Sahne miteinander verrühren, die Eiermischung auf den Zwiebeln mit einem Esslöffel gleichmäßig verteilen.

Tipp: Im Herbst, wenn die frischgeernteten Zwiebeln am besten schmecken, gibt es in unseren südlichen Regionen den Federweißen – den neuen Wein, von milchiger Beschaffenheit und äußerst süffig. Sie passen hervorragend zusammen: Zwiebelkuchen und Federweißer!

Hippie-Indianer

Was mich die Hippies lehrten:

«O Büffel, du starker Herr der weiten Steppe, sei mir nicht böse, dass ich dich jetzt töten werde», spricht der edle Krieger. «Ich achte und ehre dein Leben. Deine starken Hufe massieren die Haut von Mutter Erde.» Der Wilde neigt sich zu Boden und tätschelt ihn mit der flachen Hand. «Dein mächtiges Haupt ist der Stolz der Prärie, gekrönt mit den Hörnern, Wohnung deiner unbändigen Kraft.» Er reckt seine muskulösen Arme nach oben, sodass sie ein U über seinem Kopf bilden, dann bedeckt er mit seinen Händen die Augen. «Des Nachts trägt dein starker Rücken die gleißenden Sterne am Firmament, des Tages aber wird dein Atem …» Er legt seine Hände vor den Mund. «… zu den Wolken am weiten Himmel.» Er führt die Hände mit weitausladender Geste nach oben.

Abermals bückt sich der Indianer gegen die Erde: «Dein Dung ist die Nahrung der Gräser, die wiederum sein werden die Nahrung deiner Kinder und Kindeskinder.»

Nun richtet sich der Jäger auf. Frontal steht er dem Bison gegenüber, stolz aufgerichtet, fixiert ihn mit seinem Blick. Das Tier verharrt aufmerksam, bewegungslos wie ein Denkmal. Auf seinen Nüstern kondensiert die Atemluft zu kleinen Wasserperlen. Die tiefstehende Sonne entflammt den Horizont der unendlichen Prärie. Dann, mit einem langen Atemzug, füllt der edle Naturmensch seine Lungen und spricht zum Bison:

«Nun, großer Büffel, wirst du deine letzte Reise antreten. Du wirst eingehen in die grenzenlosen Herden des großen Manitu! Und ich bin es, der Mann mit dem Speer, der dich dorthin schickt. Ich bin nur ein Wurm im Vergleich zu dir und den

Deinen, doch mein Tipi braucht deine Haut gegen die Winde und den Regen, mein Bogen deine Sehnen. Mein Weib macht aus deinem Fell Wämschen, die meine Kinder im Winter warm halten, dein Glied wird in der Sonne trocknen, Unglück von uns fernhalten und die Kraft meiner Lenden nie versiegen lassen. Deine Hufe werden zu Kämmen, dein Horn zu Schmuck. Dein Fleisch wird uns nähren und kräftigen, deine Knochen werden zu Waffen und Schnitzereien, deine Gedärme zu Schnüren, die unsere Habe zusammenhalten. Ich bitte dich, erlaube mir ohne Zorn, dir deinen Körper zu nehmen und deinen Geist zu befreien, großer Büffel, auf dass er emporfliege in die ewigen Jagdgründe!»

Nun erhebt der Jäger seine Stimme zu einem Singsang. «O Büffel, Hüter des Landes und Nährer meiner Kinder. Der große Manitu ließ unsere Wege sich kreuzen, Brüder sind wir als Söhne der Prärie, dein Schicksal verbindet sich nun mit meinem: Du gehst, auf dass ich bleibe. Verfluche mich nicht, sondern verzeih mir meine Schuld gegen dich!»

Und mit gewaltigem Schwung rammt der Krieger seinen Speer tief in die Brust des mächtigen Tiers. Der Büffel torkelt zurück, senkt seinen Kopf. Verharrt. Sekunde um Sekunde verstreicht, leise bewegt sich der Schaft der Waffe, überträgt den Lebenskampf des verwundeten Fleisches wie die Nadel eines Seismographen.

Der Bison ergibt sich. Langsam fließt die Kraft aus seinen Vorderbeinen, sie knicken ein. Dann brechen die Hinterläufe weg. Ein tiefes, langes Seufzen presst sich aus der Kehle des Tiers. Sein Haupt sinkt ruhig, fast majestätisch ins weiche Gras. Einige kurze, heftige Atemstöße, dann: Stille.

Freudengeheul der Indianer, das ganze Dorf eilt herbei, das Tier wird in Windeseile zerlegt. Geschickte Hände, perfektes Teamwork. Jedes Teil des Kadavers findet Verwendung. Nichts bleibt liegen. Schließlich zeugt einzig ein dunkelroter Fleck im Gras vom Ende des Bisons.

Am Abend danken die Menschen dem Geist des Steppenkönigs und huldigen ihm mit einem Fest.

Auf diese Weise, so lehrten mich die Hippies, töteten die Indianer.

Leider war's aber nicht so …

Wahrscheinlich, weil die Büffel keine Hippies sind. Und daher keine mythisch überhöhte Beziehung zum Jenseits haben, in das sie freiwillig eingehen wollen, nur weil ein auf seinen zwei mickrigen Beinchen dahergelaufenes Menschlein sie darum bittet. Sie denken gar nicht daran, dieser Bitte nachzukommen, und sei das Menschlein noch so edel und gut.

Der Büffel will das: fressen, wachsen, sich vermehren, die Geborgenheit seiner Herde. Vor allem aber will er: seine Ruhe! Alles, was nicht aussieht wie ein Büffel, stört diese Harmonie und muss weg. Das macht den afrikanischen Büffel zum gefährlichsten Tier des dritten Kontinents, weit vor Löwe, Gepard, Krokodil und Schwarzer Mamba. Der Bison Nordamerikas ist zwar einen Tick weniger angriffslustig als sein afrikanischer Verwandter, aber nicht weniger entschlossen, seine Ruhe zu verteidigen.

Auch die Indianer waren (leider?) keine Hippies. Die Indianer wollten das: essen, wachsen, sich vermehren und die Geborgenheit des Stammes.

Vor allem aber wollten sie: ihre Ruhe. Alles, was nicht aussah wie ein Stammesangehöriger, wurde eingeteilt in die Kategorien «gefährlich» oder «nützlich». Der Bison war gefährlich in der Variante «lebend», jedoch nützlich in der Variante «tot». Die Aufgabe bestand also darin, das Gefährliche in den Zustand des Nützlichen zu überführen.

Wie würden *Sie* diese Aufgabe lösen?

Hm?

Nein, ein Pferd haben Sie keines, vergessen Sie's! Pferde kamen erst mit den Bleichgesichtern nach Nordamerika. Und jetzt wird Ihnen auch klar: Erschießen mit dem Gewehr fällt auch weg, mangels Gewehr.

Also wie?

Mit Pfeil und Bogen à la Robin Hood? Ein Bison ist kein Bambi! Er bringt bis zu einer Tonne auf die Waage. Kein antiker Bogen kann einen Pfeil so beschleunigen, dass dieser das Tier tödlich verletzen würde. Und kein Pfeil hat die Durchschlagskraft, Fleisch und Knochen des Bisons bis zum Herzen zu durchdringen. Schon gar nicht ohne schwere Metallspitze. Und Eisen gibt's nicht. Vergessen Sie's.

Treibjagd? Zu Tode hetzen?

Schon besser. Es könnte Ihnen, zusammen mit einigen Dutzend Mitjägern, tatsächlich gelingen, eine Bisonherde mit viel Lärm und wildem Gestikulieren in Bewegung zu setzen. Ein Tier würde das andere in seinem Fluchtverhalten anstecken – und die Stampede würde den Boden der Prärie erzittern lassen. Und dann gäbe es zwei Möglichkeiten, keine der beiden wäre für Sie günstig: Entweder rennt die Herde auf Sie zu und verarbeitet Sie zu Brei. Oder – zwar besser, aber auch nicht wirklich gut: Die Herde bewegt sich von Ihnen weg. Mit 30 bis 50 km/h. Und während Sie nach wildentschlossenem Gerenne versuchen, Ihre pfeifenden Lungen wieder auf Normalfrequenz zu pegeln, dürfen Sie zuschauen, wie Ihre begehrte Beute als Staubwolke hinter dem Horizont verschwindet. Treibjagd funktioniert also bei Büffeln eher suboptimal.

Es sei denn: Zwischen der Herde und dem Horizont gäbe es ein Hindernis. Und dass es tatsächlich ein solches gab, darauf achteten die Ureinwohner Nordamerikas.

Das Hindernis bestand aus einer Klippe, über welche die Bisons auf ihrer wilden Flucht hinabstürzten. Bullen, Kühe und Kälber. Oft zu mehreren hundert.

Sie brachen sich die Beine, die Rippen und Hüften, sie schlugen sich die Köpfe ein, sie stürzten auf- und übereinander, sie brüllten, schrien und röchelten, lagen schwer verletzt ineinander verkeilt. Hilflos, wehrlos. Nicht mehr gefährlich. Dafür nützlich. Und die Menschen kamen über sie. Schnitten ihnen die Halsschlagader auf, rammten ihnen Lanzen in die Flanken. Sie schlachteten nur so viele, wie sie verwerten konnten, nur einen Bruchteil der im Staub Liegenden. Bedienten sich aus diesem Überfluss nur mit den besten und edelsten Stücken. Der große Rest der Herde wurde aber zum Schluss auch noch getötet, denn die Menschen waren überzeugt: Wenn nur ein einziger Büffel überlebt, wird er den anderen alles erzählen und ihn verraten, den Trick mit der Klippe …

Zurück blieben Berge verwesenden Fleisches. Zur Freude der Kojoten und der Geier.

Diese Form der Jagd wurde so erfolgreich betrieben, dass die Klippen im Laufe der Jahrhunderte unbrauchbar wurden: Am Fuß der Abgründe hatten sich derartige Mengen von Bisonknochen angehäuft, dass die Klippen sich verflacht hatten.

Der Mensch ist der Mensch ist der Mensch. In allen Kulturen, zu allen Zeiten. Der Mensch ist Sammler und Jäger. Er nimmt, was er kriegt.

Und was er außerdem ist: anpassungsfähiger als jedes andere Lebewesen. Äußerst erfinderisch in seinen Überlebensstrategien. Vor allem in Zeiten der Not. Wenn es sein muss, kann er auch mit knappsten Ressourcen überleben.

In Zeiten des Überflusses aber mutiert er zum dekadenten Verschwender.

Wir, im westlichen Hier und Jetzt, leben in einem absurden, aber als normal empfundenen Widerspruch: Obwohl dem Überfluss in jedem Supermarkt, Regalreihe um Regalreihe, ganz offensichtlich gehuldigt wird, empfinden wir Mangel. Wir haben Angst, dass das Viele nicht viel genug sein könnte.

Von den Tausenden Rindern, die in Deutschland tagtäglich in riesigen Schlachtfabriken umgebracht werden, gilt nur knapp die Hälfte ihres Lebendgewichts als essbar. Davon kommt wieder nur die Hälfte direkt auf unsere Teller. Weil nur mit den edelsten Stücken Geschäft zu machen ist. Und auch von diesen hochwertigen Produkten landen fast 50 Prozent auf dem Müll, wie jüngere Untersuchungen an den Tag gebracht haben: In der westlichen Welt wird die Hälfte aller produzierten Lebensmittel einfach weggeschmissen. Die Hälfte!

Das ist ganz eindeutig Verschwendung, die man sich klarerweise nur im Überfluss erlauben kann.

Gleichzeitig wird aber von den Food-Konzernen penetrant ein bedrohlicher Mangel suggeriert. Nur mit «effizienter industrieller Produktion von Nahrungsmitteln», heißt es, nur mit «fabrikgerechter Normverwertung» und von Konzernen «gesteuerter Vermarktung» sei die Menschheit künftig zu ernähren. Das wird gebetsmühlenartig wiederholt und wiederholt und wiederholt.

Und die Food-Manager schaffen es tatsächlich, dass wir Angst bekommen zu verhungern. Anders ist nicht zu erklären, warum wir kaputte Landschaften, für immer ruinierte Böden, das Aussterben Tausender von Gemüse- und Obstsorten sowie Nutztierarten widerspruchslos akzeptieren. Warum wir resigniert zur Kenntnis nehmen, dass Millionen Hektar gutes, fruchtbares Land, das uns seit Jahrtausenden ernährt, jetzt vergiftet wird, nur damit für ein paar wenige Jahre noch ein paar Prozent mehr Ertrag aus dem Boden herausgelaugt werden kann.

Der größte Teil unserer Ernährböden steht kurz vor dem Kollaps. Unser Land ist dabei, in eine Monokulturödnis verwandelt zu werden. Ferien auf dem Bauernhof wird es bald nur noch in der Disneyland-Variante geben. Was auf unsere Teller kommt, bestimmen nicht mehr wir, die wir es mit unserem sauer verdienten Geld zu bezahlen haben, sondern diejenigen, die damit Milliarden verdienen. Freier Markt? Wer zahlt, befiehlt? Der Kunde ist König? Das war einmal ...

All diese Verbrechen gegen unsere Nachkommen nehmen wir hin! Weil wir Angst haben, das Viele könnte nicht viel genug sein.

Einerseits ersticken wir fast in einem Überfluss, der die gern zitierten dekadenten Römer wie Asketen wirken lässt, und gleichzeitig lassen wir uns einreden, wir würden bald verhungern, falls wir nicht so weitermachen. Das sei, Achtung, tolle Wortschöpfung: «alternativlos»!

Natürlich ist es genau andersherum: Falls wir so weitermachen, falls wir diesen Irrsinn nicht beenden, werden wir hungern. Dann werden wir wirklich alternativlos sein: tote Böden = nix zu fressen. Noch Fragen?

Ob aus unserem Verhalten zu schließen ist, dass wir besonders blöde sind oder die Nahrungsmittelindustrie besonders raffiniert, das werden die mangel- und fehlernährten Generationen nach uns entscheiden …

Der Ausweg wäre: Wir gelangen zu einer Handlungsweise, die sich an den (ausgedachten) Indianern orientiert. Es kann sehr befriedigend sein, sich des Erfindungsreichtums aus Mangelzeiten zu erinnern und unsere Phantasie wieder anzuknipsen. Bestehen Rinder tatsächlich nur aus Steaks, Schafe nur aus Schlögel und Schweine nur aus Koteletts? War da nicht noch was an den Hühnern, irgendwo zwischen Chicken Wings und Keulchen?

Ich habe übrigens zwei Indianer kennengelernt, wie sie die Hippies erfunden haben. Echt, im richtigen Leben. Sie sahen überhaupt nicht aus wie Kleiner Bär und Biegsame Feder. Sondern wie ein älteres in Berlin lebendes Ehepaar aus Kirgisien. Sie standen eines Tages, wie aus dem Nichts, an unserer Hoftür und wollten ein Schaf. Kein lebendes, ein geschlachtetes, aber im Ganzen. Mit allem. Samt den sogenannten Schlachtabfällen. Und kein Lamm bitte, ein richtiges Schaf, ein ausgewachsenes. Mindestens fünf Jahre alt sollte es sein. Dann schmecke es nach Schaf, sagten sie, nicht so, wie das in der Stadt feilgebotene charakterlose Fleisch von Lämmern, die nie auf einer Weide gestanden hätten.

Im weiteren Gespräch erfuhren meine Frau Sonja und ich, dass sich die beiden zur silbernen Hochzeit ein Festmahl gönnen wollten, wie sie es aus ihrer Heimat kannten. Darum ein ganzes Schaf, in Kirgisien isst man nämlich das ganze Schaf.

«Das Ganze?», fragten wir. «Was heißt das Ganze?»

«Das Ganze heißt das Ganze, alles», antworteten sie. Nicht essbar sei doch nur der Darminhalt, die Klauen und die ausgekochten Knochen. Und das Fell natürlich, das würden sie gerben lassen.

Wir mussten die beiden zu ihrer großen Enttäuschung wegschicken, leider. Wir hatten noch nicht die Erlaubnis, am Hof zu schlachten und dieses Fleisch dann zu vermarkten. Und lebend verkaufen wir grundsätzlich nicht, wir geben die Verantwortung für unsere Schlachttiere bis zu ihrem letzten Atemzug nicht aus der Hand.

Ich bin aber sicher, die beiden haben ihr Schaf am Stück irgendwo anders bekommen, und ihr Fest hat nach alter Sitte stattgefunden, wie sie es sich gewünscht haben. Was für Gerichte sie wohl ihren Gästen aufgetischt haben? Schafshirn auf einem Bett von Bärlauch? Schafsohr in Blätterteig? Pansensüppchen mit Pfefferschoten? Ich versuchte mir vorzustellen, ob ich an diesem Festessen gerne teilgenommen hätte. Wäre wohl ich in der Lage gewesen, mir lustvoll ein Schafsauge in den Mund zu schieben und hineinzubeißen? Nein – ich gebe es zu.

Dennoch, dieser Satz des kirgisischen Paares: «Das Ganze heißt das Ganze», der klingt in meinen Ohren bis heute nach. Diese Form des Respekts gegenüber dem Tier. Da brauchen wir nichts in fremde Kulturen aus antiken Zeiten hineinzugeheimnissen. Diesen Respekt könnten wir ja auch selber leben. Wir können einfach damit anfangen. Warum nicht gleich jetzt?

Die traditionelle Küche rund um das Fleisch

Dieses Kapitel liegt mir ganz besonders am Herzen, denn hier muss alles aufgeboten werden, um eine alte Kultur nicht aussterben zu lassen. Es geht um die Kultur des Fleischerhandwerks. Ein gelernter Metzger beginnt seine Arbeit schon bei der Auswahl des Tieres, und da er nicht anonym für seine Kunden ist, sondern sie sich auf ihn und sein handwerkliches Können verlassen, wählt er das Schlachttier sehr sorgfältig aus und schaut genau, wie das Tier gehalten wurde.

Wenn er es dann schlachtet, wird er es einige Zeit abhängen und anschließend präzise in seine Einzelteile zerlegen. Jedes dieser Teile hat einen Namen und eine spezielle Verwendung. Slowfood beginnt also beim Metzger. Um seinem Produkt auch den richtigen Rahmen zu geben, wird er in seinem Fleischereifachgeschäft ausgebildete Verkäufer beschäftigen, die genau wissen, was der Kunde braucht, wenn er nicht weiß, welches Stück zu welchem Gericht passt.

Wie finden wir solch einen kundigen Metzger? Vielleicht probieren Sie es in den Fachgeschäften in Ihrer Wohngegend mit dem «Suppentest». Erzählen Sie, dass Sie am Wochenende für viele Leute eine sehr gute Rindersuppe kochen wollen, die Fleischbrühe als Entree und danach als Hauptgericht das Tellerfleisch. Welche Fleischsorten passen würden, habe ich Ihnen ausführlich bei den folgenden Rezepten dazugeschrieben, das wären die optimalen Lösungen.

Wenn Sie daraufhin Beinscheiben angeboten bekommen, weil die so praktisch sind – alles in einem, Knochen und Fleisch –, können Sie sofort wieder rausgehen. Und wenn Sie ein Geschäft finden, wo man Ihnen sagt: «Das haben wir nicht, aber probieren Sie doch ersatzweise dieses Stück», oder: «Das können wir Ihnen gerne bestellen», dann ist das schon mal sehr gut. Bekommen Sie aber gesagt: «Ja, gerne, soll's sonst noch was sein?», dann haben Sie den Joker gezogen. Wenn wir nur noch dort einkaufen, wo wir auf gezielte Nachfrage eine fachmännische Beratung erhalten, besteht die berechtigte Hoffnung, dass sich die Qualität im Fleischhandel ändert.

Darüber hinaus sollten wir unsere Essgewohnheiten ändern, denn genau wie wir gelernt haben, dass Löwenzahn und Giersch kein Unkraut, sondern eine gesunde Feinkost sind, so müssen wir wieder lernen, dass das ganze Rind, Schwein oder Lamm – außer Haut und Knochen –, essbar und für den Menschen nutzbar ist. Wenn wir also bei unserer Kocherei wieder

Gerichte entdecken, die aus Rippenstücken oder Bauch bereitet werden, oder Feinschmeckereien aus Resten vom Vortag, dann erschließen wir uns eine ganze neue, alte Vielfältigkeit, und mit der Zeit ändert sich durch unsere neue Haltung als Verbraucher auch die Tierhaltung und -verarbeitung.

Vielleicht gelingt es mir, mit den nachfolgenden Rezepten den Anfang eines Weges aufzuzeigen.

Das Rindfleisch

In vielen Regionen war das klassische Sonntagsessen ein Gericht mit Rindfleisch. Entweder das gekochte, dann gab es zuerst die Rindersuppe mit allerlei köstlichen Einlagen und danach das Tellerfleisch mit seinen Beilagen. Oder es gab einen der klassischen Schmorbraten. Diese «Sonntagsessen» wurden immer zu «groß» gekocht, das heißt, es blieb garantiert Fleisch übrig, und daraus zauberte man die nächsten Tage mit diversen Zutaten eine Vielfalt an «Nachfolgegerichten». Das heißt, ich kaufe einmal ein Stück Fleisch – und das ist billiger als die Stücke für die «schnelle Küche» – und habe dann drei bis vier Tage nicht nur Fleisch auf dem Tisch, sondern wunderbar wohlschmeckende Mahlzeiten.

Fangen wir mit einem Sonntagsessen an, das wir am besten am Samstag beginnen …

Die große Rindersuppe und das Tellerfleisch

Für eine gute und große Suppe brauchen wir

2 kg vom Tafelspitz. Wenn es etwas preiswerter sein soll,
  ein Stück Mittelbug aus der Schulter oder auch Brustkern
4–5 Stücke vom Ochsenschwanz
2 Rippen breit von der Zwerchrippe oder ein Stück Querrippe
ca. 500 g Suppenknochen
2 Zwiebeln halbieren
2 Stangen Lauch der Länge nach aufschlitzen und waschen
4 Karotten schälen
$^1/_2$ Sellerieknolle putzen
3–4 Blätter von Wirsing oder Weißkohl
1 Tomate halbieren
3 Knoblauchzehen mit der Schale leicht zerdrücken
1 Kräutersträußchen: 2 Zweige Selleriegrün, 1 Zweig Liebstöckel,
  5 Stängel glatte Petersilie, 2 Lorbeerblätter
Salz

Variation: Von der Meixner Sophie, der Tochter eines Bierbrauers, die in München im ausgehenden 19. Jahrhundert lebte, habe ich sehr viel über die alte traditionelle Küche gelernt. Sie kochte in jeder Rindersuppe ein Stück Rinderleber, ein Stück Rinderherz und -milz mit. Diese Suppen sind endgültig unvergleichlich im Aroma.

Und noch ein Tipp: Sie haben jetzt Ihren Traummetzger gefunden und wollen diese herrliche Rindersuppe kochen. Dann bestellen Sie doch auch das **Kronfleisch**. Das ist das Zwerchfell vom Rind, ein längliches Stück Fleisch, wunderbar saftig und zart. Das geben Sie auch in den Suppentopf, aber nur die letzten 60 Minuten. Servieren Sie das Stück am Samstag als kleines Schmankerl vorab mit frisch geriebenem Meerrettich und Kartoffelsalat.

Den größten Topf im Haushalt zu zwei Dritteln mit kaltem Wasser füllen, dahinein den Ochsenschwanz, die Rippenstücke und die Suppenknochen legen. Die Hitze auf die höchste Stufe stellen. In einer trockenen Pfanne die Zwiebelhälften an den Schnittflächen braun anrösten. Die Suppe aufkochen lassen und mit der Schaumkelle den sich bildenden Schaum abschöpfen. Weiterkochen, der Schaum bildet sich noch 2–3 Mal, stets abschöpfen. Nun ca. 2 TL Salz in die Suppe geben, das restliche Fleischstück und eventuell die Innereien einlegen. Wenn sie wieder aufkocht, noch einmal den Schaum abschöpfen.

Das Gemüse, den Knoblauch, das Kräutersträußchen und die angerösteten Zwiebelhälf-

ten hinein. Wieder bei starker Hitze aufkochen lassen. Jetzt die Temperatur reduzieren, den Deckel leicht schräg auflegen, und die Suppe 2 Stunden vor sich hin köcheln lassen. Danach fischt man mit einer langen Gabel die Fleischstücke heraus, legt das Tellerfleisch in eine Schüssel und alles andere in eine zweite. Beides abdecken und abkühlen lassen; anschließend das Tellerfleisch für den nächsten Tag kalt stellen. Bei den anderen Teilen das Fleisch in noch lauwarmem Zustand von den Knochen lösen und das Fett so weit wie möglich entfernen. Wird dieses Fleisch in den nächsten Tagen für Nachfolgegerichte verwendet, kommt es in den Kühlschrank; wenn es erst sehr viel später Verwendung findet, wird es eingefroren.

Die Suppe leicht abkühlenn lassen, dann durch ein feines Sieb in einen anderen Topf gießen. Aus dem Suppengemüse im Sieb die Karotten herausfischen und aufheben. Die klare Suppe kalt stellen und am nächsten Tag einen Teil des verhärteten Fetts abnehmen, keinesfalls alles, denn das Fett ist ein wichtiger Geschmacksträger.

Jetzt ist die Basis geschaffen für das fulminante Sonntagsmenü.

Die Rindersuppe

wird erst mit verschiedenen Einlagen vollendet. Am schnellsten und einfachsten, aber nicht zu verachten ist der Klassiker: die **Nudelsuppe**. Dazu muss man nicht viel schreiben, außer dass die Nudelsuppe mit hausgemachten Nudeln ganz unvergleichlich ist. Unser Favorit – nicht nur bei den Kindern – ist die …

Pfannkuchensuppe

Im Österreichischen heißt sie Frittatensuppe, im Schwäbischen Flädlesuppe und im Norddeutschen eben Pfannkuchensuppe. Dazu Pfannkuchen (S. 43) backen, in noch warmem Zustand zu engen Rollen wickeln und diese abgekühlt in dünne Streifen schneiden. Die Frittatenspiralen legt man entweder in die Suppenterrine oder in die einzelnen Teller. Die in Scheiben geschnittenen Karotten dazu und mit der kochenden Rinderbrühe aufgießen. Wenn möglich, noch Schnittlauch daraufstreuen, es geht auch feingeschnittene Petersilie.

Variation: In den Pfannkuchenteig feinstgehackte Petersilie und Schnittlauchröllchen rühren, sieht sehr hübsch aus und schmeckt noch etwas raffinierter.

Die Grießnockerlsuppe

hat ihren Ursprung in den Alpenländern, und für die Grießnockerl brauchen wir:

80 g Butter, zimmerwarm
120 g Hartweizengrieß
2 Eier
Petersilie oder Schnittlauch, gehackt beziehungsweise in kleine Röllchen geschnitten
Salz, Pfeffer und geriebene Muskatnuss

Die gesamte weiche Butter mit einer Gabel vermatschen, etwas Grieß einrühren, dann 1 Ei, dann Salz, dann Grieß und weiter die Zutaten abwechselnd einrühren. Den fertigen Teig zum Quellen im Kühlschrank ruhen lassen. Salzwasser zum Kochen bringen, einen Esslöffel in das kochende Wasser tauchen und mit ihm aus dem Nockerlteig längliche Knödelchen stechen. Mit den Händen oder mit einem zweiten Löffel glätten und in das kochende Wasser geben. Auf kleinem Feuer ca. 25 Minuten ziehen lassen. Mit dem Schaumlöffel herausholen und sofort in eine Suppenterrine oder auf die einzelnen Teller legen. Brühe und Karotten dazu und Schnittlauch oder Petersilie. Übriggebliebene Nockerl können eingefroren werden.

Die Schöberlsuppe

Die gibt es in sehr vielen Variationen, diese habe ich aus Österreich, und dort heißt sie auch «Kaiserschöberl»! Denn der Kaiser Franz Joseph aß jeden Tag diese Rindersuppe und gesottenes Rindfleisch als Entree zum Mittagsmenü.

50 g Butter, zimmerwarm
2 Eier trennen, Eiweiß steif schlagen
2 EL Sahne, mit dem Schneebesen cremig schlagen
70 g Mehl
2 EL geriebener Parmesan
Schnittlauch in kleine Röllchen schneiden
Salz und geriebene Muskatnuss

Backrohr auf 180 °C vorheizen

Die Butter schaumig rühren, und in dieser Reihenfolge alles einrühren: das Eigelb, Salz und Muskat, die Sahne, das Mehl und zum Schluss das Eiweiß unterheben. Nun ein Backblech mit Backpapier auslegen und den Teig darauf gleichmäßig verstreichen. Er sollte ungefähr 1 cm dick sein. Mit dem Parmesan bestreuen. Auf der mittleren Schiene im Backrohr in ca. 20 Minuten goldgelb backen. Etwas abkühlen lassen und dann in Rauten schneiden. Diesmal die Brühe in die Teller geben, Schöberl drauflegen und mit Schnittlauch* bestreuen.

Variation: Etwas würziger und auch optisch noch besser werden die Schöberl, wenn man mit dem Parmesan noch ca. 40 g ganz kleine Würfelchen aus rohem Schinken auf den Teig streut.

Wie auf S. 119 schon erwähnt, ist der alpenländische **Speckknödel** eine wunderbare Einlage in einer kräftigen Rinderbrühe. In seiner normalen Größe braucht's danach nicht mehr viel. Dient die Suppe als Vorspeise, kann man die Speckknödel natürlich auch ganz klein und zierlich gestalten – nicht Speckknödel, sondern -knöderl.

Wenn ein großes Fest gefeiert wird, dann wäre jetzt alles beieinander, um die **Hochzeitssuppe** zu servieren. Das ist eine Rindersuppe, und in jedem Teller schwimmen 4–5 Schöberl, einige Frittatenröllchen, 1 Nockerl und 1 kleines Speckknöderl – Luxus pur.

Nach der Suppe kommt das aufgeschnittene Tellerfleisch als Hauptgang auf den Tisch. Wie nicht anders zu erwarten, gibt es hier natürlich wieder regionale Unterschiede, wie und mit welchen Beilagen das Fleisch serviert wird. Im Sommer plädiere ich für …

Tellerfleisch mit Meerrettich

Das Stück Tellerfleisch als Ganzes in der Brühe erhitzen. In dieser Zeit den Meerrettich vorbereiten. Am besten ist es natürlich, frischen Meerrettich zu schälen und dann fein zu reiben, aber zur Not nimmt man Meerrettich im Glas (nicht Sahne-Meerrettich!). Hier nun einige Möglichkeiten:

- Meerrettich pur, nur mit etwas Zitronensaft vermischt, damit er weiß bleibt.
- Meerrettich, etwas Zitronensaft und Salz mit steifgeschlagener Sahne vermischen – 3 EL Meerrettich auf $1/8$ l Sahne.
- 2 Äpfel fein reiben, 3–4 EL Meerrettich dazu, etwas Zitronensaft und Salz.

---

* Noch ein Wort zum Schnittlauch, der, wie wir gesehen haben, auch im Winter gebraucht wird. Schnittlauch friere ich im Sommer in großen Mengen ein. Dazu schneide ich den Schnittlauch in Röllchen, breite diese auf einem Tablett aus, das in den Gefrierschrank passt, und fülle den gefrorenen Schnittlauch in eine Dose. So kann man jede beliebige Menge streufähig entnehmen. Mit der Petersilie verfahre ich genauso.

- 3 EL Meerrettich, 3 EL Preiselbeermarmelade, etwas Zitronensaft, Salz und 1 EL Senf mit dem Schneebesen gut verrühren und ⅛ l steifgeschlagene Sahne unterheben.

Den Meerrettich in eigener Schale auf den Tisch bringen. Das Tellerfleisch in Scheiben schneiden, in einer weiten Schüssel mit etwas heißer Brühe begießen und mit Schnittlauch bestreuen. Dazu gibt es eine große Schüssel gemischten Salat und kurz in Butter geschwenkte, neue Kartoffeln oder auch Kartoffelsalat.

Im Herbst oder Winter passen Rote-Bete-Salat (S. 80) und Selleriesalat (S. 82) sehr gut zu dieser Art Tellerfleisch. Eine andere winterliche Variante ist, dass man in einem Teil der Brühe ganze Karotten, Pastinaken und einige Wirsingsegmente kocht. Dann serviert man das Tellerfleisch auf einer großen Platte und umlegt es mit dem Gemüse.

Tellerfleisch mit Meerrettich-Kapern-Sauce

Für die Sauce
4 EL Butter
4 EL Mehl
Rinderbrühe
1 Becher Sahne
2 Eigelb
3–4 EL Meerrettich
1 Gläschen Kapern
Schnittlauch in kleine Röllchen schneiden
Salz und Pfeffer

Die Butter erwärmen und das Mehl darin unter Rühren anschwitzen. Mit etwa 2–3 Schöpfern Brühe löschen und wieder aufkochen lassen. Die Sauce sollte jetzt sämig, cremig sein. Nun den Meerrettich und die gut abgetropften Kapern sowie Salz und Pfeffer zufügen. Kurz ziehen lassen. Die Sahne mit den Eigelb verquirlen und in die wieder zum Kochen gebrachte Sauce mit dem Schneebesen einrühren. Jetzt nur noch erhitzen, aber nicht mehr kochen! Abschmecken. Das Tellerfleisch in Scheiben schneiden und in eine weite Schüssel legen. Die Sauce darübergeben und mit Schnittlauch bestreut servieren.

Dazu passen Kartoffeln jeder Art und als Gemüse Wirsing oder auch Karotten. Etwas ganz Delikates wird es mit dem Ofengemüse mit Roter Bete von S. 81.

Und jetzt ein paar Gerichte für Montag, Dienstag …
Bei Oma Sophie gab es am Tag danach …

Zwiebelfleisch

Und das haben die Kinder oft lieber gemocht als das Tellerfleisch am Sonntag.

ca. 400 g Reste vom Tellerfleisch in Streifen schneiden
2–3 Zwiebeln klein würfeln
1 Bund Petersilie fein hacken
2 EL Butter
2 EL Mehl
Rinderbrühe
1 Becher Sahne
Salz und Pfeffer

Die Butter in einer weiten Pfanne erhitzen und darin die Zwiebeln und das Fleisch bei starkem Feuer anbraten. Ständig rühren. Die Hälfte der Petersilie dazugeben, das Mehl darüberstäuben, einrühren und leicht ansetzen lassen. Mit einem Schöpfer Rinderbrühe löschen und rühren, dass sich alles vom Pfannenboden löst. Noch eine Kelle Brühe dazu, alles leicht einköcheln lassen. Die restliche Petersilie dazu und dann die Sahne. Noch einmal mit Salz und Pfeffer abschmecken.

Dazu isst man in Butter geschwenkte Kartöffelchen und eine große Schüssel Salat.

Variation: In der Sauce, bevor die Sahne dazukommt, 4–5 in Scheiben geschnittene saure Gurken und 3 EL Kapern mitkochen.

Für das folgende Gericht sind die etwas unförmigen Fleischstückchen vom Ochsenschwanz oder von den Suppenknochen bestens geeignet.

Die Fleischnudeln

Nudelteig wie auf Seite 107 zubereiten und in Folie gewickelt ruhen lassen.

Für die Füllung
ca. 400 g Suppenfleisch fein würfeln
1–2 Zwiebeln, 2 Knoblauchzehen und 1 Bund Petersilie zusammen fein hacken
2 EL Butter
1 Ei
1 EL Mehl
Salz und Pfeffer

Für den Bräter
2 Zwiebeln klein würfeln
2 EL Butter
Rinderbrühe
Schnittlauch in kleine Röllchen schneiden

Backrohr auf 160 °C vorheizen

Die Butter in einer Pfanne erwärmen und darin die Zwiebel-Knoblauch-Petersilien-Mischung andünsten. Wenn die Zwiebeln glasig werden, vom Feuer nehmen und abkühlen lassen. Das Fleisch entweder mit einem großen Messer oder einem Wiegemesser möglichst fein hacken. Mit der Zwiebelmischung vermischen und mit Salz und Pfeffer würzen. Das Ei und das Mehl einrühren.

Nun den Nudelteig auf einer bemehlten Fläche zu einer großen, rechteckigen Platte ausrollen. Den Teig mit der Fleischfarce bestreichen – an den Längsseiten 1 cm frei lassen – und der Länge nach aufrollen. Die Rolle in 3 cm breite Stücke schneiden. Das Fett in dem Bräter erhitzen und die Zwiebeln darin andünsten, dann die Nudelscheiben von beiden Seiten darin anbraten. Die Scheiben sollen am Ende dicht aneinandergelegt den Boden bedecken. Nun wird so viel Rinderbrühe dazugegeben, dass sie gerade damit bedeckt sind. Im Backrohr ca. 30 Minuten backen, eventuell noch einmal Brühe nachgießen.

Das Essen wird in dem Bräter mit Schnittlauch bestreut serviert, dazu gibt es eine große Schüssel Salat.

Sollte jetzt noch Brühe übrig sein, dann entsteht daraus auf die Schnelle eine **Zwiebelsuppe**. Dazu halbiert man 3–4 große Zwiebeln, schneidet sie in dünne Scheiben und dünstet sie in einem Topf so lange, bis sie goldgelb sind. Salzen und pfeffern und mit der

Rinderbrühe aufgießen. Nochmal abschmecken. Entweder so servieren oder einige Scheiben geröstetes Brot in den Teller legen, diese mit geriebenem Bergkäse bestreuen und die Zwiebelsuppe sehr heiß daraufschöpfen – oder restliche Maultaschen (S. 111) darin servieren.

Und dann die Ravioli!

Die Füllung wie bei den Fleischnudeln, nur 1 Ei mehr und 3–4 EL frischgeriebenen Parmesan in die Farce mischen. Den Teig ausrollen und entweder mit einem Wasserglas Kreise ausstechen, 1 TL von der Füllung draufsetzen und daraus halbmondförmige Ravioli formen oder Quadrate schneiden und drei- oder rechteckige Ravioli formen. Ich mache gern die zweite Variante, weil ich dann keine Teigabfälle habe, die ich nochmal ausrollen muss. Die Ravioli auf einem bemehlten Blech oder Tablett ablegen und direkt nach dem Formen in reichlich Salzwasser leise köcheln lassen; nicht sprudelnd, sonst gehen die Taschen leicht auf. In der Garzeit Butter und in Scheiben geschnittenen Knoblauch in einer Pfanne erhitzen. Darf ganz leicht Farbe annehmen, aber nicht braun werden. Die Ravioli werden auf vorgewärmte Teller gegeben, braune Knoblauchbutter darauf verteilt und frischgeriebener Parmesan darübergestreut.

Am liebsten «bastle» ich Ravioli in großer Menge, wenn meine Enkeltöchter Ronja und Kathi da sind, denn die sind geduldig und unermüdlich, und dann häufen sich die Ravioli schnell an. Also mein Tipp: Ravioli zu zweit oder dritt machen, nicht alleine. Was zu viel ist, lässt sich wunderbar einfrieren. Dazu lege ich die Nudeltaschen auf ein dick bemehltes Tablett, friere sie ein und fülle sie erst in gefrorenem Zustand in einen Beutel. So kann ich jederzeit genau die Menge entnehmen, die ich im Moment brauche. In gefrorenem Zustand in das kochende Salzwasser geben.

Wenn am dritten Tag wirklich nur noch kleine Reste* vom Sonntag übrig sind, dann reicht es sicher für ein …

---

* Sehr empfehlenswert ist es, sich von einem Suppenfleisch oder auch von einem großen Braten eine Portion von ungefähr 150–200 g einzufrieren; ebenso ein bisschen Brühe. Dann hat man schnell mal etwas parat, um Nudeltaschen zu basteln oder auch im Winter einen Heringssalat oder …

Bauernfrühstück oder Gröschtl

1 kg festkochende Kartoffeln kochen
1 große Zwiebel klein würfeln
1 Bund Petersilie fein hacken
Fleischreste klein würfeln
100 g Speck würfeln
6 Eier
Butter- oder Gänseschmalz
Salz und Pfeffer

Die Kartoffeln schälen und in Scheiben schneiden. In einer weiten Pfanne das Fett erhitzen. Die Zwiebel, die Hälfte der Petersilie, den Speck und das Fleisch darin anbraten. Die Kartoffeln dazugeben und alles unter häufigem Wenden weiter anbraten; salzen und pfeffern. Sobald die Kartoffeln gebräunt sind, die Eier in einer Schüssel verrühren, salzen und pfeffern, die restliche Petersilie dazugeben und über die Kartoffeln verteilen. Warten, bis die Eiermasse am Rande anfängt zu stocken, und jetzt nur noch sanft einige Male wenden. Auf eine große Platte geben und eine Schüssel Salat dazu reichen.

Der zweite Klassiker bei den großen Sonntagsessen mit Rindfleisch hat – so erzählt man – eine lange Geschichte. Als Napoleon die deutschen Lande eroberte, erwartete er einerseits nicht viel von der hiesigen Kochkunst, und andererseits musste ein Feldherr seiner Art immer mit Anschlägen auf Leib und Leben rechnen. So reisten in seinem Tross stets ein Koch seines Vertrauens und das Küchenpersonal mit. Die bereiteten wie gewohnt einen Rinderbraten mit dem klangvollen Namen *Bœuf à la Mode*. Da Napoleon auch mit deutschen Gästen speiste, dauerte es nicht lange, und der Sonntagsbraten trat auch hierzulande seinen Siegeszug an und verwandelte sich zum …

Böfflamott
Der Rinderschmorbraten

Mit diesem Gericht beginnen wir bereits 3 Tage vor dem Festmahl.

1,5 kg Rind vom dicken Bug oder vom Mittelbug; sehr gut und saftig ist auch die Hüfte oder die Oberschale

2 Scheiben fetten Speck in Streifen schneiden

1 Stück frische Schweineschwarte*

1 gespaltener Kälberfuß oder Schweinefuß

Butterschmalz

Salz und Pfeffer

---

* Ein Wort zur Schweineschwarte. Sie enthält sehr viel Gelatine und gibt jeder Sauce eine wunderbar sämige Konsistenz. Die Menschheit spaltet sich beim Verzehr in zwei Teile: Die einen lieben dieses Fleischteil, die anderen verabscheuen es. Dazwischen gibt es nichts. In Frankreich habe ich gelernt, die Schwarte in breite Streifen zu schneiden; diese werden dann wie eine Ziehharmonika gefaltet und mit Küchenfaden zu kleinen Päckchen gebunden, die mitschmoren. Der eine Teil der Menschheit wird sie auch essen. Der andere genießt trotzdem die wunderbare Beschaffenheit der Sauce.

1 Becher Sahne
Mehlbutter*
Für die Marinade
1 Flasche Weißwein
³/₄ l Rinderbrühe
4 Zwiebeln würfeln
3 Karotten schälen und in Stücke schneiden
1 Kräutersträußchen aus je 2 Ästen Thymian und Rosmarin sowie
2 Lorbeerblätter

Alle Zutaten für die Marinade in einem Topf 5 Minuten sprudelnd kochen lassen, vom Feuer nehmen und abkühlen. In der Zeit die Speckstreifen in Salz und Pfeffer wälzen und damit das Fleischstück spicken. Wenn man keine Spicknadel hat, sticht man mit einem dünnen spitzen Messer Schlitze in das Fleisch und stopft die Speckstreifen möglichst tief hinein. Das geht sehr gut, wenn man eine Stricknadel oder einen hölzernen Schaschlikspieß zu Hilfe nimmt. Das so behandelte Fleisch in einen schmalen Topf legen, die Marinade darübergießen und abgedeckt 2–3 Tage kühl stellen.

3 Stunden vor dem Mahl das Fleisch aus dem Sud nehmen, trocken tupfen und in Butterschmalz von allen Seiten anbraten. Jetzt den Fuß und die Schwartenpäckchen um das Fleisch legen und mit der Hälfte des Suds aufgießen. Bei geschlossenem Deckel 2–3 Stunden schmoren lassen und ab und zu etwas von der Marinade nachgießen.

Das Fleisch herausnehmen und warm stellen. Die Sauce durch ein Sieb in einen anderen Topf abgießen, wieder aufkochen. Nun kann sie bereits verwendet werden, da sie durch die Schwarte und den Fuß schon eine leichte Bindung hat. Wenn aber leidenschaftliche Saucenesser bei Tisch sitzen, ist es ratsam, die Sauce mit Mehlbutter und Sahne zu binden. Das Fleisch in Scheiben schneiden, diese kurz in der Sauce noch einmal ziehen lassen und dann auf einer Platte auftragen. Einen Teil der Sauce über das Fleisch geben, den Rest extra servieren.

Dazu passen Kartoffelknödel, Fingernudeln oder auch in Butter angebratene Semmelknödelscheiben.

---

* Die Mehlbutter ist eine sehr angenehme Methode, wenn man einer Sauce eine leichte Bindung geben möchte. Dazu gibt man je 2 EL Mehl und Butter auf eine Untertasse und verknetet beides miteinander. Diese Butter-Mehl-Kugel wird zu der Sauce gegeben und unter Rühren verkocht.

Variation: Eine sehr würzige Note erhält das Böfflamott, wenn mit dem Fleisch einige Speckwürfel und in Streifen geschnittene getrocknete Tomaten angebraten werden.

Und hoffentlich bleibt etwas Fleisch und etwas Sauce übrig, dann gibt es am Montag …

Wirsingroulade

1 Wirsing, groß und nicht zu fest
Für die Füllung
die Fleischreste vom Vortag *sehr* fein würfeln (Wiegemesser)
1 große Zwiebel fein würfeln
1 Bund Petersilie fein hacken
3 Scheiben Toastbrot
1 Ei
3 EL Sahne
Salz und Pfeffer
Für die Fertigstellung
3 Tomaten häuten und würfeln oder 1 Glas «Lizzy-Tomatensauce» (S. 63)
1 Becher Sahne und wenn möglich Reste von der Bratensauce
Butter für die Form

Backrohr auf 160 °C vorheizen und einen Topf Salzwasser aufsetzen

Alle Zutaten für die Füllung in eine Schüssel geben, verrühren und mit den Händen zusammenkneten. Einen Ball formen und ruhen lassen. Mit einem scharfen, schmalen Messer rund um den Strunk tief in den Wirsingkopf schneiden. So werden die Blätter vom Strunk gelöst, und man kann sie leicht abschälen. Nun die Blätter in das kochende Salzwasser geben und ca. 4–5 Minuten kochen lassen. In ein großes Sieb abgießen (dabei 1 große Tasse von dem Kochwasser auffangen) und mit kaltem Wasser abschrecken.

Ein Küchenhandtuch auf dem Tisch auslegen und das Handtuch bis auf einen 5 cm breiten Rand mit den Kohlblättern bedecken. Die Blätter sollen sich reichlich überlappen oder auch übereinanderliegen. Zu dicke Stielstellen werden auf der Rückseite des Blattes mit einem scharfen Messer abgeflacht. Die Fleischmasse auf dem Wirsing verteilen und rundum wieder einen Rand von 5 cm frei lassen. Die Blätter rechts und links an den schmaleren Seiten über die Farce klappen und das Ganze längs mit Hilfe des Küchentuchs aufrollen.

Eine Auflaufform ausbuttern. Mit einem scharfen Messer ca. 5 cm breite Scheiben von der Rolle schneiden und diese vorsichtig dicht nebeneinander in die Auflaufform legen, sodass der Boden bedeckt ist. Nun den Rest Bratensauce mit den Tomatenwürfeln oder der Tomatensauce, der Sahne und dem Kochwasser vermischen, über die Wirsingrollen verteilen und das Ganze im Backrohr ca. 40 Minuten backen. Dazu isst man Kartoffeln in jeder Form.

Ein bisschen ist er schon verschwunden, der typisch deutsche Sauerbraten. In jedem Landgasthaus war er früher fester Bestandteil der Speisekarte, und in vielen Familien war er ein immer wiederkehrendes Sonntagsessen. Mit diesem Gericht fangen wir schon 5 Tage vorher an, aber die einzelnen Arbeitsschritte nehmen nicht viel Zeit in Anspruch.

Der Sauerbraten

1,5 kg Rindfleisch aus dem Bug oder aus der Rose, das ist das Schwanzstück der Keule
Öl zum Anbraten
Mehlbutter (S. 160)
1 Becher Sahne
Salz und Pfeffer
Für die Marinade
1 Karotte
1 Lauchstange
2 Zwiebeln
1 Stück Sellerieknolle
8 Wacholderbeeren, 10 Pfefferkörner, 4 Gewürznelken, 1 Lorbeerblatt
je $1/2$ l Rotweinessig und Rotwein

Das Gemüse für die Marinade putzen und anschließend in kleine Würfel schneiden. Die Wacholderbeeren und Pfefferkörner im Mörser oder mit einer Flasche auf einem Brett zerdrücken. Nun das Fleischstück in eine Porzellan- oder Glasschüssel legen, die Gewürze und das Gemüse darauf verteilen und Wein und Essig darübergießen. Zugedeckt 4–5 Tage im Kühlschrank stehen lassen.

3 Stunden vor dem Mittagessen das Fleisch aus dem Sud nehmen, trocken tupfen und mit Salz und Pfeffer einreiben. Das Öl im Schmortopf erhitzen und das Fleisch von allen Seiten kräftig anbraten. Die Marinade durch ein Sieb gießen. Den Sud auffangen, das Gemüse aus dem Sieb mitsamt den Gewürzen zum Fleisch geben und kräftig mit anbraten.

Nun mit der Marinade aufgießen, den Deckel auflegen und auf kleiner Flamme ca. 2 Stunden leise schmurgeln. Jetzt den Deckel weg, die Mehlbutter einrühren und Sahne dazugeben. Schmeckt hervorragend zu Kartoffelklößen, aber auch zu ganz einfachen Salzkartoffeln.

Variation: In einigen deutschen Landstrichen, gerade im Westen, liebt man es süßsauer und lässt nach der Garzeit zum Binden der Sauce einen zerbröselten Lebkuchen und 1 Handvoll Rosinen in der Sauce kurz mitkochen – und mit 1 EL Rübensirup bekommt die Sauce ihren letzten Pfiff. Probieren Sie es mal, daran kann man sich gewöhnen.

Zum Abschluss möchte ich Ihnen jetzt die drei Gerichte mit Rindfleisch präsentieren, die in ihrem jeweiligen Land den Status eines «Nationalgerichtes» erlangt haben. Das erste ist hier beheimatet und hat den Orden «Lieblingsessen» verliehen bekommen. Das zweite stammt aus Ungarn, ist in Deutschland aber schon längst eingemeindet und ein wunderbares Familienessen. Das dritte schließlich kommt aus Frankreich und ist genial, wenn man viele Gäste hat, sodass ich es Ihnen unbedingt zeigen will. Bei diesen Gerichten gebe ich Ihnen wie üblich die normalen Mengen für 4 Personen an, empfehle aber, gleich die doppelte Menge zu machen, denn man kann sie alle gut und gerne noch einmal aufgewärmt essen.

Rindsrouladen

4 große, dünne Fleischscheiben aus der Keule
Senf
4 Scheiben geräucherter Speck
1 Bund Petersilie und
1 Zwiebel miteinander fein hacken
2 saure Gurken in längliche Streifen schneiden
Öl oder Butterschmalz zum Anbraten
1 Zwiebel fein würfeln
1 Stück Sellerie, 1 Karotte und ein Stück vom Lauch putzen und fein würfeln
1–2 EL Tomatenmark
½ l Rinderbrühe zum Aufgießen
Sahne und/oder Mehlbutter (S. 160) zum Verfeinern
Salz und Pfeffer

Am besten legt man die vier Fleischscheiben der Länge nach vor sich hin, salzt und pfeffert sie, bestreicht sie nacheinander mit Senf und legt eine Speckscheibe darauf. Nun auf jede

Scheibe gleich viel von der Petersilien-Zwiebel-Mischung und den Gewürzgurken verteilen. Die Längsseiten ganz leicht einschlagen und die Rouladen von der kurzen Seite her aufrollen; die Enden mit Zahnstochern feststecken. In einem Topf das Fett erhitzen und die Rouladen von allen Seiten kräftig anbraten. Die Zwiebelwürfel, das Gemüse und das Tomatenmark dazugeben und kurz mit anrösten. Mit einem Teil der Flüssigkeit löschen, den Deckel schließen und die Rouladen leise köcheln lassen. Nach 15 Minuten Flüssigkeit nachgießen. Die Garzeit beträgt insgesamt ca. 60 Minuten. Jetzt kann man die Sauce, wenn man möchte, mit Mehlbutter und Sahne binden, oder nur mit Sahne.

Dazu passen alle Arten von Kartoffelgerichten und jedes Gemüse oder Salat.

Wir nennen es Gulasch, in Ungarn heißt es *Pörkölt*. Ich halte mich bei diesem Rezept, von dem es natürlich wieder Variationen gibt, an Karoly Gundel, den legendären Gastwirt und Kochbuchverfasser, der sich um die Bewahrung der traditionellen ungarischen Küche sehr verdient gemacht hat.

Ungarisches Gulasch

1 kg Rindfleisch vom Wadschenkel, vom Hals oder auch aus dem dicken Bug in 2 cm große Würfel schneiden
500 g Zwiebeln in Würfel schneiden
100 g Schweineschmalz (hier ist das Schweineschmalz ein Muss)
30 g edelsüßer Paprika
1 TL Kümmel mit einem großen Messer zerkleinern
3 Knoblauchzehen würfeln
2 TL getrockneter Majoran
2 große Paprikaschoten putzen und in Würfel schneiden
3 Tomaten grob würfeln
$^1/_2$ l Rinderbrühe
Salz

Das Schmalz in einem Topf erhitzen und die Zwiebeln darin glasig dünsten. Dann das Paprikapulver dazugeben und das Fleisch. Bei mittlerer bis starker Hitze die Zutaten unter ständigem Rühren andünsten. Paprika soll leicht anbraten, aber nicht anbrennen. Knoblauch, Salz, Majoran und Kümmel dazugeben und mit etwas Brühe aufgießen. Deckel zu und leise schmoren lassen. Ab und an nachschauen und nochmal etwas Brühe nachgießen. Nach 45

Minuten Paprika- und Tomatenwürfel dazugeben, eventuell wiederum mit etwas Brühe aufgießen und alles zusammen noch 30 Minuten schmoren lassen.

Dieses Gulasch wird am liebsten mit Spätzle (S. 117), die in Ungarn Nockerln heißen, und viel «Salat» gegessen. Wobei Salat in Ungarn bedeutet, dass auf eincr Platte viele Salate serviert werden, so etwa Tomaten- und Gurkensalat, Weißkrautsalat und eingelegte Paprika, aber auf keinen Fall Blattsalat.

Variation: Dieses *Pörkölt* ist mit Rindfleisch der Klassiker, wird aber aus allen Fleischsorten zubereitet, die gerade zur Verfügung stehen. Also auch aus Wild- oder Lammfleisch, genauso aber mit Huhn, das in Stücke geschnitten wurde. Nur bei Letzterem gibt man kurz vor dem Servieren noch Sahne in die Sauce.

Der Hirte in der Puszta – und natürlich jeder Ungar in seinem Garten oder in der freien Natur – hat einen Kessel, der an einer Kette am Dreibein über dem offenen Feuer hängt, und darin gibt es das *Gulyas*, was bei uns eher als Gulaschsuppe bekannt ist. Es ist wunderschön, im Sommer so zu kochen, denn das offene Feuer und der Rauch verleihen dem Gericht noch den ganz besonderen Geschmack. Die Zutatenliste entspricht der oben genannten, nur benötigt man die doppelte Menge Brühe, da die Sauce über dem offenen Feuer stärker reduziert und weil die letzten 20 Minuten noch 500 g würflig geschnittene Kartoffeln mitgekocht werden. Man schnippelt alle Zutaten im Schatten unter einem Baum, und dann kommen sie der Reihe nach in den Kessel. Wir haben uns aus Ungarn natürlich einen Kessel mit Dreibein mitgebracht, und wenn sich im Sommer das Haus mit Kindern und Enkeln füllt, sitzen wir gerne ums Feuer und essen **Ungarisches Kesselgulasch**, das *Bogracsgulyas*. Und wie die richtigen Ungarn essen wir noch dicke Scheiben von großen weißen Broten dazu.

Und jetzt der Ausflug nach Frankreich, zu einem köstlichen «Eintopf» der besonderen Art. Wenn Sie viele Gäste zum Essen erwarten und sich davor in Ruhe schönmachen und beim Aperitif entspannt bei Ihren Gästen sein wollen, dann kochen Sie ein *Daube*. Das schmort, wenn die Gäste kommen, schon 3 Stunden im Ofen, und es ist auch nicht wichtig, ob es 10 Minuten früher oder später auf den Tisch kommt. Es schmeckt auf jeden Fall *phantastique*.

Bœuf en Daube oder Dämpfgericht aus Rindfleisch

1 kg Rindfleisch aus dem Mittelbug, aus der falschen Lende oder aus der Keule
 in 4 cm große Würfel schneiden
1 gespaltener Kalbsfuß
1 größeres Stück frische Schweineschwarte (S. 159)
4 Karotten würfeln
4 Zwiebeln halbieren und in Scheiben schneiden
4 Knoblauchzehen in kleine Blättchen schneiden
3 Tomaten enthäuten und groß würfeln
150 g Champignons in kleine Blättchen schneiden
150 g magerer Speck
1 Kräutersträußchen mit 4 Stängeln Petersilie, 1–2 Stängeln französischem Estragon*
 und 2 Ästchen Rosmarin
Salz und Pfeffer
Für die Marinade
½ l Rotwein
1 kleinere Tasse Olivenöl
je 1 TL Majoran und Thymian, beide getrocknet
 und zwischen den Fingern zerrieben, 2 Lorbeerblätter

Backrohr auf 130 °C vorheizen.

Am Vortag die Zutaten der Marinade vermischen und das Fleisch einlegen, abgedeckt kühl stellen. Am nächsten Tag etwa 6 Stunden vor dem Essenstermin das Fleisch aus der Marinade nehmen, abtupfen, salzen und pfeffern.

In einen großen Schmortopf auf den Boden den Kalbsfuß und die Schwarte legen und darauf die Karottenwürfel. Das Fleisch im Wechsel mit Zwiebel und Knoblauch hineinschichten. Es folgen das Kräutersträußchen, die Champignons, die Tomaten, der Speck. Noch ein-

---

* Noch ein Wort zum **Estragon**. Da gibt es zwei Sorten, den russischen, sehr aromaschwachen, den man aus Samen ziehen kann, und den französischen, der ein sagenhaftes Aroma hat. Letzteres lässt sich nur mit Wurzelablegern vermehren. Wenn Sie irgendwo einen französischen Estragonableger ergattern können, greifen Sie zu. Er gedeiht auch in einem großen Blumentopf auf dem Balkon oder am Fensterbrett. Estragon wird im Herbst runtergeschnitten und ist absolut winterhart. Dieses Kraut gibt nicht nur Fleischgerichten eine besondere Note, sondern auch klein geschnitten in den Blattsalat gemischt entfaltet er sein einmaliges Aroma.

mal leicht salzen und pfeffern, die gesamte Marinade darübergießen und den Deckel dicht verschließen. Das wird mit einem dicken Mehlteig gemacht, mit dem Sie den Deckel verkleben (S. 198). Den Topf auf die unterste Schiene ins Backrohr schieben; dort bleibt er die nächsten 4–5 Stunden sich selbst überlassen.

Serviert wird im Topf, und dazu gibt es jede Menge Baguette und Rotwein.

Variation oder eher wieder einmal eine Resteverwertung: Die übriggebliebenen Fleischstücke halbieren oder vierteln und in eine Schüssel legen. Von Kalbs- oder Schweinefuß das Fleisch mit Haut ablösen und klein schneiden, ebenso die Schwarte. Beides auf dem Fleisch in der Schüssel verteilen. Die übrige Sauce darübergießen und die Schüssel rütteln, damit sich die Sauce in alle Zwischenräume verteilt. Kalt stellen. Das ergibt eine sehr fein schmeckende Sülze – aufgeschnitten und zum Salat eine nette Vorspeise.

Das Kalbfleisch

Was die Qualität des Kalbfleisches angeht, gibt es nur einen kurzen Satz, den ich von einer alten Köchin in Lyon gehört habe: Das Fleisch von einem Kalb, das unter der Mutter aufwuchs, ist immer gut. Womit wir wieder bei der Suche nach dem Metzger sind, den Sie ja mit dem Rindfleisch schon gefunden haben. Ein Wegweiser bei Kalbfleisch ist die Farbe des Fleisches. Das Fleisch eines natürlich aufgewachsenen Kalbes, dem die Zeit zum Großwerden gelassen wurde, ist in der Farbe eher dunkelrosa und fest – und auf keinen Fall weißlich rosa. Kalbfleisch war immer das teuerste und kein Essen für alle Tage, aber ab und zu muss es sein, denn es ist einfach köstlich.

Als Erstes etwas ganz Altmodisches, ein …

Kalbsfrikassee

1 kg Fleisch aus Brust, Hals oder Bug in große Würfel schneiden

Für den Kochsud

3 Scheiben Zitrone
2 Zwiebeln vierteln
2 Karotten schälen und in große Stücke schneiden
1 Kräutersträußchen aus 5 Stängeln Petersilie, 3 Lorbeerblättern und 1 Zweig Thymian
1 Handvoll Pfefferkörner
2 Nelkennägel
Salz, ca. 1 l Wasser

Für die Sauce

150 g Champignons in Scheiben schneiden
3 EL Butter
3 EL Mehl
etwas Zitronensaft
2 Eigelb
1 Becher Sahne
etwas Petersilie hacken
Salz und Pfeffer

Alle Zutaten vom Sud aufkochen lassen und die Fleischstücke einlegen. Wieder aufkochen und den Schaum mit einer Schaumkelle abschöpfen. Hitze klein stellen, den Topf mit einem schräggestellten Deckel abdecken und ungefähr 45 Minuten köcheln lassen. In der Zwischenzeit die Champignons in 1 EL Butter anbraten, salzen und pfeffern. So lange bei großer Hitze wenden, bis alle Flüssigkeit verdampft ist. Champignons beiseitestellen.

Das Fleisch abgießen und den Sud auffangen. Die Fleischstücke aus dem Gemüse fischen und abgedeckt beiseitestellen. Nun in einem Topf die restliche Butter erwärmen, das Mehl einrühren und mit so viel Sud ablöschen, bis eine leicht cremige Sauce entstanden ist. Die Fleischstücke und die Champignons in die Sauce geben und aufkochen. Mit etwas Zitronensaft, Salz und Pfeffer abschmecken. Die Sahne mit den Eigelb verquirlen, dazugeben und alles auf kleinem Feuer rühren und erhitzen. Jetzt nicht mehr zum Kochen kommen lassen! In eine große Schüssel geben, mit Petersilie bestreuen und mit Reis servieren. Feiner zarter Blattsalat passt gut dazu.

Variation: Es ist einfach, den Geschmack des Frikassees zu variieren. Ganz anders schmeckt es, wenn man Kapern und etwas feingeschnittenen Estragon in die Sauce gibt, und im Frühsommer kann ein Frikassee mit reichlich vorgegarten Spargelspitzen in der Sauce ergänzt werden.

An diesem Gericht kann ich gut zeigen, dass unsere heutige Küche trotz 100 Fernsehköchen sehr arm geworden ist. Denn die Vielfalt, die man in vergangenen Zeiten bei einer sonntäglichen Mahlzeit selbstverständlich auf den Tisch brachte, ist heute – abgesehen von dem zu erbringenden Arbeitsaufwand – schon deswegen nicht mehr möglich, weil die Zutaten, die früher in Wald und Feld heranwuchsen und in den Wasserläufen gefangen wurden, schlicht und einfach nicht mehr existieren.

Es gibt einen alten Kochbuchklassiker, das «Praktische Kochbuch» von Henriette Davidis. Bei der Auflagenhöhe, die dieses Werk im 19. Jahrhundert erreichte, ist anzunehmen, dass damals jedes junge Mädchen das Buch mit in die Ehe gebracht hat. Bei Henriette Davidis fand ich unter insgesamt 8 Rezepten für Kalbsfrikassee eines, das angereichert mit Spargelspitzen und Bries, mit Krebsklößchen, Fleischklößchen und Semmelklößchen serviert wurde. Ein anderes wurde mit Morcheln und Flusskrebsen etwas aufgepeppt. Das waren Rezepte aus einem weitverbreiteten bürgerlichen Kochbuch!

Mit dem gleichen Sud wie beim Frikassee kann man auch eine warm oder lauwarm zu essende Knöcherlsülz machen. Im alten Franziskaner in München trafen sich immer dienstags einige Auserwählte zur berühmten …

Kalbsknöcherlsülz

Nur sehr selten, wenn ich mindestens zwei Wochen immer lieb und still war und immer saubere Fingernägel hatte – beides sehr schwierig –, durfte ich als Kind mit, und seitdem gehöre ich zu denen, die diese Sorte Fleisch lieben.

2–3 Kalbsfüße, gespalten und halbiert
1 vordere Kalbshaxe
1 Kalbsbacke
etwas Petersilie hacken

Wenn man es «fleischiger» möchte, nimmt man nur Kalbshaxen und -backe. Diese Teile muss man beim Metzger bestellen, und es ist wichtig zu sagen, dass man sie kochfertig, das heißt bereits gebrüht und geputzt, haben möchte.

Sud wie im vorigen Rezept beschrieben, aber mit 1–2 EL Weißweinessig abschmecken. Am Anfang nicht zu viel, es kann dann später noch nachgegeben werden.

Alle Fleischteile ca. 1,5 Stunden im Sud leise köcheln lassen. Die Fleischteile herausholen und das Fleisch von den Knochen lösen. Portionieren, noch einmal im Sud erhitzen und in reichlich Sud in einer weiten Schüssel mit Petersilie bestreut servieren. Dazu gibt es Salzkartoffeln.

Und nun die lauwarme Version, die wir schon der «Feinkost» zuordnen können: mit dem obengenannten Fleisch auch noch eine **Kälberzunge** mitkochen. Sie wird gleich nach dem Garen gehäutet und in Scheiben geschnitten. Außerdem in dem durchgesiebten Sud ein paar sehr dünne Zwiebelscheiben und Kapern einige Minuten kochen. Alle portionierten Fleischteile noch einmal kurz im Sud erwärmen und dann auf Teller verteilen. Etwas von dem noch leicht warmen Sud mit Zwiebel und Kapern über dem Fleisch verteilen und zusammen mit folgender **Eier-Vinaigrette** servieren:

Weißweinessig mit einem neutralen Öl vermischen, salzen und pfeffern. Das Gelbe von 3 hartgekochten Eiern mit der Vinaigrette verrühren, eine reichliche Portion grüne Kräuter (Schnittlauch, Petersilie, Kerbel, Estragon …) und je 2 kleinstgewürfelte Schalotten und saure Gurken dazu. Am Schluss das kleingehackte Eiweiß. So viel von dem Sud einrühren, dass die Vinaigrette dicksaucig wird.

Tipp: Wenn von dem Fleisch und dem Sud etwas übrig bleibt, dann kochend in ein Schraubdeckelglas füllen und für ein anderes Mal aufheben.

Leberliebhaber werden es bestätigen: Am besten schmeckt Kalbsleber. Um sie vollendet zuzubereiten, ist es vor allen Dingen wichtig, dass alle Beilagen bereits fertig sind, quasi schon auf dem vorgewärmten Teller. Und dann macht man sehr schnell, zack, zack, die Kalbsleber, denn die darf nur ganz kurz gegart werden, sonst wird sie hart und verliert ihren Charme.

Kalbsleber mit Apfel und Zwiebel

pro Person 1 fingerdicke Scheibe Kalbsleber
2 große Zwiebeln halbieren und in feine Ringe schneiden
2 Boskopäpfel schälen, das Kernhaus rausstechen, in Scheiben schneiden
etwas Mehl
Salz und Pfeffer
Butter

Die Leber leicht mit Mehl bestäuben. In einer Pfanne Butter erwärmen und darin die Zwiebeln andünsten. Salzen und pfeffern und bei mittlerer Hitze unter ständigem Wenden dünsten, bis sie hellbraun werden. Aus der Pfanne nehmen und warm halten. Wieder Butter in die Pfanne geben und die Apfelscheiben von beiden Seiten bei starker Hitze anbraten. Herausnehmen und warm halten. In der Pfanne noch einmal Butter erhitzen und darin die Leber bei mittlerer Hitze ca. 3 Minuten auf jeder Seite anbraten. Erst am Ende der Garzeit salzen. Sie soll außen gebräunt, innen noch weich, aber nicht blutig sein. Die Leber auf die vorgewärmten Teller geben und mit Zwiebeln und Apfelscheiben belegen. Traditionell wird dazu Kartoffelbrei serviert, ich bevorzuge aber ein Kartoffelgratin.

Variation: Dieses Gericht kann auch mit Schweineleber gemacht werden. Dann empfiehlt es sich aber, die Leberscheiben mindestens 1 Stunde in kalte Milch zu legen. Das nimmt der Schweineleber den leicht bitteren Geschmack.

Und zum Abschluss der Kocherei mit Kalbfleisch zwei wunderbare Sonntags- oder Festtagsessen. Zuerst ein Schmorgericht mit Kalbskoteletts, die sie beim Metzger schneiden lassen. Sie sollten ca. 3 cm dick sein, damit sie schön saftig bleiben.

Geschmorte Kalbskoteletts mit Schalotten

4 Kalbskoteletts
12 Schalotten schälen
150 g Speckwürfel
250 g feste Champignons in kleine Blättchen schneiden
1 Bund Petersilie fein hacken
etwas Mehl
Butter
1 Glas Weißwein
1 Tasse Brühe
Salz und Pfeffer

In einem Schmortopf die Butter erwärmen und die Schalotten und den Speck bei starker Hitze unter ständigem Rühren anbraten lassen. Herausnehmen und beiseitestellen. Nun die Kalbskoteletts salzen und pfeffern und von beiden Seiten mit Mehl bestäuben. In dem Schmortopf von beiden Seiten anbraten und leicht braun werden lassen. Die Zwiebel-Speck-Mischung, die Champignons und die Petersilie auf den Fleischscheiben verteilen. Mit Weißwein ab-

löschen und kurz aufkochen. Dann die Brühe dazugeben und die Hitze reduzieren. Deckel drauf und auf kleiner Flamme ca. 1 Stunde dünsten. Passt ausgezeichnet zu breiten Bandnudeln, die in Butter geschwenkt und mit Parmesan bestreut serviert werden.

Und das Beste zum Schluss:

Kalbsbraten mit Kräutern

1 kg Kalbsbraten aus der Schulter oder die Kalbsnuss
15 Schalotten schälen
4 Knoblauchzehen, geviertelt
3 Karotten in größere Stücke schneiden
2 Äste Rosmarin
10 Blätter Salbei
4 Stängel Thymian
1 Stange Lauch, das weiße Ende in Ringe schneiden
3 Tomaten grob würfeln
1 Glas Weißwein
1 kleine Tasse Brühe
Olivenöl
eventuell 1 Becher Sahne
Salz und Pfeffer

Den Kalbsbraten von allen Seiten salzen und pfeffern. Das Öl in einem Schmortopf erhitzen und den Braten rundum bei starker Hitze anbraten. Aus dem Topf nehmen und beiseitelegen. Nun bei starker Hitze die Schalotten, die Lauchringe, den Knoblauch und die Karotten im Topf anbraten, die Kräuter dazugeben und dann die Tomatenwürfel. Weiter bei starker Hitze dünsten, nach 5 Minuten mit dem Weißwein löschen und den Bratensatz am Boden lösen; anschließend die Brühe dazugeben. Die Hitze reduzieren, das Bratenstück zwischen das Gemüse schieben und den Deckel schließen. Wenn nötig, mit Alufolie oder Mehlteig dicht machen. Nun den Braten auf kleinster Stufe ca. 1,5 Stunden schmoren lassen. Eventuell noch einmal etwas Brühe nachgießen. Wenn man sahnige Saucen liebt, gegen Ende der Garzeit die Sahne dazugeben und bei geöffnetem Deckel alles noch einmal aufkochen. Den Braten aufschneiden, auf einer Platte anrichten und drauf und drum herum die Sauce mit allem Gemüse drapieren. Sofort servieren. Dazu passen sehr gut die Ofenkartoffeln von S. 126.

Das Schweinefleisch

Für ein Schwein fand sich auch in der kleinsten Hütte noch ein Plätzchen, und es wurde dick und fett mit Kartoffelschalen, Molke und anderen Abfallprodukten des ländlichen Haushalts. Denn eine Sau musste man durchfüttern, wenn man alle, die auf dem Hof lebten, satt kriegen wollte. Sie lieferte wohlschmeckendes Fett, und das Fleisch konnte gepökelt und geräuchert lange bevorratet werden. Und das Wichtigste: Es schmeckt hervorragend – also ein rundum praktisches Tier.

Das klingt wie ein Märchen aus vergangenen Zeiten; und wenn wir nicht umdenken, wird es das auch. Denn vor allem das Schwein hat man in unvorstellbarem Maße «industrialisiert». In riesigen Hallen ohne Licht werden Zigtausende Tiere eng aneinandergepfercht in kürzester Zeit auf Schlachtgewicht gemästet, um dann zu Dumpingpreisen verkauft zu werden. Hier in Mecklenburg-Vorpommern und in Brandenburg, in diesen weiten und dünnbesiedelten Regionen, plant und baut man solche Mammutanlagen, aber der Widerstand in der Bevölkerung wächst und hat auch schon einiges erreicht – besser gesagt verhindert.

Dieser Widerstand gegen die Massentierhaltung braucht aber Unterstützung durch ein bewusstes Kaufverhalten. Bei dem Metzger Ihres Vertrauens werden Sie sicher erfahren, woher er seine Schweine bezieht; und ist das nicht möglich, dann gibt es das Internet. Hier findet man Bezugsquellen für Schweinefleisch aus artgerechter Haltung, auch aus Freilandhaltung. Wenn wir darauf achten, solches Schweinefleisch zu kaufen, retten wir überdies alte Schweinerassen – wie das Bentheimer Bunte – und unterstützen Landwirte, die die natürlichen Bedürfnisse ihrer Tiere respektieren.

Da das Schwein in jeder Kultur Mitteleuropas bei der Ernährung einen zentralen Platz einnimmt, fällt die Beschränkung auf ein paar Rezepte besonders schwer. Ich habe nun beschlossen, mit dem einzig richtigen Schweinebraten anzufangen. Natürlich gibt es auch davon wieder unendlich viele «einzig richtige», drum sage ich wohl besser:

Mein einzig richtiger Schweinebraten

1,5 kg Schweinebraten aus der Schulter, mit Schwarte
4 Knoblauchzehen vierteln
1 TL Kümmel *oder* **3–4 Äste Rosmarin**
3 Zwiebeln grob würfeln
3 Karotten der Länge nach halbieren
500 g Schweineknochen vom Metzger zerhacken lassen
2–3 Stück Brotrinde vom Schwarzbrot
Salz und Pfeffer

Backrohr auf 210 °C vorheizen

In die Haut des Schweinebratens mit einem sehr scharfen Messer ein Rautenmuster schneiden. Das Bratenstück rundum mit Salz und Pfeffer und der Hälfte des Knoblauchs kräftig einreiben. Jetzt kann man zusätzlich den kleingehackten Kümmel mit hineinreiben, das wäre eher die Wintervariante mit Weißkraut. Im Sommer dagegen bevorzuge ich den Rosmarin. Einige Nadelbüschel stecke ich direkt in kleine Schlitze im Fleisch, den Rest lege ich in den Bräter.

Den Boden eines Bräters mit Wasser bedecken und das Bratenstück mit der Hautseite nach unten hineinsetzen; die Knochen und die Brotrinde um den Braten legen. Den Bräter ins

Rohr schieben. Wenn das Wasser fast verdunstet ist und der Boden des Bräters beginnt, vom Rand her bräunlich zu werden, legt man die Zwiebeln und Karotten rund um das Fleisch. Alles nochmal 10–15 Minuten ins Rohr, dann das Fleischstück umdrehen. Mit 1 Glas kaltem Wasser begießen. Die Temperatur auf 170 °C runterstellen und den Braten ca. 1,5 Stunden schmoren lassen. Ab und an etwas kaltes Wasser auf das Fleisch gießen. Die Knochen aus dem Bräter fischen, den Braten aufschneiden, auf eine vorgewärmte Platte legen und etwas von der Sauce darübergeben. Den Rest der Sauce mit allem, was drin ist, extra servieren. Dazu gibt es natürlich Semmelknödel (S. 118) und Salate oder Weißkraut (S. 86).

Variation: Übriggebliebenes Fleisch schmeckt am nächsten Tag aufgeschnitten zur Brotzeit. Am besten serviert man den kalten Braten auf einem Brett mit sauren Gurken, Meerrettich und grobem Salz. Oder wenn es ganz zünftig werden soll, mit aufgeschnittenem und gesalzenem Rettich – einem Radi!

Und nun will ich Sie verführen, selber zu pökeln und eine ganz neue «Feinschmeckerei» zu entdecken. Wir alle kennen Kassler, Schinken, Sülzen und Geräuchertes; und das alles wird zuerst gepökelt. Das geht auf zwei verschiedene Arten, entweder auf die heutige, schnelle, da wird die Pökellake einfach ins Fleisch gespritzt. Oder auf die althergebrachte Art, die etwas mehr Zeit in Anspruch nimmt, aber ansonsten sehr einfach ist. Und: Der Geschmack ist unübertroffen.

Dazu brauchen wir zuerst eine Pökellake und gutes, festes Bio-Schweinefleisch. Geeignet sind Stücke aus dem Hals und Stücke von den Schweinshaxen, aber auch aus der Keule und dem Rücken. Lassen Sie sich die Stücke auf jeden Fall vom Metzger entbeinen, dann gehen Sie sicher, dass die Pökellake überall eindringt. Die zu pökelnden Stücke sollten zwischen 500 und 1000 g schwer sein. Schwerer ist nicht gut, weil es dann nicht gewährleistet ist, dass die Lake bis ins Innerste vordringt.

Da das Fleisch 1 Woche in der Lake liegen soll, fängt man schon beizeiten an, wenn man für Gäste oder ein Fest etwas Gepökeltes beisteuern will. Das dauert so gesehen lange, aber jeder Schritt an und für sich ist nicht sehr zeitaufwendig.

Die Pökellake

- 1 l Wasser
- 50 g ungebleichtes Meersalz
- 2 Lorbeerblätter, 2 Gewürznelken, 2 Zweige Thymian oder 1 TL getrockneten Thymian, 10 Pfefferkörner, 20 Korianderkörner, 10 Wacholderbeeren,
- 3 Knoblauchzehen, in der Schale gequetscht

Die Pfefferkörner, die Wacholderbeeren und den Koriander entweder im Mörser mit einem Teil des Salzes zerdrücken oder mit einer Flasche auf einem Holzbrett. Alle Zutaten im Wasser ca. 5 Minuten kochen und dann die Lake kalt werden lassen. Die Fleischstücke in eine hohe, enge Schüssel oder einen Topf legen und mit der Pökellake samt allen Gewürzen übergießen. Zudecken. In den Kühlschrank stellen und ab und zu die Fleischstücke wenden. Genau 1 Woche in der Lake lassen. **Wichtig**: Alle Fleischstücke müssen *immer* restlos von der Lake bedeckt sein.

Anschließend aus der Lake nehmen, abspülen und 10 Minuten in lauwarmes Wasser legen.

Eisbein mit Apfelkraut

- 2 Schweinshaxen in je 2 Stücke zerlegen und pökeln
- 1 kg mildes Sauerkraut
- 1–2 Boskop- oder Cox-Orange-Äpfel schälen, entkernen und in Würfel schneiden
- 1 Zwiebel fein würfeln
- 1 Lorbeerblatt und 10 zerquetschte Wacholderbeeren
- Schweine- oder Gänseschmalz
- 1 Glas Weißwein
- Pfeffer

In einem Topf die Zwiebel im Fett andünsten, die Apfelstücke dazugeben und kurz mitdünsten. Jetzt das Sauerkraut hinein und alles vermengen, noch kurz miteinander köcheln lassen und mit dem Weißwein löschen. Leicht pfeffern, das Lorbeerblatt und die Wacholderbeeren dazugeben. Aufkochen, die Fleischstücke in das Kraut legen und alles miteinander ca. 1,5 Stunden leise vor sich hin kochen lassen. Ab und an etwas Wasser nachgeben. Das Fleisch portionieren und auf dem Kraut servieren. Dazu gibt es Kartoffelbrei.

Jetzt drei Gerichte, die als Vorspeise, Zwischenmahlzeit und Hauptgericht geeignet sind. Da man ja nicht dauernd pökelt, empfehle ich, alles auf einmal zuzubereiten – in einem Aufwasch sozusagen. Also bestens geeignet, wenn eine Woche später Besuch kommt. Für das erste Gericht beim Metzger 8 Schweinebäckchen bestellen. Sagen Sie dazu, dass Sie nur die kleinen runden Fleischteile haben möchten und nicht das Fett drum herum. Außerdem ca. 1,4 kg Schweinekeule oder ausgelösten Rücken, in 2 Stücke geteilt. Alles zusammen wird gepökelt.

Danach kocht man alles zusammen in folgendem Sud:

2 halbierte Kälber- oder Schweinefüße und
1 größeres Stück Schweineschwarte
1 Zwiebel, in die an der Wurzelseite 2 Nelkennägel gesteckt werden
1 Lorbeerblatt, 1 Karotte, das weiße Ende von 1 Stange Lauch
1 Knoblauchzehe, 10 Wacholderbeeren und 2 Thymianzweige

Alle Zutaten für den Sud in einen Topf geben und ca. 2 l Wasser dazugießen. Aufkochen. Alle Fleischteile in den kochenden Sud legen, eventuell mit einer Schaumkelle den Schaum abheben; ca. 40 Minuten bei geschlossenem Deckel leise köcheln lassen. Die Schweinebäckchen aus dem Sud heben und das andere Fleisch noch ca. 40 Minuten weiterköcheln. Dann auch aus dem Sud nehmen und mit einem feuchten Tuch bedeckt beiseitestellen. Sud durch ein Sieb gießen und *aufheben*. Die Hälfte der Schweinebäckchen für ein anderes Mal einfrieren.

Gepökelte Schweinebäckchen

4 gepökelte Schweinebäckchen, lauwarm
150 – 200 g Feldsalat gründlich waschen
8 feste Champignonköpfe ohne Stiel in Blättchen schneiden
Für die Vinaigrette
Olivenöl, Sherryessig
Knoblauch
1 TL Senf
6 feinzerdrückte Korianderkörner
Schnittlauch in Röllchen schneiden
Salz und Pfeffer

Auf jedem Teller Feldsalat anrichten, einige Blättchen Champignons zwischen die Salatrosetten stecken. Die aufgeschnittene Schweinebacke fächerartig davorlegen, die restlichen Pilze dekorativ dazu und mit Schnittlauch bestreuen. Salat und Fleisch mit der Vinaigrette beträufeln.

Als Hauptgericht gibt es dann …

Schweinerücken in Senfsauce

ca. 700 g gepökeltes und im Sud gekochtes Schweinefleisch
3 EL Butter
3 EL Mehl
2 TL mittelscharfer Senf, eventuell Dijonsenf
1 Becher Sahne mit
2 Eigelb verquirlen
$^1/_2$ Bund Petersilie fein hacken
Salz und Pfeffer

Das Fleisch im Sud erwärmen. In einem anderen Topf die Butter erwärmen, das Mehl einrühren und dann mit so viel Sud ablöschen, dass man eine cremige Sauce erhält. Mit Senf, Salz und Pfeffer würzen, abschmecken und eventuell noch Senf nachgeben. Die Sauce aufkochen, die Petersilie untermischen und dann die Sahne-Eigelb-Mischung einrühren. Nun nur noch erhitzen, nicht mehr kochen. Das Fleisch aufschneiden, in eine weite Schüssel legen und mit der Sauce übergießen. Schmeckt sehr gut mit Kartoffelbrei und als Gemüse Kohlrabi und Möhren, die gegart und in der Schalottenbutter (S. 47) geschwenkt wurden.

Aus dem zweiten Stück von Keule oder Rücken machen wir eine wunderbare Sülze. Sie wird in den nächsten Tagen gegessen: entweder aufgeschnitten als kleine Brotzeit zu knusprigem Weißbrot oder als Hauptmahlzeit mit einer Remouladensauce zu Bratkartoffeln und Salat.

Petersilienschinkensülze

ca. 700 g gepökeltes und danach im Sud gekochtes Schweinefleisch
aus Keule oder Rücken

Schweine- oder Kälberfüße und 1 Schwarte aus dem Sud

4 Schalotten

2 Bund Petersilie

wenn möglich die Blätter von 1 Estragonast und
$1/2$ Bund Kerbel *oder* 1 Bund Schnittlauch

Von den Füßen die Knochen auslösen und das gesamte Knochenfleisch und die Schwarte in sehr kleine Würfel schneiden. Schalotten und Kräuter zusammen sehr fein hacken. Die Kräutermischung mit dem kleingeschnittenen Fleisch der Füße und Schwarte vermischen. Mit zwei Gabeln das Fleisch aus Keule oder Rücken zerreißen oder es in Stücke schneiden.

Jetzt geht alles ganz einfach. Sie legen ein Drittel der Kräuter-Fleisch-Mischung in die Schüssel, darauf die Hälfte des schieren Fleisches, darauf das zweite Drittel der Kräuter-Fleisch-Mischung, wieder das schiere Fleisch und nun den Rest des Kräuter-Fleisch-Gemisches. Den warmen Sud über diese Anordnung gießen und die Schüssel kräftig rütteln, damit der Sud in alle Ritzen dringt. Die mit Folie abgedeckte Schüssel 24 Stunden in den Kühlschrank stellen. Zum Servieren wird die Sülze in Scheiben geschnitten und dazu eine Radieschen-Vinaigrette oder eine Remouladensauce gereicht.

Nun haben wir uns schon ziemlich weit in die alte Bauernküche gewagt, da ist der nächste Schritt nur noch ein ganz kleiner. Die Pastetenkocherei zieht sich über drei Tage hin. Klingt viel, aber wie immer sind die einzelnen Schritte nicht sehr zeitintensiv.

Bauernpastete mit Wacholder

1. Tag Vormittag

1 kg Schweinefleisch aus dem Rücken oder der Keule

1 Zwiebel fein würfeln

2 Knoblauchzehen durchpressen

5 Wacholderbeeren mit dem Mörser oder der Flasche auf dem Brett zerbröseln

1 Rosmarinast

6 Blätter Salbei

2 Scheiben Toastbrot würfeln

$1/8$ l kräftiger Rotwein

1 TL Salz

Pfeffer

Das Fleisch gründlich von Sehnen und Haut befreien, in sehr kleine Würfel schneiden und in eine Schüssel geben. Die Nadeln von dem Rosmarinast und die Salbeiblätter so klein wie möglich schneiden; mit allen anderen Zutaten und dem Fleisch vermischen. Abdecken und 24 Stunden im Kühlschrank ziehen lassen.

2. Tag Vormittag

500 g frischen Speck sehr klein würfeln

2 Eier

3 EL Sahne

3 EL Petersilie sehr fein hacken

Salz und Pfeffer

Von dem marinierten Fleisch den Wein ablaufen lassen und es dann mit 300 g der Speckwürfel entweder durch die feinste Scheibe des Fleischwolfes drehen oder in einer Haushaltsmaschine zerkleinern. In die erhaltene Farce den Rest der Speckwürfel, Eier, Sahne und Petersilie geben und alles gründlich miteinander vermischen. Noch einmal mit Salz und Pfeffer abschmecken. Eine Pastetenfarce sollte im rohen Zustand stark gewürzt schmecken, aber nicht versalzen. Nun kalt stellen.

Variation: In die Farce können grobgehackte Pistazien und kleinste Würfel von rohem Schinken gemischt werden, das ist geschmacklich und optisch noch ein kleiner Pfiff.

2. Tag Nachmittag
ca. 20 – 30 Scheiben geräucherter Speck
Lorbeerblätter und Wacholderbeeren

Backrohr auf 150 °C vorheizen

Den Boden und die Seiten einer Pastetenform oder einer kleinen, aber hohen Auflaufform mit Speckscheiben auskleiden. Ich nehme auch hier wieder meine Kastenformen vom Backen. Die Farce einfüllen, die Lorbeerblätter und Wacholderbeeren auf der Farce verteilen, mit Speckscheiben belegen. Die Form entweder mit Alufolie und einem Deckel oder nur mit Alufolie verschließen; anschließend in ein mit kochendem Wasser gefülltes Wasserbad stellen und im Backrohr 1 Stunde garen. Aus dem Ofen holen und direkt auf den Fleischteig Alufolie, ein Brettchen und ein Gewicht legen. Ich nehme dazu ein Bügeleisen aus Omazeiten, es geht aber auch ein Gefäß mit 1 l Wasser. Wenn die Pastete abgekühlt ist, das Gewicht und das Brettchen entfernen und für mindestens 24 Stunden in den Kühlschrank stellen. Dazu passen Bauernbrot mit knuspriger Rinde, saure Gurken und eingelegte Gemüse.

Tipp: Diese Menge Pastete ist reichlich, deshalb halbiere ich die fertige Pastete und friere eine Hälfte in Folie für ein andermal ein. Pasteten in kleinen Pastetenformen friere ich mitsamt der Form ein. Sie können also, wenn Sie zu einem besonderen Fest viele Menschen erwarten, Wochen vorher schon Ihre Pastete machen und haben am Festtag mit der Vorspeise kein Problem mehr.

Das Lammfleisch

Es dauerte lange, bis in Deutschland nach dem Krieg Lammfleisch in den Speiseplan aufgenommen wurde. Hier im Norden scheint mir die Abneigung dagegen noch größer zu sein als im Süden. Wahrscheinlich hat man zu lange zu viele alte Hammel vorgesetzt bekommen. Aber langsam ändern sich die Ansichten, und immer öfter werde ich nach einem Kochkurs zum Thema Lammfleisch gefragt. Und wenn wir gemeinsam an einem Nachmittag verschiedene Lammgerichte gekocht und anschließend in großer Runde verspeist haben, ist das positive Erstaunen groß. Das hat für mich nur den Nachteil, dass die Menschen aus der Umgebung anschließend ihr nachwachsendes Lammfleisch selber verspeisen und nicht mehr so großzügig verschenken.

Das gefragteste und bekannteste Stück beim Lamm ist natürlich die Keule, sie ist von der Größe her ein idealer Braten für eine große Familie oder ein Essen im Freundeskreis. Wenn im Sommer die Kräuter reichlich zur Verfügung stehen und der erste frische Knoblauch geerntet werden kann, dann ist die Zeit ideal für Lammkeule.

Die Lammkeule mit Kräutern und Knoblauch

1 Lammkeule
4 Knollen frischen Knoblauch
2 Kräutersträußchen mit je 2 Rosmarinästen, 3 Thymianzweigen,
   5 Stängeln Petersilie und 1 Lorbeerblatt
10 Schalotten
3 Karotten putzen und in große Stücke schneiden
4 Tomaten, am besten Eiertomaten, häuten, entkernen und vierteln
Olivenöl
1 großes Glas Rotwein
1 Glas Lammfond oder Fleischbrühe
Salz und Pfeffer

Backrohr auf 200 °C vorheizen

Die Spitzen der Knoblauchknollen kappen, sodass alle Zehen quasi angeschnitten sind. Die Haut und sichtbares Fett der Keule mit einem spitzen Messer entfernen. Anschließend das Öl in einer Pfanne erhitzen und die Keule von allen Seiten scharf anbraten. In einen mit Öl ausgeriebenen Bräter legen. Sobald das Fleisch ein bisschen abgekühlt ist, rundum mit Salz und Pfeffer einreiben. Die Tomatenstücke neben das Fleisch auf den Boden des Bräters legen und alles in das Backrohr auf die untere Schiene schieben.

Nun in der Pfanne mit etwas neuem Öl die Schalotten, die Karottenstücke und die Knoblauchknollen anbraten, leicht salzen und pfeffern. Anschließend mit dem Rotwein ablöschen, aufkochen und etwas reduzieren. Vom Herd nehmen. Den Bräter aus dem Backrohr ziehen, rechts und links vom Fleisch je ein Kräutersträußchen legen und den Braten mit dem Pfanneninhalt übergießen. Zurück ins Backrohr. Nach weiteren 15 Minuten den Braten mit einem Glas Lammfond oder Brühe übergießen. Die Temperatur auf 90 °C reduzieren und den Braten vergessen, bis 2 Stunden später der Hunger kommt.

Dazu passen Ofenkartoffeln (S. 126) oder das Kartoffelgratin aus der Dauphiné (S. 127) und frische grüne Bohnen in Schalottenbutter (S. 47).

Variation: Zur Intensivierung des Kräutergeschmacks viele kleine Schlitze in das Fleisch stechen und jeweils 2 Rosmarinnadeln und ein Viertel einer Knoblauchzehe hineinstecken.

Um eine ganz andere Art der Zubereitung handelt es sich bei folgendem Rezept. Es ist sehr einfach, aber man braucht dazu reichlich gute Fleischbrühe. Entweder kocht man sie kurz vorher aus einfachen Suppenknochen mit Suppengemüsen, oder man kann auf einen Fundus in der Gefriertruhe zurückgreifen.

Lammkeule im Kartoffelbett

1 Lammkeule
reichlich Rosmarinnadeln, Thymian, Bohnenkraut, Petersilie
**   sowie 4 Blätter Salbei**
2 Knoblauchzehen fein hacken
3 Knoblauchzehen vierteln
Butter
1–1,5 kg neue Kartoffeln bürsten *oder* **ältere Kartoffeln schälen**
1 l Fleischbrühe
ca. 10 Scheiben geräucherter Speck
Salz und Pfeffer

Backrohr auf 180 °C vorheizen

Die Kartoffeln in Scheiben schneiden, alle Kräuter und die 2 Knoblauchzehen miteinander fein hacken. Mit einem spitzen Messer alles Fett und die Haut von der Keule entfernen; anschließend kleine Schlitze in das Fleisch stechen und jeweils ein Knoblauchviertel hineinstecken. Die Keule salzen, pfeffern und mit Butter einreiben. Einen Bräter oder eine ofenfeste Form ausbuttern und die Keule hineinlegen. Mit der Hälfte der Kartoffelscheiben umlegen; auf diese die gehackte Kräutermischung verteilen sowie einige Butterflöckchen und etwas Salz. Darauf die zweite Hälfte der Kartoffelscheiben und alles mit den Speckscheiben abdecken. Jetzt mit der Fleischbrühe aufgießen, bis die Kartoffeln eben bedeckt sind. Auf die untere Schiene ins Backrohr schieben und nach 30 Minuten die Temperatur auf 130 °C senken. Die Keule in insgesamt ca. 90 Minuten schön braun braten. Ein köstliches Mahl!

Preiswerter ist eine Lammschulter. Sie lässt sich nicht so exakt in Scheiben schneiden wie die Keule, aber dafür ist ihr Fleisch zarter und saftiger. Bestens geeignet für den Schmortopf.

Gefüllte Lammschulter mit Bohnen und Thymian

1–2 Lammschultern, je nach Größe
(nehmen Sie lieber mehr, das Gericht schmeckt auch aufgewärmt köstlich);
entbeinen lassen

Für die Füllung

2 EL Senf

1 Bund Petersilie und 2 Knoblauchzehen miteinander hacken

100 g zarten rohen Schinken in kleinste Würfel schneiden

Für den Topf

2 Zwiebeln grob würfeln

3 Knoblauchzehen halbieren

1 EL Thymianblättchen

2 Lorbeerblätter

3–4 Karotten schälen und in größere Stücke schneiden

3 Eiertomaten grob würfeln

Olivenöl

2 Handvoll Bohnenkerne, entweder frisch
oder getrocknete Bohnenkerne am Abend vorher einweichen

1 große Tasse Brühe oder Lammfond

Salz und Pfeffer

Das Fleisch der Lammschultern, so gut es geht, auf dem Tisch ausbreiten. Leicht salzen und pfeffern, mit Senf bestreichen, die Petersilien-Knoblauch-Mischung darauf verteilen und die Schinkenwürfel darüberstreuen. Nun das Fleisch aufrollen und mit Zahnstochern feststecken. Da die Form des Fleisches nicht so exakt ist, muss man etwas improvisieren, das schadet aber nicht dem späteren Genuss. In einem Schmortopf Öl erhitzen und diese «Rouladen» von allen Seiten anbraten. Danach die Zwiebeln, die Karottenstücke und den Knoblauch in den Topf und mitdünsten; die Kräuter dazu und die Tomatenstücke. Bei starker Flamme noch einmal alles kurz dünsten, mit der Hälfte der Brühe löschen, aufkochen lassen und die Bohnenkerne in das Gemüse mischen. Den Deckel schließen, die Hitze reduzieren. Nach 30 Minuten eventuell den Rest der Brühe beziehungsweise des Lammfonds dazugießen, den Deckel schließen und noch einmal 40 Minuten leise vor sich hin köcheln lassen. Das Fleisch aus dem Topf fischen und die Zahnstocher entfernen; in Portionen schneiden, wieder zurück in das Gemüse legen und im Schmortopf servieren. Dazu gibt es entweder die Ofenkartoffeln von S. 126 oder einfach Baguette.

Und noch ein Gericht mit Lamm, das sehr gut in die kältere Jahreszeit passt. Hierbei wird der Topfdeckel mit einem dicken Mehl-Wasser-Teig verschlossen, damit nichts verdunstet. Viele dieser Gerichte, bei denen man den Schmortopf mit einem Teig verschließt, wurden früher zum Bäcker getragen. Der schob die Töpfe nach dem Brot in die noch heißen Öfen, und dort garten sie in aller Ruhe einige Stunden vor sich hin. Am Abend, wenn der Waschtag oder eine andere schwere Tagesarbeit beendet war, wurden sie wieder abgeholt.

Geschmorte Lammschulter

Mit der Zubereitung beginnt man am Abend vorher, wenn das Fleisch in die Marinade kommt.

1 kg Fleisch von der Lammschulter in größere Würfel schneiden
Für die Marinade
2–3 Knoblauchzehen
5 Schalotten halbieren
**1 Kräutersträußchen aus 2 Lorbeerblättern, 5 Stängeln Petersilie
    und 3 Ästen Thymian**
³/₄ l Riesling

Das in Würfel geschnittene Fleisch in die Marinade legen und abgedeckt über Nacht kühl stellen. Am nächsten Tag geht es weiter mit

1 kg Kartoffeln schälen und in Scheiben schneiden
4 Stangen Lauch, nur das Weiße davon in Ringe schneiden
2–3 große Zwiebeln halbieren und in dünne Scheiben schneiden
Butter
Salz und Pfeffer

Backrohr auf 170 °C vorheizen

In den ausgebutterten Schmortopf zuerst eine Schicht von einem Drittel der Kartoffelscheiben legen, dann die Hälfte des Fleisches, darauf die Hälfte der Zwiebel- und Lauchringe. Leicht salzen und pfeffern und mit Butterflöckchen belegen. Das Kräutersträußchen aus der Marinade drauflegen. Nun wieder Kartoffeln, Fleisch, Zwiebel … und zum Abschluss das letzte Drittel der Kartoffelscheiben. Die Marinade durch ein Sieb in den Topf gießen, den Deckel mit dem Mehlteig verschließen und den Topf auf die unterste Schiene im Backrohr stellen. 30 Minuten später die Temperatur auf 130 °C reduzieren. Nach insgesamt 3 Stunden kann serviert werden, es macht aber nichts, wenn es etwas später wird.

Variation: anstatt der Lauchringe kleingeschnittenen Wirsing verwenden.

Ganz besonders schmackhaft ist Hackfleisch vom Lamm. Um das zu bekommen, muss man sich bei einem Metzger, der Lamm schlachtet, welches durchdrehen lassen. In großen Städten wie in Berlin ist das häufig bei den türkischen Metzgern möglich. Wir tun uns natürlich leicht, denn wenn wir unsere Lämmer wie jedes Jahr schlachten lassen, können wir uns alles Bauchfleisch und das abgelöste Fleisch vom Hals und von den Rippen zu Hackfleisch verarbeiten lassen. Dieses Hackfleisch friere ich portionsweise ein. Wenn Sie einen Metzger gefunden haben, der Ihnen das Hackfleisch vom Lamm bereitet, dann nehmen Sie gleich eine größere Menge und machen Sie es genauso.

Hackfleischbällchen vom Lamm

600 g Lammhackfleisch
1 Zwiebel fein würfeln
2 Knoblauchzehen feinst würfeln
die Nadeln von einem Rosmarinast sehr fein schneiden
2 Eier
2 Scheiben Toastbrot
2 EL Sahne
Salz und Pfeffer

Alle Zutaten vermischen und mit den Händen gut durchkneten, bis ein einheitlicher Teig entstanden ist. Nun gibt es verschiedene Möglichkeiten:

1. Ganz normale Buletten/Fleischpflanzerl/Frikadellen/Fleischlaberl formen, in der Pfanne ausbraten und zum Beispiel mit Kartoffelgratin und Bohnengemüse servieren.
2. Backrohr auf 170 °C vorheizen. Kleine Bällchen formen, auf ein mit Backpapier belegtes Blech legen und im Rohr in ca. 20 Minuten garen. Diese Bällchen geben als Fingerfood zu einem Salat und Baguette eine nette Zwischenmahlzeit oder zieren zusammen mit einem Tomaten-Chili-Dip ein Buffet.
3. Die rohen Hackfleischbällchen in das sommerliche Ofengemüse von S. 74 stecken und mitschmoren.

Variation: Den Bällchen gibt es eine pikante Note, wenn man ca. 100 g Würfel vom Fetakäse vorsichtig in die Fleischfarce einknetet. Oder: etwas fremdartig würzen und statt Rosmarin Kreuzkümmel, gehackte Petersilie und Harissa verwenden.

Braver Mann

Ich war gerne mit Großvater bei seinen Hühnern. Nicht mit dem Mann jener Großmutter mit dem Abenteuerkeller, von der ich schon erzählt habe, nein, mit dem anderen Großvater.

Er ist exakt das gewesen, was man einen «braven Mann» nennt. Hat sein ganzes Leben in der Fabrik gearbeitet. Hat sich in eine Frau verliebt. Eine Geschiedene, ausgerechnet! Eine, die schon vier Kinder hatte. Die ganze Familie hat nur noch den Kopf geschüttelt über ihn. Aber er hat sie ja unbedingt wollen! Er hat sie gefragt, ob er sie heiraten dürfe, und sie hat ja gesagt. Also ließ er die Giftspritzen in seiner Verwandtschaft ihr Gift spritzen. Er würde ja jetzt bald seine eigene Familie haben. So hochzeitete er seine Klara. Sein Klärli.

Die Festgesellschaft war klein. Nur das Hochzeitspaar und die beiden Trauzeugen: ein guter Kollege vom Großvater aus der Fabrik sowie eine Nachbarsfrau von Klara. Und die Kinder natürlich, die mit leuchtenden Augen das Festessen im Rössli zuerst schüchtern, dann immer begeisterter in sich hineinstopften. Es gab eine klare Suppe, dann knusprige Brathähnchen, dazu echten Reis von den fernen Chinesen. Und man durfte sogar zweimal nehmen!

Der Pfarrer war nicht gekommen. Der ist, nach seiner missmutig gelesenen Messe in der fast leeren Kirche, mit der fadenscheinigen Ausrede, er habe noch zu tun, schwer schnaufend davongewatschelt, Richtung Pfarrhaus, den dampfenden Schüsseln entgegen, die ihm die Haushälterin auftragen würde.

Im Rössli musste derweil das Dessert – Apfelschnitze mit Zimt – zügig genommen werden, der Wirt drängte zum Aufbruch, er brauche das Sääli jetzt für den Gemeinderat. «Alles Gute, und vergelt's Gott, aber jetzt: adieu!»

Der Großvater, der brave Mann, trank nie. Schlug nie seine Frau. Und schon gar nicht die Kinder, deren Anzahl im Laufe der Ehe von vier auf sieben angewachsen war. Bis das Klärli verkündete, ihr reiche es jetzt, und den Großvater ins Spital schickte, damit «die Sach ein Ende habe».

Eine neunköpfige Familie zu ernähren war für Großvater nicht leicht damals, auch nicht in der neutralen Schweiz. Das Essen war teuer für einen Fabrikarbeiter wie ihn. Und die Stellen wurden immer knapper. Solche wie ihn gab es ja Tausende. Solche, die nichts Rechtes gelernt hatten, weil kein Geld da gewesen ist für eine Lehre, und die jetzt auch nichts Rechtes konnten. Nur an den Maschinen stehen und sie bedienen. Maschinen *bedienen*. Die Menschen als Diener, die Maschinen als Herren – wer hätte gedacht, dass es noch so weit kommt?

Aber als braver Mann hatte er zu funktionieren, da gab's «keine Birnen», wie er immer sagte. Er konnte halt eben nichts Rechtes. Das Einzige, was er konnte: brav sein, sich anstrengen, besser sein als die anderen, schneller, Überstunden machen. Es reichte trotzdem nicht recht. Und sein Klärli veränderte sich zusehends ob der ewigen Rechnerei, wie es denn gehen könne, und ob der vielen Arbeit mit den sieben Kindern. Sie sei müde, sagte sie oft, nur noch müde, einfach müde. Sie wisse gar nicht mehr, wer sie sei, vor lauter Müdesein.

Er war auch müde, aber er war ja der Mann. Der hat stark zu sein und nicht müde, der muss funktionieren. Also tat er stark, damit das Klärli wenigstens an ihm Freude haben könne. Aber die Freude wollte sich dann doch nicht einstellen, bei ihr. Klara war nicht mehr so sicher, ob es recht gewesen war von ihr, einen Hilfsarbeiter zu nehmen. Gewiss, ja, er war ein Braver, das schon, aber … Ach!

Der Großvater dachte nicht darüber nach, ob er mit einer anderen als dem Klärli womöglich besser gefahren wäre. Er hat sie ja schließlich gewollt, es hat ihn ja keiner gezwungen, und jetzt ist es eben, wie es ist. Nur dieses Gefühl, dass das Klärli mit ihm nicht so zufrieden war, wie er es gebraucht hätte für seine Zufriedenheit, dieses Gefühl, dass er eben nichts Rechtes könne, das machte ihm das Bravsein schwer. Dann kam in der Fabrik sein Kollege unter die Blechpresse und hat es nicht überlebt.

Als der Großvater sich mit einem selbstgepflückten Strauß Wiesenmargeriten zur Witwe aufmachte, um ihr sein Beileid auszusprechen und zu fragen, ob er vielleicht irgendetwas tun könne für sie, irgendwie helfen, da ahnte er nicht, dass sich mit diesem Besuch sein Leben verändern würde.

Als die Witwe nämlich die Margeriten entgegennahm, da fragte sie den Großvater, woher er denn wüsste, dass sie Margrit heißen würde. Und fügte hinzu, dass er ein ganz Lieber wäre, bei ihr vorbeizukommen mit dem schönen Strauß, zum Trost. Sie lächelte ihn an, und ihre tränennassen Augen glitzerten. Und ganz unerwartet spürte Großvater ein schönes Gefühl in sich aufsteigen: das Gefühl, er könne vielleicht doch auch was Rechtes. Und wenn's auch nur ein Strauß Blumen war, von der Wiese. Zur rechten Zeit. Für die rechte Frau.

Die beiden haben lange geredet am Küchentisch der Witwe, durch die Blumen hindurch, die in der Vase zwischen ihnen prangten, prächtig und leuchtend. Sie erzählte ihm von ihrem toten Mann, er ihr von seinem toten Kollegen. Und dann besprachen sie, wie es mit den Lebenden weitergehen könne. Mit der Witwe. Sie meinte, sie würde es schon irgendwie zuwege bringen, das alles. Sie könne fürs Erste mit den beiden Kleinen auf den Hof ihrer Eltern zurück. Aber sie wisse nicht so recht … da seien ja noch die Hühner. Der Mann habe in der Freizeit Hühner gezüchtet, auf dem kleinen Grundstück bei den Schrebergärten. Um die könne sie sich nicht kümmern, vom elterlichen Hof aus, der sei ja viel zu weit weg, fast eine Stunde mit dem Velo. Aber weggeben könne sie die Hühner ja auch nicht, das brächte sie nicht übers Herz, wo doch der Mann so eine Freude gehabt habe damit. Und ohne Hühner wäre ja ebenso der schöne Stall, den der Mann gebaut habe, überflüssig. Und die Pacht, es seien zwar nur ein paar Franken im Jahr, aber immerhin, die Pacht könne man sich ja dann eigentlich sparen, ohne Hühner. Ach, sie wisse einfach nicht …

Und jetzt stotterte der Großvater die Sätze, die sein Leben verändern sollten: «Vielleicht gehört es sich ja nicht, so kurz … danach. Aber wenn Sie wollen … also, ich würde von Herzen gerne … den Platz Ihres Mannes … also, einnehmen … bei den Hühnern.»

Von diesem Tag an ging der Großvater nach der Fabrik nicht gleich nach Hause zu Klara, sondern erst noch bei den Hühnern vorbei. Am Anfang schaute er nur, ob sie denn Körner und frisches Wasser haben. Er mistete den Stall aus, nahm die Eier und machte sich wieder davon, nach Hause. Doch im Laufe der Zeit verweilte er länger und länger bei den Hühnern. Er merkte: Es tat gut, einfach dazusitzen und die Hühner zu betrachten. Ihrem Tun zuzuschauen. Wie sie sich wichtig nahmen. Wie sie herumstolzierten in ihrem seltsamen Gang. Er staunte darüber, dass sie beim Gehen ihren Kopf an Ort und Stelle lassen. Der Körper stakst voran, während der Kopf verharrt wie an der Luft angenagelt. Dann, den Körper blitzartig überholend, schnellt der Kopf plötzlich nach vorn, wo er wieder unbeweglich verbleibt, während der Körper unter ihm durchgleitet. Und so weiter.

Der Großvater umschloss eines der Hühner behutsam mit den Händen und hob es hoch. Und stellte fest: Während er mit dem Hühnerkörper einen kleinen Kreis beschrieb, blieb der Kopf absolut fix in Position. Linksrum, rechtsrum, in der Acht, schnell oder langsam, der Kopf machte keine der Bewegungen mit. Nicht einen Millimeter. Als wäre er gar nicht mit dem Körper verbunden, als wäre der Kopf etwas Eigenes – ein eigener Kopf! Großvater versuchte, das Huhn zu überrumpeln. Bewegte es langsam nach links und dann, plötzlich, mit einem kleinen Ruck nach rechts. Das Huhn glich blitzschnell aus! Immer. So etwas konnte keine Maschine, das konnte nicht mal ein Mensch, so einen «eigenen Kopf» haben!

Und Großvater beschloss, den Maschinen und ihren Besitzern zwar weiter zu dienen, weil er halt musste. Aber den Hühnern, denen würde er dienen, weil er es *wollte* – und aus keinem anderen Grund. Diese Hühner, die waren jetzt sein Eigenes. Nur Seines.

Nach einem Jahr hat der Großvater die Pachtzahlung übernommen und der Witwe den Stall und die Tiere abgekauft. Den Preis durfte er bei ihr abstottern mit Eierlieferungen und ab und zu einem Suppenhuhn oder einem Brathähnchen. Jede freie Minute war er jetzt auf seinem kleinen Hof. Er hatte sich angewöhnt, mit den Hühnern zu reden. Ihnen einfach alles zu erzählen, was ihm gerade so durch den Kopf ging. Was ihn drückte, was ihn freute. Ihm tat das gut. Und weil die Leute sich

wohl zu Recht an die Stirn getippt hätten ob einem, der mit den Hühnern redet, ihm das Reden mit den Hühnern aber unverzichtbar wurde, hat er nie jemanden mitgenommen zum Stall.

Schnell haben ihn die Hühner gelehrt, was sie brauchen, was sie ängstigt und was sie lieben. Und er war ein guter Schüler. Die Eier vom Großvater galten bald als die besten im Ort, und die Hausfrauen ließen sich von ihm auf Wartelisten eintragen, nur um von keinem anderen als vom Großvater ein Huhn zu bekommen. Und er? Aus ihm war nun einer geworden, der zwar immer noch in die Fabrik musste, aber eben auch noch etwas Rechtes konnte.

Viel, viel später, Großvater hatte die Fabrik endlich aus seinem Dasein streichen können und lebte von seiner Rente, hat er mich hin und wieder, hinten auf dem Gepäckträger vom Velo, mitgenommen zu den Hühnern. Er lehnte das Fahrrad stets an den Maschendrahtzaun, der den Hof umschloss, postierte mich neben das Eingangstürchen und sagte: «Wart schnell da. Und gib Obacht, dass keiner das Velo klaut!»

Während ich darauf wartete, dass Großvater wieder aus seinem Reich auftauchen würde, war ich so mit Obachtgeben beschäftigt, dass ich für die Hühner weder Zeit noch Augen hatte. Erst mit der allmählich wachsenden Erkenntnis, dass kein Mensch Interesse daran haben konnte, sich Großvaters alten kleppriger Drahtesel anzueignen, begann ich die Hühner wahrzunehmen. Ihnen zuzuschauen. Ich hatte ja sonst nichts Rechtes zu tun.

Manche waren braun, manche weiß, es gab auch welche, die sahen aus wie mit schwarzer Tinte bespritzte Schneebälle. Ich versuchte die Töne der Hühner nachzumachen. Hühnersprache. Ich war gut darin, fand ich jedenfalls. Doch die dummen Tiere ignorierten mich. Also versuchte ich, mit Menschensprache ihre Aufmerksamkeit zu erhaschen. Und staunte nicht schlecht: Sie reagierten! Kamen näher zum Drahtgeflecht, schauten mich mit schiefgestellten Köpfen an und klapperten mit den Augenlidern. Das gefiel mir! Ich redete weiter zu ihnen, damit sie nicht wieder weggingen. Und weil mir nichts Rechtes einfiel, was ich sagen könnte, erzählte ich ihnen die Gutenachtgeschichte, die mein Vater mir am Abend zuvor vorgelesen hatte. Es war eine lange, traurige Geschichte vom Lumpi, dem frechen Dackel. Aber sie ging gut aus. Doch bis zum Ende sollte ich nicht kommen.

«So, genug jetzt, wir müssen», hörte ich Großvaters Stimme in meinem Rücken. Ich fuhr zusammen. Ich hatte gar nicht bemerkt, dass er hinter mir stand. Hatte er die ganze Zeit zugehört, während ich mit den Hühnern redete? Was würde er jetzt von mir denken? Verlegen blickte ich zu seinem hageren Gesicht hoch. Doch Großvater sagte nichts weiter, packte mich, hob mich auf den Gepäckträger und pedalte los.

Von da an ließ er mich nie mehr auf sein Velo aufpassen, wenn wir bei den Hühnern waren. Ab jetzt durfte ich mit ihm hinein. Helfen, die Tiere zu versorgen. Nach getaner Arbeit setzten wir uns immer nebeneinander auf das winzige Bänkchen vor dem Stall. Und Großvater erzählte den Hühnern, was ihm so durch den Kopf ging.

Und dann erzählte ich den Hühnern, was mir so durch den Kopf ging nach dem Gehörten von dem, was dem Großvater so durch den Kopf gegangen war. Und dann erzählte wieder Großvater den Hühnern, was ihm so durch den Kopf ging, wenn er so hörte, was da seinem Enkel so durch den Kopf gegangen ist.

Ich war gerne mit Großvater bei seinen Hühnern.

Hühner, Enten und Gänse bevölkern die ländlichen Anwesen von jeher und überall auf der Welt. Vor allem um die Hühner wurde früher auf den Höfen nicht viel Aufhebens gemacht. Sie hatten einen weiten Auslauf, und um sie beim Hof zu halten, streute man einmal am Tag ein paar Körner vor den Stall. Eier brauchte man in Unmengen; und «wennst net woaßt, was kocha sollst, fangst a Henna und drahst ihra an Krogn um», so wurde mir das erklärt.

Mit Enten und Gänsen war das schon ein bisschen anders. Sie sollten an bestimmten Festtagen, wie Sankt Martin oder Weihnachten, prächtige Braten geben. Dann waren sie der mit Ahs und Ohs empfangene Mittelpunkt des Festessens. Sie mussten etwas hermachen, und ein Überschuss ließ sich schon immer für gutes Geld verkaufen. Auf dem Hof spielten sie auch als Fettlieferanten eine bedeutende Rolle, und so erfreuten sie sich einer besonderen Fürsorge.

Egal, ob Huhn, Ente oder Gans: Wenn sie so aufgezogen werden wie damals, hat man etwas besonders Gutes in den Töpfen. Auch hier möchte ich versuchen, meinen Teil dazu beizutragen, dass weniger in Folie verpackte Einzelteile des Tiers gekauft werden, denn die stammen mit Sicherheit nicht aus einer artgerechten Haltung. Die Qualität des Fleisches lässt sich bei Geflügel gut feststellen. Bleiche, sehr weiche, lappige Haut und hellrosa, fast weißes Fleisch an den Keulen hat sicher kein Tier, dessen Füße über grüne Wiesen liefen. Genauso deuten ganze Hühner nicht auf ein individuell geführtes Leben hin, wenn sie wie bleiche Kugeln in Folie gepresst in der Fleischtruhe liegen und zufällig auch noch alle das gleiche Gewicht haben.

Geflügel aus der Tiefkühltruhe, egal, ob Ente oder Brathähnchen, ist nach 58 Tagen schlachtreif. Ein Tier dagegen, das seine naturgemäße Zeit lebt, um heranzuwachsen, hat sich einmal gemausert und ausgefedert. Und so sieht man der Haut auch an, dass da einmal Federn gewachsen sind, besonders an den Flügelkanten. Das Federvieh ist zudem mindestens fünf Monate über Wiesen gelaufen und hat kräftige, lange Beine bekommen. Diese ausgewachsenen festen Beine lassen sich schlecht in eine Kugelform pressen.

Dass das Verhalten der Verbraucher etwas bewirkt, sieht man bei den Eiern. Große Ketten verkaufen keine Käfigeier mehr, weil der Verbraucher sie nicht will. Das könnte auch beim Geflügelfleisch der Weg sein. Genau wie bei den anderen Fleischsorten sollten wir also versuchen, in unserem Einzugsgebiet einen Metzger, einen Markthändler oder auch einen

Landwirt zu finden, bei dem wir ganze Hühner, Enten oder Gänse aus artgerechter Haltung kaufen können. Auch wenn Sie nur für zwei kochen, ist das der richtige Weg. Da werden Brust, Flügel und die Beine von der Karkasse abgetrennt und die Teile einzeln verarbeitet oder für später eingefroren. Aus der Karkasse mit Hals und Innereien kocht man eine Suppe, das schmeckt auch mit Ente und Gans. Die Beine und Brust brät man ähnlich wie das ganze Tier – mehrere Minibraten sozusagen.

Das Huhn

Das allgemein als Hühnerfleisch deklarierte Nahrungsmittel unterteilt sich beim Kochen sehr wohl in Huhn und Hahn beziehungsweise Gockel. Dafür gibt es einen ganz einfachen Grund. Man braucht auf dem Hühnerhof für zehn Hühner nur einen Hahn, deshalb werden bei der nachwachsenden Generation die jungen Gockel im zarten Alter von fünf bis acht Monaten nach und nach verzehrt, während die Hühner erst nach ein bis zwei Jahren fleißiger Arbeit als Eierlegerinnen im Kochtopf landen. Und so macht man aus den Gockeln zarte Brathähnchen und aus den Hühnern Suppenhühner, für eine umwerfend gute Brühe und einige Nachfolgegerichte aus dem Hühnerfleisch.

Fangen wir mal mit dem Sonntagsessen an:

Klassischer Bratgockel

1 Gockel
Butter
1 dickes Bund Petersilie
10 Schalotten
1 Glas Weißwein
Salz und Pfeffer

Backrohr auf 200 °C vorheizen

Den Gockel gut waschen, trocken tupfen und von innen und außen mit Salz, Pfeffer und Butter einreiben. In das Innere einige Butterflöckchen legen und die Hälfte der Petersilienstängel hineinstopfen. Dann mit den Fingern auf der Brustseite die Haut über den beiden Brustteilen lösen und einige Butterflöckchen hineinschieben. Das verhindert, dass die Brust zu trocken wird. Nun mit einem Küchenfaden oder Nähzwirn die Beine zusammenbinden, so lässt sich der Gockel beim Braten besser handhaben. In einem Bräter einige Butterflöckchen auf dem Boden verteilen, den Gockel mit der Bauchseite nach unten darauflegen und auf die unterste Schiene des Backrohrs schieben.

Nach ca. 20 Minuten den Gockel wenden und die Schalotten und den Rest Petersilie neben ihm platzieren. 1 Glas Weißwein oder auch Wasser auf den Boden des Bräters gießen. Nach weiteren 20 Minuten eventuell etwas Wasser nachgießen und den Gockel auf der Brustseite mit der Bratenflüssigkeit bepinseln oder begießen. Temperatur auf 180 °C senken. Nach insgesamt 60–80 Minuten – das kommt auf die Größe an – ist der Gockel fertig. Petersilie entfernen, Gockel mit der Geflügelschere in passende Stücke zerteilen und auf der Sauce servieren. Dazu schmecken alle Arten von Kartoffelgratin (S. 127–129) und Salat oder als Gemüse Karotten. Entweder extra gegart und dann in Schalottenbutter (S. 47) geschwenkt oder gleich im Bratenfond mitgeschmort.

Variation: 1 ganze unbehandelte Zitrone auf dem Tisch fest drücken und rollen, mit einer Gabel mehrere Male hineinstechen und mit den Schalotten neben den Gockel legen. Gibt der Sauce eine pikante Note. Besonders delikat wird der Gockel, wenn man Butter mit reichlich gehackter Petersilie und etwas Salz mischt, bevor man sie unter die Haut der Brustteile schiebt.

Ein Gockel gibt aber auch im Schmortopf eine wunderbare Speise, und mancher zieht diese Version wegen der köstlichen Sauce dem Bratgockel vor.

Gockel in Riesling

1 Gockel in mehrere Stücke zerteilen
4 cl Cognac
1 EL Butter
1 EL Olivenöl
100 g größere Speckwürfel
6 Schalotten und
2 Knoblauchzehen, beides in Scheiben schneiden
500 g Champignons vierteln
$1/2$ l Riesling
1 Becher Sahne
etwas gehackte Petersilie
Salz und Pfeffer

Die beiden Fette in einen Schmortopf geben, auf großer Flamme erhitzen und die Hühnerteile darin von allen Seiten kräftig anbraten. Mit dem Cognac löschen. Nun die Fleischteile mit einer spitzen Gabel aus dem Topf fischen und beiseitelegen. Speck, Zwiebel, Knoblauch und Champignons hineingeben und ebenso kurz und kräftig anbraten, dabei immer wieder umrühren. Die Fleischteile pfeffern und salzen und zurück in den Topf geben. Alles vermischen und mit dem Weißwein übergießen. Den Deckel fest schließen und das Gericht auf kleinem Feuer ca. 50 Minuten köcheln lassen. Die Sahne in die Sauce rühren, nochmal kräftig aufkochen und in einer vorgewärmten weiten Schüssel mit Petersilie bestreut servieren. Dazu passen breite Bandnudeln, kurz in Butter geschwenkt und eventuell mit Parmesan bestreut.

Gockel im Speckmantel

1 jungen Gockel in Stücke zerteilen
4 TL frische Thymianblättchen
ca. 16–20 sehr dünne Speckscheiben
10 Schalotten halbieren
5 frische Knoblauchzehen vierteln
3 kleine Zucchini in dicke Scheiben schneiden
5–6 Tomaten vierteln
Olivenöl
1 Glas Weißwein
Salz und Pfeffer

Backrohr auf 180 °C vorheizen

Die Thymianblättchen in einen Suppenteller geben. Die Gockelteile salzen und pfeffern und dann in dem Thymian wälzen. Mit je 2 Speckscheiben fest umwickeln, eventuell mit einem Zahnstocher feststecken. Einen Bräter oder eine weite Auflaufform mit Öl ausstreichen; alle anderen Zutaten (außer dem Wein) und die restlichen Thymianblättchen vom Suppenteller hineingeben, salzen und pfeffern, mit Olivenöl beträufeln und gut vermischen. Nun die Hühnerpäckchen zwischen dem Gemüse platzieren und die Form auf die unterste Schiene des Backrohrs schieben. Nach 20 Minuten mit dem Weißwein begießen und nochmal 30–40 Minuten im Rohr lassen. Dazu passt Reis oder ganz einfach ein wunderbar frisches, krustiges Weißbrot.

Nun aber zu den Suppenhühnern.

Die Hühnerbrühe klassisch

mit Nudeln hat einen legendären Ruf als ein absolut unschlagbares Wohlfühlgericht. Das geht sogar so weit, dass sie das einzig probate Heilmittel bei einer beginnenden Grippe sein soll. Aber erinnern wir uns doch! Wenn man erschöpft und müde nach Hause kommt, die Tür öffnet und der Duft der Hühnerbrühe weht einem entgegen – dann ist die Welt auf jeden Fall für diesmal wieder in Ordnung.

1 Suppenhuhn
1–2 Stangen Lauch der Länge nach aufschlitzen und waschen
2 Karotten putzen
1 Stück Sellerie schälen
1 Kräutersträußchen aus 5 Stängeln Petersilie,
    1 kleinen Stück Liebstöckelzweig, 1 Lorbeerblatt,
    2 Ästchen Thymian
1–2 getrocknete Muskatblüten, auch Macis genannt
Salz und Pfeffer

Das ganze Huhn waschen; falls zu dicke Fettpolster an der hinteren Öffnung sind, sollte man sie entfernen. Das Huhn ins kalte Wasser geben, aufkochen und den sich bildenden Schaum mit einer Schöpfkelle entfernen. Das muss man unter Umständen mehrmals machen. Dann alles Gemüse und die Gewürze in die Suppe geben und wieder aufkochen lassen. Salzen und pfeffern. Das Feuer reduzieren und die Suppe mit schräg aufgelegtem Deckel mindestens 70 Minuten köcheln lassen.

Wenn man es jetzt besonders gut meint, dann reicht die Zeit exakt, um Suppennudeln zu machen. Dazu erst einmal den Nudelteig (S. 107) bereiten, das dauert vielleicht 10 Minuten. Den Teig zugedeckt 20 Minuten ruhen lassen. In dieser Zeit Füße hochlegen, Kaffee trinken und Zeitung lesen. Dann den Teig auf bemehlter Unterlage sehr dünn ausrollen, das dauert gut gerechnet wieder 10 Minuten. Den Teig mit Mehl bestäuben und 10 Minuten liegen lassen. Ein Glas Arbeitswein genießen. Jetzt den Teig locker aufrollen und mit einem scharfen Messer sehr dünne Nudeln schneiden. Die Nudelrollen mit Mehl bestäuben, auflockern und auf ein bemehltes Backblech legen. Das hat jetzt ca. 15 Minuten gedauert. Macht summa summarum 65 Minuten, und das passt, denn jetzt ist auch die Suppe fertig.

Das Huhn mit der Fleischgabel aus der Brühe fischen, über dem Topf abtropfen lassen und zum Ausdampfen auf ein großes Brett legen. Nudelwasser aufstellen. In der Zeit die Brühe durch ein Sieb in einen passenden Topf gießen. Sofort ca. 4–5 Suppenkellen voll wegnehmen und für den nächsten Tag kühl stellen. Nun die Beine von dem Huhn lösen, die Haut entfernen und das Fleisch in kleine Würfel schneiden; ebenso mit den Flügeln verfahren. Die Brust und alles Fleisch vom Gerippe ablösen und im Kühlschrank für den nächsten Tag aufheben. Das in Würfel geschnittene Fleisch in die Brühe geben, die Nudeln ca. 3 Minuten kochen, abgießen und auch in die Suppe geben. Alles kurz miteinander erhitzen und in einer großen Terrine servieren.

Variation: Wenn man möchte, kann man die Karotten aus dem Suppengemüse in die Brühe schneiden und auch eine Handvoll kleine Erbsen darin garen.

Aus dem beiseitegelegten Fleisch der Hühnerbrust bereiten wir am nächsten Tag ein …

Hühnerfrikassee

Hühnerbrust und gekochtes Hühnerfleisch in Würfel schneiden
3 EL Butter
3 EL Mehl
$1/4$–$1/2$ l Hühnerbrühe
1 Becher Sahne
2 Eigelb
etwas Zitronensaft

Die Butter erwärmen, das Mehl dazugeben und unter Rühren in der Butter anschwitzen. Langsam mit der Hühnerbrühe ablöschen, bis man eine cremige Sauce erhält. Das Fleisch einlegen und außerdem … Nun haben wir die Wahl unter vielen Variationen, die sich stark nach der Jahreszeit richten:
– vorgegarte Spargelspitzen und Kerbel
– vorgegarte Spargelspitzen und vorgegarte, geschälte Garnelen und Petersilie
– kleine grüne Erbsen und Scheiben von jungen Möhren und Petersilie
– in Butter angebratene Champignonscheiben oder Pfifferlinge und Petersilie
– vorgegarte Möhrenscheiben, Senf, Kapern und Estragon

Die Fertigstellung ist immer gleich: Sahne und Eigelb verrühren, in die Sauce mengen, mit Zitronensaft abschmecken und erhitzen. Dazu passen breite Bandnudeln, die kurz in Butter geschwenkt werden, oder auch Reis.

Jetzt muss ich unbedingt noch einmal einen Ausflug nach Frankreich machen. Das ist ja das Schöne an der heutigen Zeit: Die Menschen leben mal ein paar Jahre hier, mal ein paar Jahre dort, und jedes Mal nehmen sie nicht nur ihre Möbel, sondern auch neue Lebensart und Kultur mit und geben es weiter. So bekommen wir irgendwann alle von allem nur das Beste und werden begeisterte Europäer.

Auf hochwertiges Hühnerfleisch legt niemand so viel Wert wie die Franzosen. Dementsprechend sind auch die Gerichte – einmalig und phantasievoll. Das erste stammt aus der Bresse, wo nicht nur die besten Hühner Frankreichs gezüchtet werden. Dieser Landstrich ist auch berühmt für seine vielen kleinen Seen und die darin befindlichen Flusskrebse. Da die bei uns kaum zu kriegen und nicht zu bezahlen sind, koche ich das Gericht mit großen, rohen Gambas. Und das schmeckt – na, Sie werden selber das passende Wort dafür finden.

Dieses Rezept eignet sich für 6–8 Leute und ist ideal für ein Sommeressen mit Freunden oder Familie um einen großen Tisch unter dem Blätterdach eines Apfelbaumes. (Sonnenschirm geht notfalls auch.)

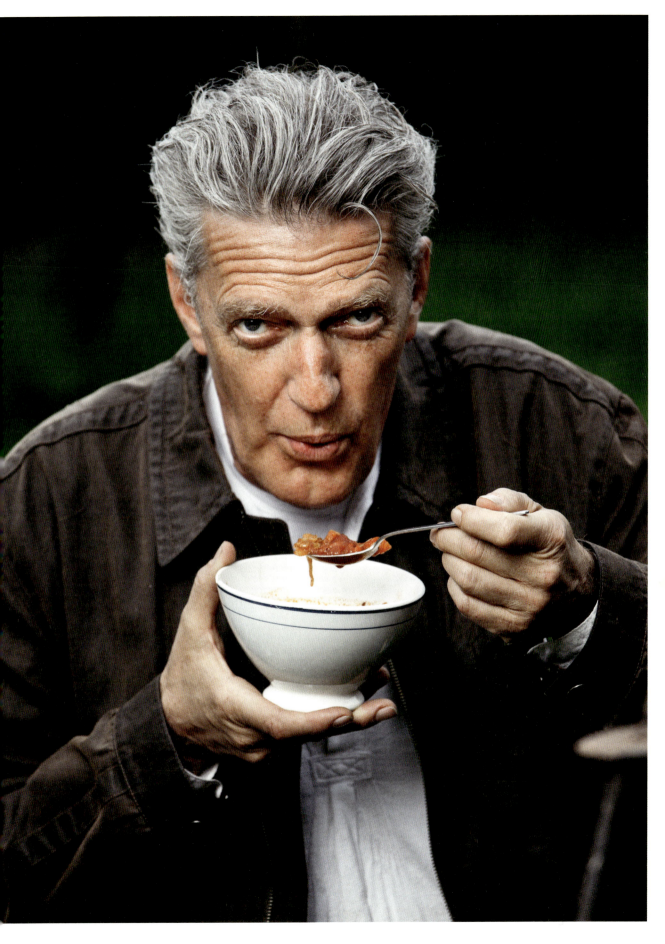

Huhn mit Gambas

1 großes, junges Huhn oder Gockel (ca. 2–3 kg) in Stücke zerteilen
ca. 20 große Gambas – können eingefroren sein, aber roh müssen sie sein –
   mit kaltem Wasser waschen
je 2 EL Olivenöl und Butter
4 Karotten fein würfeln
4 Schalotten fein hacken
4 Knoblauchzehen fein würfeln
5 Tomaten schälen und würfeln
4–6 cl Cognac
1 Kräutersträußchen aus 4 Stängeln Petersilie, 3 Ästchen Thymian,
   3 Stängeln Estragon und 2 Lorbeerblättern
$1/2$ l guter trockener Weißwein
$1/2$ l Hühnerbrühe
100 g Crème fraîche
Mehlbutter (S. 160)
etwas gehackte Petersilie
Salz und Pfeffer

In einem Schmortopf die Hälfte der Fette erhitzen und bei starkem Feuer die Hühnerteile rundum anbraten; mit einer Fleischgabel rausnehmen und beiseitestellen. Wenn sie etwas abgekühlt sind, salzen und pfeffern. Den Schmortopf mit einem Küchentuch auswischen, die zweite Hälfte der Fette erhitzen und die Gambas zusammen mit dem kleingeschnittenen Gemüse anbraten. Salzen und pfeffern, die Tomaten dazugeben und bei starkem Feuer weiterschmoren. Nach 5 Minuten mit dem Cognac ablöschen. Den Weißwein und die Hühnerbrühe je zur Hälfte darübergießen, das Kräutersträußchen hineinlegen und aufkochen lassen. Jetzt die Gambas herausfischen, beiseitestellen und die Hühnerteile hineinlegen. Aufkochen, eventuell noch Wein und Brühe nachgießen – es soll alles knapp bedeckt sein. Den Deckel schließen und 40 Minuten köcheln lassen.

Dann den Deckel öffnen, das Kräutersträußchen entnehmen, die Gambas und die Mehlbutter hineinlegen und sanft rühren, bis es aufkocht. Die Crème fraîche dazu und erhitzen. In eine große, weite Schüssel geben, mit Petersilie bestreuen und mit Unmengen Baguette und einem guten trockenen und gekühlten Weißwein servieren. Große Servietten paratlegen und leere Suppenteller für die Schalen und Knochen.

Nun das südliche Highlight der Hühnerküche. Auch hier handelt es sich um ein bäuerliches Essen, denn es kommt nichts hinein, was auf einer Ferme im Süden nicht vorhanden wäre. Außerdem sind beide Hühnergerichte «Eintopfgerichte», und die sind immer bäuerlichen Ursprungs. Dieses Gericht ist ebenfalls für 6–8 Personen gedacht, und wir beginnen einen Tag vorher.

Huhn mit Pastis und Safran

1. Tag
1 großes, junges Huhn oder Gockel waschen und in Stücke zerteilen
2 Döschen Safranfäden, einen kleinen Teil beiseitelegen
6 cl Pastis
2 EL Olivenöl
Salz und Pfeffer

Die Hühnerteile in eine Schüssel geben, alle obengenannten Zutaten dazu und durchmischen, zugedeckt über Nacht durchziehen lassen.

2. Tag
2 Zwiebeln würfeln
6 Knoblauchzehen in Scheiben schneiden
5 Fleischtomaten schälen und würfeln
1 dickes Bund Petersilie fein hacken
Fenchelgrün fein hacken *oder*
1 kleine Knolle Fenchel klein würfeln
6 rohe, festkochende Kartoffeln in dickere Scheiben schneiden
Salz und Pfeffer

In einem Schmortopf die Zwiebeln, den Knoblauch und die Tomaten in etwas Olivenöl andünsten und unter Rühren kurz schmoren lassen. Petersilie und Fenchel dazu, andünsten und jetzt die Fleischteile mit der gesamten Marinade hinein. Einmal rühren und so viel kochendes Wasser dazugießen, dass alles knapp bedeckt ist. Zugedeckt 30 Minuten köcheln lassen. Die Kartoffelscheiben dazu, umrühren, Deckel zu und nochmal 20–30 Minuten köcheln lassen. Nach der Garzeit mit Salz, Pfeffer und den beiseitegelegten Safranfäden abschmecken. Mit viel Baguette und einem kühlen Rosé servieren.

Soll es ganz echt sein, stellt man zum persönlichen Nachwürzen eine Schale mit Rouille

auf den Tisch. Dazu weicht man etwas Weißbrot in Milch ein, zermatscht das mit einer Gabel, so gut es geht, gibt je 2 kleinstgehackte Chilischoten und Knoblauchzehen sowie 1 Eigelb dazu, verrührt und zerdrückt das mit so viel Sauce aus dem Gericht, bis man eine dicke Paste hat. Mit Salz und Pfeffer abschmecken.

Ente und Gans

Nun kehren wir wieder zurück auf die Höfe in deutschen Gefilden, denn da erwarten uns nicht minder köstliche Gerichte mit Enten und Gänsen. Hierbei muss gesagt werden, dass ich alle nachfolgenden Gerichte sowohl mit Ente als auch mit Gans zubereiten kann. Das kommt ein bisschen darauf an, wie viele Menschen erwartungsvoll am Tisch sitzen und was in guter Qualität zu haben ist. Mein Großvater, Jahrgang 1879, pflegte immer zu sagen: «Die Ente ist ein unpraktischer Vogel, für einen zu viel, für zwei zu wenig.» Von diesen Mengenvorgaben sind wir heute weit entfernt, aber generell gilt: Eine Ente ist gut für 3, maximal 4, ein Erpel für 4–5 und eine Gans für bis zu 6 Personen.

Größere Tiere mache ich wegen der längeren Bratdauer lieber gefüllt, dann trocknen sie nicht aus. Das erste und das dritte Rezept wende ich bei kleineren Tieren an. Und für viele Esser lassen sich ja auch mal zwei Enten in den Bräter legen. Eine Ente oder Gans kann übrigens ruhig fett sein. Wenn an der hinteren Öffnung dicke Fettpolster sind, nehmen Sie diese bitte mit. Zu Hause entfernen Sie die Flomen und machen Ihr eigenes Schmalz.

Das Einfachste, aber sehr, sehr gut:

Ente mit Apfel und Majoran (oder auch Gans)

1 Ente waschen, trocken tupfen und den Hals abschneiden
2–3 Zwiebeln grob würfeln
2–3 Äpfel (Boskop, Cox oder Reinette) schälen, vierteln und entkernen, dann in dickere Scheiben schneiden
getrockneter Majoran
wenn möglich Gänseschmalz, sonst Butterschmalz
wenn möglich 1 kräftiger Schuss Calvados
1 Glas Weißwein
Salz und Pfeffer

Backrohr auf 200 °C vorheizen

Die Äpfel und Zwiebeln in eine Schüssel geben, leicht salzen und pfeffern und eine kräftige Prise Majoran dazu. Gut vermischen. Die Ente innen und außen mit Salz, Pfeffer und Majoran einreiben. Einen Teil des Apfel-Zwiebel-Gemischs in den Bauch der Ente stopfen. Einen Bräter oder eine Auflaufform mit Gänse- oder Butterschmalz ausreiben, die Ente mit dem Bauch nach unten hineinlegen, den Hals und eventuell den Magen danebenlegen und ins Backrohr schieben.

Nach 20 Minuten die Ente umdrehen, mit Calvados ablöschen und den Boden der Form rund um die Ente mit dem restlichen Apfel-Zwiebel-Gemisch belegen. Wieder ins Rohr und nach nochmal 20 Minuten mit Weißwein löschen. Temperatur auf 180 °C runterschalten. In der Garzeit eventuell noch einmal Wasser nachgeben. Nach insgesamt 80–90 Minuten ist die Ente fertig. Auf ein Brett legen und mit einer Geflügelschere in vier Teile teilen. Diese vier Teile mit der Hautseite nach oben in die Bratform, noch einmal kurz im Rohr erhitzen und dann servieren. Zur Ente passt natürlich Rotkraut (S. 87) hervorragend – und noch Kartoffelknödel dazu, und das Essen wird zum Mahl.

Variation: In der Pfalz haben wir gelernt, 2 Handvoll gekochte und geschälte Maronen die letzten 15 Minuten in den Bratfond zu legen, das rundet das Gericht vollendet ab.

Hier im Norden vermischt man mit der Zwiebel-Apfel-Mischung noch ca. 15 getrocknete Zwetschgen, da nehme ich dann «Vieille Prune» zum Ablöschen.

Die folgende gefüllte Gans ist unbestritten das Festmahl für alle Menschen, die aus Brandenburg oder Pommern stammen. Nirgendwo sonst habe ich so viele stattliche Gänse in den Gärten rumwatscheln gesehen wie hier im Spätherbst.

Gefüllte Gans (oder auch Ente)

1 Gans mit Innereien; waschen, trocken tupfen und den Hals abschneiden
2–3 Boskopäpfel schälen, entkernen und in Würfel schneiden
1 große Zwiebel würfeln
etwas Gänse- oder Butterschmalz
Salz, Pfeffer und Majoran
Für die Füllung
4 Scheiben Toastbrot in etwas Milch einweichen
2 Eier
10 Backpflaumen vierteln
1 Bund Petersilie zusammen mit
2 Schalotten feinst hacken
die Innereien der Gans (Magen, Leber, Herz) in feine Würfel schneiden
Butter
Salz, Pfeffer und geriebene Muskatnuss

Backrohr auf 230 °C vorheizen

Die Gans von innen und außen mit Salz, Pfeffer und Majoran einreiben; die Haut über der Halsöffnung zunähen oder zustecken. Für die Füllung in einer Pfanne die Butter erhitzen, Schalotten und Petersilie andünsten, die Innereien und die Pflaumen dazugeben. Alles miteinander kurz dünsten. Salzen und pfeffern, vom Feuer nehmen und abkühlen lassen. Nun das ausgedrückte Weißbrot mit den Eiern, den Gewürzen und dem Innereien-Schalotten-Gemisch gut vermengen. Wenn die Masse zu weich erscheint, noch 1–3 EL Mehl untermischen. Die Masse in die Gans füllen und die Öffnung zunähen.

Die Gans in eine mit Gänse- oder Butterschmalz ausgeriebene Bratform setzen, den Hals danebenlegen und auf die unterste Schiene im Bratrohr schieben. Nach ca. 15 Minuten mit 2 Tassen Wasser oder Brühe aufgießen, die Hitze auf 160 °C runterstellen. Nach 90 Minuten die Apfel- und Zwiebelwürfel rund um die Gans legen und die Gans insgesamt 3 Stunden braten. Immer wieder mit dem Bratenfond begießen, eventuell etwas Wasser nachfüllen. Während des Bratens ab und zu mit einer Gabel in die Haut piken, damit das Fett rausbraten kann. Nach Ende der Garzeit die Gans tranchieren, die Teile auf eine vorgewärmte Platte legen und die Füllung in einer Schüssel separat servieren. Die Sauce eventuell etwas entfetten und in einer Sauciere dazureichen. Ohne Rotkraut und Kartoffelknödel wäre dieser Festtagsbraten allerdings unvollendet.

Im Frühsommer gibt es hier im Norden eine sehr leichte und feine Version des Entenbratens:

Ente mit Teltower Rübchen

1 Ente waschen, trocken tupfen und den Hals entfernen
Butter
etwas Gänse- oder Butterschmalz
8 Teltower Rübchen schälen und vierteln
8 junge Karotten schälen und eventuell halbieren
12 Frühlingszwiebeln
etwas gehackte Petersilie
$^1/_2$ Becher Sahne
Salz und Pfeffer

Backrohr auf 200 °C vorheizen

Die Ente innen und außen salzen und pfeffern. Die Bratform mit Schmalz ausreiben, die Ente mit dem Bauch nach unten hineinsetzen und in den Ofen schieben. Nach 15 Minuten die Ente umdrehen, den Bratensatz mit etwas Wasser lösen und den Bauch der Ente damit bepinseln. Das Gemüse rundum schichten, etwas Salz, Pfeffer und einige Butterflöckchen darauf verteilen und wieder in den Ofen schieben. Nach insgesamt 30 Minuten die Temperatur auf 170 °C runterfahren und nochmal etwas Wasser über die Ente gießen. Nach insgesamt 80–90 Minuten ist der Braten fertig. Die Ente herausfischen und auf einem Brett vierteln; warm halten. Das Gemüse mit Petersilie bestreuen, eventuell etwas Sahne unterrühren, den Bratensatz lösen. Das Gemüse mit der Sauce in eine weite, vorgewärmte Schüssel geben, die Enteteile darauflegen und servieren.

Variation: Angeregt von diesem traditionellen Gericht, habe ich meine Wintervariation abgeleitet: Statt Teltower Rübchen nehme ich Karotten, Petersilienwurzeln und Pastinaken. Die Gemüse putzen und in breite Stücke schneiden. Sonst bleibt alles gleich.

Ein Fischer

Ich weiß nicht, woher die Faszination meines Vaters für die Fischerei rührte. Er war mitten in der Schweiz aufgewachsen, weit und breit kein See in der Nähe und schon gar kein Meer, kein einziger Fischer in der Verwandtschaft, noch nicht einmal ein Fischereibedarfsverkäufer.

Aber wann immer es ihn an irgendein Ufer verschlug, ob See oder Meer: Als Erstes hielt er Ausschau nach den Fischern. Er liebte es, sich in aller Herrgottsfrühe aufzumachen, zur Mole. Für ihn war das klopfende Tuckern der Dieselmotoren im Bauch der Kutter Musik, der Geruch des frischen Fangs das beste Parfum der Welt. Vielleicht hat er sich vorgestellt, wie sein Leben sich anfühlen würde, wenn er einer dieser Männer wäre. Wenn er mit ihnen hinausführe, nachts, wenn sich alle anderen unter ihren Decken verkrochen hätten und aus ihren offenen Mündern glitzerige Speichelfäden auf die Kissen kleckerten. Wie es wäre, nicht zu diesen Ohnmächtigen zu gehören, sondern der Verbündete der Sterne zu sein und der nachtschwarzen Wogen des weiten Meeres. Wie es wäre, die aufgehende Sonne im Kielwasser hinter sich herziehend, im Hafen einzulaufen, stolz den frischen Fang am Quai anzupreisen und die Netze zum Trocknen auszubreiten. Und wie es wäre, wenn die anderen in ihre Büros und Fabriken mussten, wenn sie wie die Ameisen durcheinanderkrabbelten, bis jeder und jede sich in ihre Geldverdienzelle hat einsperren lassen, wenn für alle anderen die Mühen der Tagewerke begannen, dann in Ruhe ein Pfeifchen zu rauchen auf der Bank vor dem Fischerhäuschen und aufs Meer hinauszublicken, das auch in der kommenden Nacht wieder seine Braut sein würde. Oder sein Todesengel.

Vielleicht waren das die Träume meines Vaters, des ehemaligen gelernten Feinmechanikers und jetzigen diplomierten Versicherungsfachmanns, des «Bürogummis», wie er sich spöttisch selbst bezeichnete, des Familienoberhaupts und Eigenheimbesitzers. Nein, ganz sicher waren es solche Träume, die ihn eines Tages

dazu trieben, mit seinem VéloSolex in die Kreisstadt zu fahren. Zum Amt, um sich eine Anglergenehmigung ausstellen zu lassen. Sie war gültig ab sofort bis dann und dann, von dort und dort bis da und da, für die und die Ausrüstung, beschränkt auf die und jene Fischart. Bei Übertretung drohte das und das Bußgeld, bei Wiederholung jenes und jenes und bei fortgesetzter und vorsätzlicher Übertretung behalte sich das Amt vor, die vorliegende Genehmigung rückgängig zu machen, ohne dem Genehmigungsinhaber den vorgeleisteten Geldbetrag rückwirkend rückzuerstatten. Rücksicht auf Nichtwissen werde nicht genommen, Datum, Stempel, Unterschrift, fertig.

Danach töffte mein Vater in die Kramgasse, wo er seine Genehmigung umständlich aus dem Kuvert zog und sie mit der Hand auf dem Tresen der Anglerbedarfsladeninhaberin glatt strich.

«Jetzt bin ich da eben gerade ein Fischer geworden», eröffnete er der Frau. «Und jetzt brauche ich da noch das Werkzeug. Bin ich da wohl richtig bei Ihnen?»

Die Frau zog mit gichtigen Fingern umständlich ihren Zwicker aus der Schürzentasche und klemmte ihn sich auf die Hakennase. «Ja, dann sehen wir halt mal, was wir da tun können.» Sie warf nur einen kurzen Blick auf das Blatt und beschied:

«Das ist eine Dreier-Lizenz. Also, vom Schiff aus geht die dann nicht, hä.»

«Macht nichts, ich hab gar kein Boot.»

«Nur vom Ufer aus, hä, mit Wurfangel.»

«Ja, gut, mit Wurfangel», wiederholte mein Vater.

«Nur im Rhein, hä, nicht im Bach und nicht im Teich und nicht im See, hä.»

«Ja gut, ich will ja im Rhein. Ich wohne doch daneben.»

«Wills Euch nur gesagt haben, hä.»

«Ja. Danke.»

«Also! Dann schauen wir mal, hä. Ihr kommt am besten mit nach hinten, ins Lager, das da hier vorne, das sind alles nur Ausstellungsstücke, hä.»

Vier Stunden später stieg mein Vater wieder auf sein VéloSolex. Er hatte Dutzende von Angeln geprüft, sie in der Hand gewogen, sie auseinander- und wieder ineinandergeschraubt und sie durch die Luft zischen lassen. Er hatte sich zeigen lassen, wie man sie fachmännisch, im exakt richtigen Winkel zum Boden, wie auf gedachten Schienen, langsam nach hinten führt, die federnde Rutenspitze leicht über Kopf, den Ellenbogen des Führarms auf Brusthöhe. Wie man dann, in einem einzigen entschlossenen Zug, den Griff der Angel aus dem Viertelkreis heraus nach vorne schwingen lässt und zum Schluss die Arme dem fliegenden Schwimmer leicht nachführt, vom Körper weg.

Er hat Dutzende von Wickelspulen und ihre voneinander leicht differierenden Mechanismen mit Feinmechaniker-Kennerblick auf Tauglichkeit geprüft. Er hat sich verliebt in das leise schnurrende Geräusch der Spindeln, wenn man an der Kurbel dreht. Dann hat er sich mit der Frau beraten über die richtigen Nylonschnüre. Nicht zu dünn, damit sie nicht reißen, selbst nicht bei schwerer Beute. Aber auch nicht zu dick, damit der Fisch sie nicht sieht. Unzählige Haken hat er sich sachte in die Fingerkuppen gepikst, um zu prüfen, ob sie wirklich leicht in den Gaumen des Fisches eindringen würden. Danach suchte er sich noch eine mittelgroße Schachtel aus, mit gut verschließbarem Deckel, in der, akkurat nach Größe sortiert, die schwarzen Bleigewichte lagerten. Dazu eine praktische Zange, mit der man sie mühelos an der Angelschnur festklemmen konnte. Schließlich, vor dem Regal stehend mit den Tausenden von Schwimmern, entschied er sich relativ zügig und spontan für einen Klassiker: Zwiebelform, weiß mit rotem Bauchband. Die Frau empfahl ihm, noch einen zweiten Schwimmer zu nehmen, zum Beispiel den hier, hä, den blauen mit weißem Band, falls der Fall einträte, dass neben ihm noch ein anderer fischte, ebenfalls mit einem weißen Zwiebelschwimmer mit rotem Band, hä, und sie dann gar nicht mehr wüssten, welcher Schwimmer jetzt zu wem gehöre, hä, und mein Vater in dem Fall dann auf den andern ausweichen könnte, um sich vom anderen zu unterscheiden, hä.

Als die Frau die vierundsiebzig flachen Schubladen mit den siebentausend Blinkern und künstlichen Fliegen und täuschend echt nachgemachten Würmern und Engerlingen und Beutefischchen öffnete, wurde meinem Vater schwindelig – und er bat die Frau, sie bitte alle gleich wieder zuzumachen. Er würde den Fischen als letzte Mahlzeit was Rechtes gönnen, er würde noch mit echten Würmern fischen und nicht mit diesem neumodischen Firlefanz. Und schon hielt ihm die Frau fünf verschiedene Wurmdosen hin, aber der Kaufrausch meines Vaters war verflogen.

«So eine Wurmdose werde ich ja noch aus einem leeren Nescafé-Glas machen können, da muss ich nur ein paar Löcher in den Schraubdeckel bohren, das wird den Würmern wohl gut genug sein, oder?»

«Wie Ihr meint, der Kunde hat immer recht, hä», meinte die Frau und schob die Wurmdosen an den Rand der Ladentheke, auf Distanz zu den sich mittig türmenden, bereits ausgesuchten Utensilien.

«Abrechnen!», befahl mein Vater und zückte sein Portemonnaie.

Auf der Nachhausefahrt schaute mein Vater noch bei der «Landi» vorbei und deckte sich mit einer gummierten Leinenjacke ein und einer entsprechenden Hose, die tausend Taschen hatte, sowie mit Gummistiefeln, bis über die Knie hinauf. Er nahm sie eine Nummer zu groß, wodurch sie beim Gehen ein unangenehm quatschendes Geräusch machten. Dafür würde er in denen dann im Winter zwei Paar Wollsocken übereinander tragen können, ohne dass es eng würde. «Wenn man an den Füßen friert, beim Stehen und Warten, bis sie beißen, wenn man da kalte Füße bekommt, dann kann man's Fischen grad wieder vergessen», hatte der Verkäufer gesagt.

Als mein Vater auf seinem VéloSolex stolz nach Hause fuhr, haben ihm die Leute schon nachgeschaut: Links und rechts baumelten die langen Gummistiefel vom Gepäckträger gegen die Hinterradspeichen, auf dem Lenker war ein großes Landi-Paket festgeschnürt, und hinten, auf dem Gepäckträger, türmte sich eine zweite, in Packpapier eingewickelte Riesenladung, aus der die Angel ragte, hin und her schwankend wie eine Funkantenne.

Ich war begeistert von all den Fischfangschätzen, die mein Vater am darauffolgenden Sonntag auf dem Küchentisch ausbreitete. Ich durfte ihm helfen, die quirlig-widerspenstige Nylonschnur auf die Haspel an der Angel zu wickeln. Ich sah ihm zu, wie er in der Badewanne austestete, wie viel Blei es brauche, damit der Schwimmer exakt so tief ins Wasser gezogen wurde, dass der untere Rand des roten Bauchbandes eine genaue Linie mit der Wasseroberfläche bildete. Die spitzen Haken durfte ich nicht anfassen, zu gefährlich. Mir taten die Fische jetzt schon, auch ohne Selbsttest, leid. Doch mein Vater behauptete, das würde ihnen nicht wehtun, die hätten keine Nerven im Maul. Mein Vater requirierte ein fast volles Nescafé-Glas, leerte dessen karamellbraunen, knisterigen Inhalt in einen Suppenteller, stieg mit dem Glas in die Kellerwerkstatt hinunter und bohrte kleine Luftlöcher in den goldenen Plastikdeckel.

Wir gingen auf Regenwurmjagd. Am Rand des Gartens, unter dem Zwetschgenbaum neben dem Kompost, rammte mein Vater den Spaten in die Erde und grub um. Ich durchsiebte mit den Händen die feuchte Erde. Nichts. Wir suchten im Kompost. Auch dort fanden wir keine Regenwürmer. Dafür widerlich fette, weiße Glibberdinger, die sich auf meiner Handfläche verzweifelt hin und her wanden. «Maden», sagte mein Vater, «ja, nun, die werden es wohl auch tun.»

«Und die spießt du einfach auf den Haken, *lebendig*?», fragte ich.

«Ja, die müssen sich bewegen, weißt du. Damit der Fisch in den Haken beißt und ich ihn dann mit der Angel aus dem Wasser ziehen kann.»

«Tut das den Maden nicht weh? Weil sie keine Nerven am Bauch haben?»

«Weiß nicht», sagte mein Vater unwirsch und setzte in tröstendem Ton hinzu: «Wahrscheinlich nicht – oder nur ganz wenig.»

Ich nahm mir vor, die Maden wieder aus dem Glas zu befreien und sie am Rheinufer auszusetzen, sobald mein Vater beim Fischen auf den Schwimmer achtete und es darum nicht merken würde. Die Befreiungsaktion musste aber so schnell wie möglich stattfinden, denn in dem Nescafé-Glas wanden sich die Maden immer noch so komisch hin und her.

«So, und jetzt gehen wir endlich Fische fangen, gell?», rief ich, Begeisterung vortäuschend.

«Jetzt beißen die doch noch nicht», antwortete mein Vater. «Weißt du, ich muss ganz alleine los, heute Nacht, wenn ihr alle schon lange im Träumeland seid.» Sprach's, schraubte den Deckel auf das Glas und ging ins Haus.

Am nächsten Morgen stürmte ich in das elterliche Schlafzimmer, sprang auf den Deckenberg, unter dem ich meinen Vater vermutete, und schrie: «Hast du einen

gefangen, hat du einen gefangen, sag doch jetzt, hast du einen Fisch gefangen?» Unter den Decken grummelte es nur etwas von «schlafen lassen und Ruhe geben, aber sofort».

Beim Frühstück aß mein Vater fast nichts, seine Stimme klang, als ob er durch Watte reden würde. In sich zusammengesunken saß er vor seinem Teller und stierte auf ein Birchermüesli. Langsam wanderten seine Lider nach unten, bis seine Augäpfel nur noch als weiße Schlitze zu sehen waren.

«Musst du jetzt nicht langsam ab ins Büro?», fragte meine Mutter. Er schreckte hoch, stöhnte, richtete sich den Schlips und schlüpfte in seine Anzugjacke. Als er vom Haus wegfuhr, zeichnete das VéloSolex eine Schlangenlinie in den Kiesweg.

Die Angel stand im Flur neben den Gummistiefeln, angelehnt an die am Haken hängende gummierte Leinenjacke, die nach Wasser roch. Und ganz schwach nach Pfeifentabak.

Mein Vater probierte es in der einen Nacht mit Regenwürmern, in der anderen mit Maikäfern, dann mit zu Klümpchen gekneteten Brotstücken, mit frischem Schweinefleisch, mit verwestem Schweinefleisch, ja, selbst mit Käse. Er macht sogar den Canossa-Gang zur Anglerbedarfsfachfrau und kaufte, ihrem spöttischen Blick hilflos ausgeliefert, doch noch verschiedene Plastikköder. Doch Petri Heil blieb aus. Er kaufte eine wasserdichte Taschenlampe, um die Fische anzulocken. Er schüttete Rinderblut in den Rhein. Er klatschte mit meinem Eishockeyschläger auf den Strom, um das Geräusch springender Hechte zu imitieren. Er war sich für keinen Unsinn zu schade, zu dem ihm andere Fischer geraten hatten, die auf diese Weise schon «sooooo groooße» Prachtexemplare herausgezogen haben wollten. Nichts half von allem, da half alles nichts. Die eisern durchgestandenen Nächte blieben unbelohnt. Fischlos war des Fischers Los.

Mein Vater zerfiel. Er verlor merklich an Gewicht. Was meine Mutter eigentlich gar nicht schlecht gefunden hätte, er hatte sowieso zu viel auf den Rippen, wie sie fand, wenn nicht sein Schlafmangel allmählich zur existenziellen Bedrohung für das Familienbudget geworden wäre. Der bis dahin beachtliche Umsatz aus den verkauften Versicherungspolicen schrumpfte alarmierend. Als schließlich sogar, hinter dem Rücken meines Vaters, dessen Chef höchstpersönlich bei meiner Mutter anrief und sich im Flüsterton erkundigte, ob es vielleicht Probleme gäbe in ihrer Ehe, es ginge ihn ja eigentlich nichts an, aber er mache sich eben Sorgen, der Herr Moor sei ja nicht wiederzuerkennen … Sie solle es ihm nur getrost sagen, wenn er helfen könne, er meine es nur gut … Da reichte es meiner Mutter: Sie verbot meinem Vater das Fischen. «Aus! Schluss! Basta! Fertig! Finito!», schrie sie. «Ende!»

Mein Vater leistete erstaunlich wenig Widerstand. Sorgfältig verstaute er seine ganze schöne Anglerausrüstung in einer riesigen Kartonschachtel und trug sie kommentarlos auf den Dachboden. Nur die Angel, die hängte er in der Werkstatt über das Brett mit den Schraubendrehern, Zangen, Feilen und Sägen. «Anschauen wird sie ja wohl noch gnädig gestatten», grummelte er.

Auch nach dieser Selbsterfahrung in Sachen Fischerei trieb sich mein Vater wie eh und je überall dort herum, wo es nach Fisch roch. Aber jetzt fühlte er sich als einer der Nachfahren Petri. Leidenschaftlich gern verwickelte er nun seine «Kollegen» in Fachsimpeleien, und wenn sie ihn fragten, ob er denn auch ein Fischer sei, antwortete er: «Ja, früher, da hab ich auch gefischt. Aber jetzt musste ich es aufgeben. Leider.» Dann beugte er sich vertraulich ein wenig vor, sah sich um, wie um sicher zu sein, dass keiner heimlich lauschte, und fügte hinzu: «Meine Frau will's halt eben nicht. Sie verstehen …» Und die Fischer nickten voller Anteilnahme. Obwohl sie überhaupt nicht verstanden.

Die Fische

Jetzt sind wir bei dem Nahrungsmittel, das wir öfter essen sollten, als wir es gewöhnlich tun. Zweimal die Woche wäre schon mal ganz gut. Und von unseren Spitzenköchen haben wir gelernt, nur frischer Fisch ist ein guter Fisch. Das ist leicht gesagt, aber wo bekommt man den? Wie beim Fleisch gilt auch hier: Wer suchet, der findet. Entweder das Fachgeschäft oder einen großen Supermarkt, der einmal die Woche Frischfisch anbietet. Die Bewohner der Küsten von Nord- und Ostsee sind, genauso wie die, die in der Nähe der großen Seen wohnen, privilegiert, denn da gibt es noch die Berufsfischer, bei denen man Fisch direkt vom Fang erstehen kann. Am Chiemsee zum Beispiel stößt man auf Fischer, die auch noch selber räuchern. Herrlich, eine frisch geräucherte Renke oder eine Brachse und ein kühles Bier direkt am Ufer, beim Rauschen des Schilfs. Oder hier im Norden, auf der Insel Usedom mitten in den Sanddünen, Sprotten und ein Stück Aal auf dem Teller, ein Pils und das Branden der Ostsee. Sommeridyllen!

Manchen Winter geht hier oben gar nichts mehr mit dem Frischfisch, denn alle paar Jahre ist es eisig, alle Seen und Flüsse sind zugefroren, und selbst am Baltischen Meer sind die Wellen zu Eis erstarrt. Dann greifen wir wie seit alters auf den gesalzenen Hering zurück oder auf den milderen Matjes, und es gibt ein echtes Winteressen, den Heringssalat. Bei meinen Großeltern gehörte er in seiner prächtigsten Variation, nämlich in der «roten», zu Weihnachten wie der Tannenbaum.

Roter Heringssalat

Traditionell wird der Salat mit gesalzenen Heringen aus dem Fass bereitet. Da wird auch noch Rogen oder Milch, vom weiblichen beziehungsweise männlichen Tier, mit in die Sauce gemischt. Da mir das zu intensiv schmeckt, verwende ich für den Salat die zarteren Matjesfilets.

250 g Matjesfilet
250 g gekochte Rote Bete, geschält
250 g Boskopapfel oder Cox Orange
125 g Reste vom Kalbsbraten oder Rinderbraten
125 g gekochter Schinken
200 g Kartoffeln in der Schale kochen und schälen
4 hartgekochte Eier
6 saure Gurken

Für die Sauce
6 EL Olivenöl
4 EL Weißweinessig
1 Glas abgetropfte Kapern etwas zerkleinern
1 Bund Petersilie fein hacken
Salz und Pfeffer

Alle Zutaten in kleine Würfel schneiden und zusammen in eine Glas- oder Porzellanschüssel füllen. Die Sauce mit einem Schneebesen oder einer Gabel gut verrühren und zu den Salatzutaten geben. Mit dem Salz sehr vorsichtig sein, der Matjes ist bereits salzig, daher lieber am nächsten Tag nochmal nachsalzen. Jetzt gründlich, aber dennoch sanft alle Zutaten miteinander vermengen und abgedeckt kühl stellen. Es ist gut, wenn der Heringssalat über Nacht durchzieht. Vor dem Servieren noch einmal sanft mischen und abschmecken. Dazu schmeckt Schwarzbrot mit Butter.

Weißer Heringssalat

250 g Matjesfilet
250 g Boskopapfel oder Cox Orange
250 g Kartoffeln in der Schale kochen und schälen
6 saure Gurken
1 Zwiebel
Für die Sauce
1 Becher saure Sahne
4 EL Weißweinessig
1 Bund Petersilie fein hacken
Salz und Pfeffer

Alle Zutaten würfeln, nur die Zwiebel sollte ganz fein gehackt sein. Dann alles in eine Glas- oder Porzellanschüssel geben und vermischen. Die Salatsauce gut verrühren. Mit dem Salz wieder vorsichtig sein, da man nicht weiß, wie sehr die Matjes noch nachsalzen. Über die gesamten Zutaten gießen und alles sanft vermischen. Etwa 1 Stunde abgedeckt in der Küche ziehen lassen, anschließend servieren. Dazu schmeckt Toastbrot mit Butter.

Und zum Abschluss noch ein Sommer-Matjesheringsessen:

Matjes mit Apfel und Dill

pro Person 1 Matjesfilet rechnen – oder doch lieber 2?
2 säuerliche Äpfel schälen, vierteln, entkernen und in dünne Blättchen schneiden
1 Gemüsezwiebel halbieren und in dünnste Scheiben schneiden
500 g Naturjoghurt
200 g Crème fraîche
5 EL Weißweinessig
4 EL feingeschnittener Dill
Salz und Pfeffer

Die Matjes auf einer Platte mit Rand anrichten und mit den Apfel- und Zwiebelscheiben bedecken. Mit einer Gabel Crème fraîche, Joghurt und Essig zusammenrühren und die Gewürze und den Dill dazugeben. Abschmecken. Die Creme auf den Matjes verteilen. Die Platte kräftig rütteln, damit die Creme in die Ritzen fließt; abdecken und einige Stunden kalt stellen.

Diese Matjes sind eine herrliche Zwischenmahlzeit im Sommer, begleitet von eisgekühltem Weißwein oder Pils und Bauernbrot mit knackiger Kruste und Butter. Übrige Filets können auch am nächsten Tag noch gegessen werden.

Variation: Gute, rosige Matjes werden bei den Küstenbewohnern auch gerne, nur mit Zwiebelringen belegt, zu Bratkartoffeln gegessen. Sollten Sie an der Ostseeküste Urlaub machen, ist es vielleicht gut zu wissen, dass Bratkartoffeln hier «Tüften» heißen!

Bevor wir das Thema Hering abschließen, noch eine Empfehlung. Sollten Sie in der Heringszeit von Mai bis Juni an der Ostseeküste sein, dann essen Sie frischen, gebratenen Hering. Er wird in diesen Monaten auf Rügen genauso angeboten wie auf Usedom und in Greifswald. Mit Bratkartoffeln eine Spezialität und sehr, sehr fein. Nur selber in der heimischen Küche mache ich ihn nie, weil die Küche und das Haus dann Tage danach riechen. Vornehm ausgedrückt!

In den nordischen Meeren ist der Dorsch heimisch, der ist im Grunde nichts anderes als der junge Kabeljau und genau wie dieser von Überfischung bedroht. Da ist man dann hin und her gerissen, wenn die Fischfrau auf dem Markt frisches Dorschfilet anbietet – hin und her gerissen zwischen den Gelüsten und dem ökologischen Gewissen. Ich schau inzwischen genauer hin, und wenn es kurze, dünne, kleine Filets sind, kaufe ich sie nicht, weil der Fisch wahrscheinlich nicht mal das Mindestlängenmaß erreicht hatte. Sind sie groß genug, dann gibt es bei uns …

Dorschfilet auf meine Art

600–800 g Dorschfilet
Saft von 1 Zitrone
Salz
Für die Sauce
400 g Champignons klein würfeln
2 Zwiebeln klein würfeln
1 kleines Glas Weißwein
3 EL gehackte Petersilie
3 EL Schnittlauchröllchen
Butter
300 ml Sahne
Salz und Pfeffer

Backrohr auf 180 °C vorheizen

Die Dorschfilets kurz mit kaltem Wasser abspülen, trocken tupfen, in einen Teller legen und von beiden Seiten mit Zitronensaft beträufeln und leicht salzen. In einer Pfanne Butter erhitzen und die Zwiebel- und Champignonwürfel andünsten, salzen und pfeffern. Mit dem Wein ablöschen, kurz reduzieren lassen, dann die Sahne dazugeben und wiederum reduzieren. Nun die Kräuter unterheben und noch einmal aufkochen. Zur Fertigstellung die Fischfilets in eine gebutterte Auflaufform legen und die Sauce darauf verteilen. Im Backrohr auf der mittleren Schiene in 20 Minuten gratinieren. Dazu essen wir in Butter und Petersilie geschwenkte Kartoffeln und einen Salat.

Variation: Auf diese Weise können Sie auch jede andere Art von Filet zubereiten – zum Beispiel Seelachs oder Heilbutt –, auch eingefrorenes, wenn nichts anderes zu kriegen ist. Die Filets wasche ich dann noch gefroren kurz in kaltem Wasser und behandele sie ansonsten genau wie oben beschrieben. Sie müssen nicht ganz aufgetaut sein, wenn sie in den Ofen kommen.

Klassisch und traditionell ist «Fisch blau», was nichts anderes heißt, als den Fisch in einem Sud zu garen. Durch die Säure der Zitrone oder des Essigs läuft die Haut leicht blau an, daher der Name. Das funktioniert aber nur, wenn die Schleimschicht auf der Haut unverletzt bleibt. Deswegen den Fisch vor dem Zubereiten nur ganz kurz unter laufendes Wasser halten, dafür den Zeigefinger am Ende des Bauchschlitzes unter den Unterkiefer stecken und

möglichst die Haut nicht berühren. Der Karpfen ist für diese Garmethode sehr gut geeignet, in Berlin und den nördlichen Ländern war Karpfen blau das traditionelle Essen an Heiligabend. Aber auch die wertvollsten Süßwasserfische, der Hecht und der Zander, eignen sich für diese Garmethode ausgezeichnet, ebenso Forelle und Lachsforelle. Der Sud ist mal wieder so ein Ding der tausend Möglichkeiten, hier nun mein Vorschlag:

Fisch blau

Sollten Sie keinen speziellen Fischtopf haben, können Sie vielleicht einen ovalen Schmortopf nehmen. Der Fisch sollte, wenn möglich, der Länge nach Platz haben, oder höchstens leicht gebogen. Als Erstes den Fisch auf eine Porzellanplatte legen, innen und außen mit Weißweinessig begießen und mit Salz bestreuen. Ziehen lassen.

Für den Sud
2 l Wasser
1 Zwiebel vierteln
1 Zitrone halbieren
2 Karotten schälen und der Länge nach aufschneiden
10 Pfefferkörner
2 Gewürznelken
3 Lorbeerblätter
5 Stängel Petersilie
2 Stängel Estragon
1 kräftiger Schuss Weißweinessig
2–3 EL Salz

Den Sud aufkochen und mindestens 20 Minuten kochen lassen. Nun den Fisch einlegen und die Hitze so reduzieren, dass der Sud leicht siedet, aber nicht kocht. Die Dauer des Garens hängt von der Größe des Fisches ab. Am besten testet man mit 2 Gabeln, ganz vorsichtig, ob sich das Fleisch an der dicksten Stelle am Rücken von der Rückengräte lösen würde. Dann ist der Fisch fertig. Mit zwei breiten Pfannenwendern aus dem Sud auf eine vorgewärmte Platte heben und sofort servieren. Am Tisch tranchieren und auf die Teller verteilen. Dazu gibt es immer in Butter geschwenkte Kartoffeln und:

Egal, bei welchem Fisch, **Petersilienbutter** passt immer. Dafür ca. 200 g Butter erhitzen, leicht salzen und 2 Bund feingehackte Petersilie darin erwärmen. Die heiße Petersilienbutter in einer Schüssel auf den Tisch bringen, wenn möglich auf einem Rechaud warm halten.

Bei **Karpfen** passt frischgeriebener Meerrettich mit geschlagener Sahne vermischt.

Bei **Zander** und **Hecht** eine kleine **Weißweinsauce**: 2 EL Butter erwärmen, 1 feingehackte Zwiebel, 2 Stängel Petersilie und 2 in dünne Blättchen geschnittene Champignons darin andünsten. Mit einem Glas Weißwein löschen, reduzieren, salzen und pfeffern, eine Kelle Fischsud dazu, reduzieren, einen halben Becher Sahne dazu, reduzieren, zweite Hälfte der Sahne dazu, aufkochen, abschmecken, servieren. Wenn man möchte, kann man zum Schluss feingehackte Petersilie *oder* Schnittlauch *oder* Kerbel *oder* Dill untermischen.

Und auch hier schadet es nicht, wenn Hecht oder Zander zu groß waren und wunderschönes weißes Fischfleisch übrig bleibt. Ich entgräte diese Fischstücke, lege sie auf einer kleinen Platte abgedeckt in den Kühlschrank, und am nächsten Tag gibt es …

Gekochten Fisch mit Mayonnaise

Die Mayonnaise bereiten wie auf S. 58 beschrieben. Statt mit Balsamicoessig mit Zitronensaft abschmecken und reichlich Schnittlauchröllchen untermischen. Diese Mayonnaise auf dem Fischfleisch verteilen und zu Baguette und grünem Salat als Vorspeise servieren.

Häufig sind sehr schöne, frische Forellen und auch die rosafarbenen Lachsforellen preiswert zu haben. Für diese Fische haben wir eine feine Garmethode, mit der der Fisch einmalig gut schmeckt – und es geht einfach und schnell.

Forelle in Folie

pro Person 1 Fisch kalt waschen
2 Tomaten ohne Kerne in Würfel schneiden
2 Bund Petersilie fein hacken
8 Champignons ohne Stiel in dünne Blättchen schneiden
Zitronensaft
Salz
Butter
Alufolie

Backrohr auf 180 °C vorheizen

Die Forellen innen und außen mit Zitronensaft beträufeln und leicht salzen. Für jeden Fisch ein Stück Alufolie so lang abreißen, dass sie rechts und links je eine Handspanne länger als der Fisch ist. Die Mitte der Folie auf Fischlänge mit Butter bestreichen und in die Mitte dieser Fläche einige Tomatenwürfel und Petersilie streuen. Den Fisch darauflegen, in den Bauch hinein Petersilie und Butterflöckchen, auf den Fisch Petersilie, Champignonscheiben, Tomatenwürfel, Butterflöckchen. Die Folie der Länge nach über dem Fisch zusammenschlagen und einrollen, die Seiten rechts und links wie bei einem Bonbonpapier eindrehen und nach oben biegen. Das Paket auf ein Backblech legen. Am Ende sind 4 Pakete darauf. In das Backrohr auf die mittlere Schiene schieben; nach 20–25 Minuten sind die Fische fertig. Die Pakete öffnen, jeden Fisch mitsamt der Sauce auf einen Teller gleiten lassen und sofort servieren. Dazu gibt es Baguette und grünen Salat.
 Variation: Fischfilets in die Päckchen packen und auf jedes Filet noch einige mit Zitronensaft gewürzte Garnelen legen.

Die Forelle, die Chiemseerenke und der Bodenseefelchen sind wunderbare Fische aus unseren Seen und Flüssen, die sich ausgezeichnet nach der altbewährten Müllerinart braten lassen. Wie der Name richtig vermuten lässt, werden die Fische dafür in Mehl gewälzt. Vorher natürlich wieder gewaschen und innen und außen mit Zitronensaft und Salz gewürzt. Ausgebacken werden sie am besten und schmackhaftesten in Butterschmalz. Dazu schmeckt dann ganz ausgezeichnet ein Kartoffelsalat und grüner Salat.

Müllerinart ist auch sehr gut geeignet für Zanderfilet. Da schneidet man das Filet in Portionsstücke und bereitet es wie oben beschrieben vor. Dann legt man es mit der Hautseite in die Pfanne. Wenn die anfängt, kross und braun zu werden, wendet man es noch einmal und lässt ganz kurz die Innenseite bräunen. Zanderfilet so gebraten schmeckt hervorragend zu Blattspinat oder auch zu in Butter und etwas Brühe gedünsteten Lauchstreifen und der Weißweinsauce von S. 250.

Eine andere Art, große Fische wie Hecht, Zander und Lachs zu zerteilen, ist, sie der Länge nach in 4 cm breite Scheiben zu schneiden. Diese Scheiben sind ideal für

Panierte Fischkoteletts

pro Person 1–2 Scheiben Lachs oder Zander oder Hecht
   mit Zitronensaft beträufeln und salzen
3 Suppenteller herrichten:
1 mit Mehl
1 mit 2 Eiern, mit Salz und Pfeffer verquirlt
1 mit Semmelbröseln beziehungsweise
   mit grobgeriebenen altbackenen Brötchen
Butterschmalz

Die Fischstücke der Reihe nach (Mehl, Eier, Semmelbrösel) beidseitig in die 3 Teller tauchen und dann in dem heißen Butterschmalz von beiden Seiten schön goldbraun braten. Dazu passt wieder mal der Kartoffelsalat und ein gemischter Blattsalat.
   Variation: wenn man möchte, in die verquirlten Eier noch kleingehackte Petersilie geben. Andere Variation: 2–3 mehligc, rohe Kartoffeln grob reiben, mit Salz, Pfeffer, Petersilie und 1 Ei mischen, die Koteletts in Mehl tauchen und dann mit dem Kartoffelteig einhüllen und knusprig ausbraten.

Zum Abschluss des Fischkapitels will ich Ihnen noch einen guten Salat mit Fisch empfehlen. Er eignet sich als Vorspeise zu einem festlichen Menü oder als sommerliches Zwischengericht.

Blattsalat mit Fischfilets

verschiedene Fischfilets wie Lachs, Forelle, Zander,
    und zwar so viel, dass jeder Gast von jeder Sorte ein kleineres Stück bekommt
4 oder 8 große Gambas
gemischten Blattsalat putzen und waschen
Salz
Zitronensaft
1 Suppenteller mit Mehl
Butterschmalz
Für die Vinaigrette
Olivenöl, weißer Balsamico und als Kräuter Dill, Kerbel und etwas Estragon
Für die Mayonnaise
2 Eier
1–2 TL Senf, am besten Dijonsenf
1 großes Wasserglas neutrales Öl
Zitronensaft, Salz und Pfeffer
reichlich Schnittlauch in Röllchen schneiden

Die Fischfiletstücke mit Zitronensaft und Salz marinieren. Den Blattsalat auf jedem Teller mittig anrichten. Die Vinaigrette (S. 89) und die Mayonnaise (S. 58) zubereiten, die Hälfte des Schnittlauchs in die fertige Mayonnaise einrühren. Nun in zwei großen Pfannen Butterschmalz erhitzen, die Fischfilets in Mehl tauchen und mit den Gambas kurz und schnell braten. Die Fischfilets an den Salat legen. Den Salat mit der Vinaigrette beträufeln, die Gambas auf den Salat legen und jetzt alle Fischstücke und die Gambas mit der Mayonnaise versehen. Den restlichen Schnittlauch darüberstreuen und servieren.

Elbenmärchen

Wie an jedem Abend zu Vollmond trafen sich die Elben auf dem mit wilden Pflanzen überwucherten Platz vor der zerfallenen Kirche, in deren Turm sich, nachdem die Menschen fortgezogen waren, wieder die Nachrichtenkuriere der Elben eingenistet hatten: die Fledermäuse. Und wie jeden Monat bestürmten die ganz jungen Elbenkinder, die noch nicht mal fünfzig Lenze zählten und die die Menschen nur vom Hörensagen kannten, die alte Luna, ihnen von früher zu erzählen. Luna ließ sich auf ein Blatt des Riesenfarnes nieder, wippte mit ihm ein wenig auf und ab, strich ihr schillerndes Raupenfadenkleid zurecht und erzählte:

Alles in allem war es ein gutes Jahr gewesen für den kleinen Kirschbaum, bis jetzt. Der Frühling hatte reichlich Regen gespendet, sodass die Pilze im feuchten Boden gut gediehen und sie die Wurzeln des kleinen Kirschbaums mit viel Nahrung versorgen konnten. Er hatte wahrlich weniger gute Jahre hinter sich. Und auch ein paar richtig schlechte hatte der kleine Kirschbaum schon überstanden. Aber das machte nichts, es gehörte dazu: Was ist ein Jahr? Für einen Baum – nichts.

    Das Jahr eines Kirschbaums besteht aus: Blätter machen, um zu atmen, Blüten machen, um sie mit duftendem Nektar zu füllen, um Bienen anzulocken. Aus den durch die Bienen befruchteten Blüten Kerne machen, in deren harter Schale alles Wissen für die Kirschbäume, die später aus ihnen wachsen werden, eingelagert ist. Die Kerne gut in Fruchtfleisch einpacken, um Vögel anzulocken, damit sie die Nachkommen des kleinen Kirschbaums in die Welt hinaustragen und sie dort aussäen. Danach beginnt die Jahreszeit der Ruhe: den Saft langsamer durch Wurzel, Stamm und Äste fließen lassen. Die Blätter abwerfen, als nahrhaftes Dankeschön für die Mikroben, die Myriaden von Freunden und Helfern im Boden. Dann kommt der Schlaf, das Sich-reinigen-Lassen durch den Frost. Und schließlich, mit den wieder länger werdenden Tagen, das langsame und behutsame Aufwachen, das Bilden von

Knospen, das Machen von Blättern, um zu atmen. Und schon ist ein Jahr vorbei. Ein weiteres in der Reihe von Dutzenden von Jahrzehnten, in denen der kleine Kirschbaum zu einer mächtigen Kirschenkathedrale heranwachsen würde.

Aber eines Jahres kam es anders als all die Jahre zuvor.

Pünktlich wie immer, mit den wärmer werdenden Tagen, fanden sich die Blattläuse ein. Sie störten den kleinen Kirschbaum nicht sonderlich, er musste nur achtgeben, dass sie nicht zu viele wurden, denn in Massen konnten sie seine Blätter krank machen. Er hatte gerade begonnen, mit seiner Rinde in der Duftsprache nach den Marienkäfern zu rufen: «Kommt, Marienkäfer, fliegt her zu mir, ich hab wunderbares Fressen für euch! Blattläuse, ganz frische Blattläuse!», da erschien die Menschin, in deren Garten er stand, herbei und spritzte ihn aus einem langen Rohr völlig nass.

«Warum machst du mich nass?», fragte er die Menschin in Gedankensprache. «Das besorgt doch der Morgen mit seinem Tau, spare dir nur ruhig die Mühe.»

«Das ist eine Medizin für dich, du armer Baum», erwiderte die Frau. «Sei froh! Ich habe sie selbst erfunden, extra für dich. Sie wird dir helfen gegen die bösen Blattläuse. Dieses kleine Ungeziefer wird dich gleich in Ruhe lassen, du wirst schon sehen.» Und sie spritzte unverdrossen weiter.

«Lass das, ich brauche deine Medizin nicht, die Marienkäfer sind schon unterwegs!»

«Misch dich nicht in Dinge ein, die du nicht verstehst. Du bist ja nur ein Baum ohne Sinn und Verstand. Ich weiß schon, was ich mache», rief die Frau und benetzte den Baum über und über mit ihrer Medizin.

Und wirklich: Die Blattläuse wurden darob krank und starben elendiglich in seinem Laub zu Abertausenden.

Als die Marienkäfer schließlich herbeiflogen, fanden sie nur ganz wenige Blattläuse, die sich kaum noch bewegten. So mussten sie sich mit diesen bescheiden.

«Du riechst aber seltsam, Kirschbaum, was ist das? Man versteht deine Duftsprache ja kaum vor lauter Gestank!»

«Das liegt sicher an der Medizin der Menschin», wollte der kleine Kirschbaum

sagen, aber er brachte nur: «Ds lgt dr Meschn» hervor. Er erhielt keine Antwort, denn die Marienkäfer waren von der Medizin ebenfalls krank geworden. Und sie starben in seinem Laub elendiglich zu Tausenden. Da musste der Kirschbaum bitterlich weinen. Wen sollte er herbeirufen, wenn die Blattläuse kamen, jetzt, wo seine Freunde, die Marienkäfer, tot waren?

Und wirklich, als sich im nächsten Jahr neue Blattläuse zeigten, lockte er wieder: «Blattläuse, frische Blattläuse! ...» Aber sein Ruf verduftete ungehört im Wind.

Schließlich surrte ein einziger einsamer Marienkäfer herbei, umschwirrte den kleinen Kirschbaum, ohne sich auf ihm niederzulassen, und rief: «Du stinkender Verräter, auf dich fallen wir nicht mehr herein! Du versprichst Futter, bringst aber den Tod. Nie wieder wird dir ein Marienkäfer helfen, die Blattläuse in Schach zu halten.» Dann schwirrte er auf und davon und ward nie mehr gesehen. Und auch kein anderer seines Volkes.

Die Blattläuse freuten sich natürlich darüber, einen Baum gefunden zu haben, auf dem sie vor den Marienkäfern sicher waren, und sie wurden so viele wie noch in keinem Jahr davor. Die Blätter des kleinen Kirschbaums ertrugen diese riesigen Mengen von Blattläusen nicht und wurden krank. Da spritzte die Menschin abermals ihre Medizin. «Da siehst du es, Baum», sagte sie selbstzufrieden. «Was tätest du nur ohne mich und meine kluge Erfindung? Sei du nur dankbar, dass ich dir meine Medizin gebe. Ha, sieh nur, wie sie deine Blattläuse dahinrafft!»

Da schrie der kleine Kirschbaum in Gedankensprache: «Aber gerade wegen der Medizin hab ich all die Blattläuse, die Marienkäfer sind nämlich ...»

«Papperlapapp, dummer Baum», sagte die Frau. «Ich weiß schon, was ich mache.» Und sie spritzte noch mehr Medizin auf ihn.

Doch seltsam: Die Medizin war nicht mehr so stark wie im Jahr zuvor. Einige Blattläuse hatten nämlich gelernt, in ihren Körpern eine Medizin gegen die Medizin herzustellen – und diese überlebten. Und sie vermehrten sich mächtig, lachten nur über die wirkungslose Medizin der Menschin und machten die Blätter des kleinen Kirschbaums abermals krank.

Jetzt kam die Menschin mit einem viel größeren Rohr und sprach: «Die sind aber dieses Jahr sehr lästig, die Blattläuse. Aber fürchte dich nicht, Baum, ich sorge gut für dich, damit du mir viele Kirschen machst. Hier, diese neue Medizin ist noch viel besser als die alte, wieder habe ich sie für dich erfunden!»

Der Baum schrie: «Nein, haltet ein! Dieser Gestank ist ja unerträglich, er verdirbt meine Duftsprache. Wie soll ich da …» Doch es war zu spät: Das große Rohr hatte ihn schon überall tropfnass gemacht.

Die Menschin hatte die Wahrheit gesagt: Die Blattläuse verendeten trotz ihrer Gegenmedizin, die Blätter des kleinen Kirschbaums wurden wieder gesund – und er selbst machte tapfer Kirschen. Doch als die Vögel heranflogen, um von den Früchten zu essen, verendeten auch sie von der Medizin der Menschin und fielen vom Himmel herab wie Steine.

Und dann tauchte der weiße Schimmel auf. Von den Wurzeln herauf schlich er sich am kleinen Kirschbaum empor und überzog dessen Blätter mit winzigen klebrigen Fäden. Der kleine Kirschbaum rief mit seinen Wurzeln: «He, ihr Mikroben, kommt her zu mir, ich habe das Paradies für euch: wunderbarer weißer Schimmel, darin ihr herrlich schwelgen könnt.» Gewiss werden sie bald erscheinen, dachte der kleine Kirschbaum voller Zuversicht, zu Abermillionen. Sie werden den Schimmel auflösen, und meine Blätter werden grün und stark wie einst, und ich kann wieder atmen. Doch was der kleine Kirschbaum noch gar nicht wusste: Er hatte seine schöne Duftsprache verloren. Die Mikroben hörten nicht, was er ihnen zuzurufen meinte, sondern nur einen grässlich stinkenden Lärm – und so mieden sie den kleinen Kirschbaum.

Als die Menschin die schimmelig weißen Blätter des kleinen Kirschbaums erblickte, geriet sie außer sich vor Wut und schimpfte:

«Was machst du denn für Sachen, du dummer Baum?»

«Ach», antwortete der Baum, «ich kann die Mikroben nicht rufen, du hast mir meine Sprache genommen!»

«Was sagst du da, Blödbaum?», spottete die Menschin. «Hab ich richtig gehört, sagtest du *deine Sprache*? Da muss ich aber lachen, hahaha … Seit wann können Bäume denn sprechen?»

«Seit immer schon. Ich spreche doch gerade zu dir», erwiderte der Baum.

«Dummes Zeug! Bäume können nicht sprechen, und nun sei still! Ich werde dir deine Ausreden, warum du, statt Kirschen zu machen, Jahr für Jahr weniger lieferst und nur rumkränkelst, noch austreiben, du Holzkopf, hirnloser!»

Und wirklich: Gleich nach dem Winter rückte die Menschin mit einer Lärmmaschine an, fast so groß wie der kleine Kirschbaum, die aus vielen, vielen Rohren viel, viel mehr Medizin als je zuvor auf ihn spritzen konnte. Und das so hurtig, dass der kleine Kirschbaum nicht einmal «Haltet ein!» rufen konnte.

Die Menschin war schrecklich stolz auf ihre neue Erfindung und frohlockte: «Dieses Jahr wirst du mir endlich wieder ordentlich Kirschen schenken, ob du willst oder nicht! Nie wieder Blattläuse, nie wieder weißer Schimmel, nur noch Kirschen will ich an dir sehen, hörst du? Schöne, runde, glänzende Kirschen! Wozu, glaubst du denn, lass ich dich hier rumstehen?»

Als sie wegging, tropfte der kleine Kirschbaum nur so vor Medizin aus all seinen Blättern, und er stank so fürchterlich, dass es weit und breit kein Insekt mehr in seiner Nähe aushielt. Und im Boden lebte nicht einmal mehr auch nur eine einzige winzige Mikrobe. Sogar die Pilze, die seine Wurzeln mit Nahrung versorgt hatten, zogen sich zurück, so schnell sie konnten.

So musste der kleine Kirschbaum im nächsten Frühling schlimmen Mangel und großen Hunger leiden. Alle, die ihm früher geholfen hatten, waren nun von ihm fortgegangen oder tot. Und er kam zu der Gewissheit: Er würde keine große alte Kirschenkathedrale werden, denn ohne die Hilfe der anderen würde er zugrunde gehen, schon in diesem Herbst. Da versuchte er verzweifelt die spärlichen Kräfte, die ihm noch innewohnten, zu sammeln, um ein letztes Mal Blüten zu machen und die Bienen anzulocken, damit sie sie bestäubten. Solcherart würde er in seinen Nachkommen weiterleben, obschon er selbst, mit nur vierzig Jahresringen, in seinem Stämmchen zu Erde vermodern würde. Der Gedanke an seine Nachkommen tröstete den kleinen Kirschbaum, und er schaffte es, mit letzter überbäumlicher Anstrengung noch einmal zu erblühen, sogar prächtiger als je zuvor.

Die Menschin bejubelte die vielen Blüten, die sie mit ihrer Klugheit geschaffen hatte, und rief: «Siehst du, Holzkopf, hab ich's dir doch gesagt! Dank meiner Erfindungen wird es dieses Jahr eine Rekordernte geben! Hurra, ich werde mehr Kirschen pflücken, als ich essen kann. So werde ich den Überschuss verkaufen können und mit dem Geld noch bessere Erfindungen machen, die noch mehr Kirschen geben, mit denen ich noch viel mehr Geld verdiene, mit dem ich noch viel bessere Medizinen erfinden werde!»

Der kleine Kirschbaum antwortete nicht, denn er hatte nicht einmal mehr für die Gedankensprache Kraft übrig.

Es kam, wie ihr schon ahnt, meine lieben Elbenkinder, wie es kommen musste: Die Bienen flogen herbei, angelockt vom Duft des Nektars. Sie wunderten sich zwar über den Gestank des Kirschbaums, nahmen aber dennoch den süßen Saft mit, trugen ihn in ihre Waben und gaben ihn den Larven zu essen. Der Königin reichten sie, wie es bei ihnen von jeher Sitte war, das Edelste der Kirschbaumblüten, das Gelée royale. Doch, ach, die Medizin der Menschin war auch darin, wie sie überall war. Die Königin starb, die Larven starben – und schließlich alle Bienen.

Als der kleine Kirschbaum zu seiner eigenen Überraschung im darauffolgenden Frühling noch einen kleinen Hauch Leben in sich verspürte, machte er an einem winzigen Zweiglein, ganz oben, wo die Sonnenstrahlen am leichtesten hingelangen, ein einziges letztes Blatt. Und obwohl er wusste, dass keine Biene kommen würde, sie zu befruchten, machte er mit dem allerletzten Quäntchen Saft in seinem Holz auch noch eine Blüte. Sein Abschiedsgruß an die Welt.

Die Menschin tobte und schimpfte vor dem kahlen Gerippe des kleinen Kirschbaums. «Was ist das denn für eine nichtsnutzige Sorte von Kirschbaum! Solche Mühe habe ich mir mit dem blöden Baum gemacht! Und so dankt er es mir? Gut, dass er tot ist, der elende, dumme Holzkopf!» Sie zerhackte den kleinen Kirschbaum mit der Axt in winzige Stücke und warf ihn in die Schlünde der Maschinen, die sie erfunden hatte.

Nun machte sie sich daran, mit diesen Maschinen Maschinenkirschen herzustellen. Doch die schmeckten nur nach süß und nicht nach Kirschen. Dennoch aß sie davon, es gab ja keine anderen mehr. Aber sie wurde nicht satt. Da machte sie noch

mehr Maschinenkirschen – und immer noch mehr und mehr. So viele sie auch in sich hineinschlang: Es half nichts. Ihr Bauch wurde zwar immer runder und runder, bis er so prall gefüllt mit Maschinenkirschen war, dass die Menschin sich am Boden wand und vor Schmerzen schrie. Die Maschinenkirschen in ihrem Körper jedoch wollten ihn einfach nicht nähren, konnten weder zu Fleisch und Blut noch zu Gedanken und Gefühlen werden. Das Unlebendige wurde nicht zu Leben, und so starb die Menschin hungers – als eine riesige Kugel, eine Hülle aus stinkender Haut, gefüllt mit toten Maschinenkirschen …

Als Luna endete und stille ward, sah sie, dass die Elbenkinder weinten. Sie weinten um den kleinen Kirschbaum, um die Vögel, die Bienen und die Mikroben, sie weinten um die Pilze und auch um den weißen Schimmel und die Blattläuse. Ja, sie weinten sogar um die Menschin. So viel Verderben, so viel Tod! Und laut beklagten sie sich bei Luna: «Warum lässt du deine Geschichte so schlimm enden? Wir wollen, dass sie gut ausgeht. Sodass der kleine Kirschbaum eine Kirschenkathedrale wird und die Menschin von seinen gesunden Früchten essen kann, solange sie atmet, und auch ihre Kinder und Kindeskinder, weil sie den kleinen Kirschbaum mitsamt seinen Blattläusen und dem weißen Schimmel in Ruhe lassen. So soll die Geschichte ausgehen, Luna, bitte, fang noch einmal von vorne an zu erzählen und lass die Geschichte gut ausgehen!»

Die alte Elbin lächelte wehmütig, sagte lange nichts und wippte auf ihrem Farnblatt. Doch schließlich meinte sie:

«Ihr wollt, dass die Geschichte gut ausgeht? Klar, wer wollte das nicht! Aber für ein gutes Ende hätte ich euch ein Märchen erzählen müssen: von einer Menschin, die an die Gedankensprache glaubt. Da hättet ihr mich aber ausgelacht! Denn ihr wisst ja, dass die Menschen meinen, Gedanken ließen sich auf keine andere Weise mitteilen als mit Hilfe von Wörtern. Sodass sie die Welt mit Wörtern füllten und glaubten, sie tauschten Gedanken aus! Und sich vor lauter Worten gar nicht mehr verstehen konnten – und deshalb immer mehr Worte machten, am Ende sogar nur noch Worte um der Worte willen, gedankenlose Worte. Und ihr wisst natürlich, dass vor lauter Wortemachen niemand mehr Zeit hatte zuzuhören und dass die Menschen die Gedankensprache verlernten, ja, dass sie sogar jeden, der nur ein wenig Gedankensprache konnte, für krank erklärten.

Oder hätte ich euch etwa ernsthaft von einer Menschin berichten können, die sogar die Duftsprache beherrschte? ‹Ha›, hättet ihr doch gerufen, ‹ha, du willst uns für dumm verkaufen, aber so dumm sind nicht einmal wir Jungelben!›

Und selbst wenn ihr das noch geduldig geschluckt hättet, spätestens wenn ich behauptet hätte, die Menschin habe auf den kleinen Kirschbaum gehört, habe ihre Fehler eingesehen und keine Medizin mehr gespritzt, spätestens dann hättet ihr mich für eine verkalkte alte Elbin gehalten, die zwischen Wunsch und Wahrheit nicht mehr unterscheiden kann. Ihr hättet mir zu verstehen gegeben, dass die Menschen sich selbst zum Klügsten erklärt haben, was das Universum je hervorbrachte, und alle anderen Lebewesen, ob Tier oder Pflanze, zu Gegenständen ohne Gefühl und Verstand!

Nein, nein, meine Lieben, kein Wort hättet ihr mir geglaubt, hätte ich die Geschichte so ausgehen lassen, wie wir alle es uns gewünscht hätten. Und ihr hättet recht gehabt, mich zu verspotten, denn ich hätte euch nichts anderes aufgetischt als ein dummes Märchen.»

«Aber Luna, dieses dumme Märchen wäre uns lieber gewesen als deine schmerzvolle Geschichte vom kleinen Kirschbaum», wandten die Jungelben ein.

Da blitzten die Augen der alten Elbin im Mondlicht. «Für dumme Märchen bin ich nicht zuständig. Die müsst ihr euch schon von einer Menschin erzählen lassen – falls ihr noch eine findet …»

Der fruchtige Abschluss

n unseren Breitengraden haben Früchte eine lange Winterpause. Sträucher und Bäume strecken dürre Äste in die Luft, als wären sie ohne Leben. Monatelang ändert sich nichts an diesem Zustand. Hätten wir in frostgeschützten Kellern nicht noch die Äpfel, von denen wir genau wissen, auf welcher dieser Skulpturen im Garten sie gewachsen sind, wir könnten den Glauben an eine Rückkehr des Lebens verlieren. Aber es kommt jedes Jahr wieder, einer Explosion gleich schießen Blüten und Blätter aus diesem starren Geäst, und man fragt sich, wie man an diesem alljährlichen Wiederkehren des Grüns zweifeln konnte. Und dann beginnt auch die Zeit der Früchte. Immer in der gleichen Reihenfolge blühen sie und werden reif zur Ernte. Und hier beginnt unsere Aufgabe: das Beste aus ihnen zu machen, dass wir nicht nur jetzt in den vollen Genuss kommen, sondern auch in den Zeiten der dürren Äste.

Reisen wir durch das Jahr der Früchte, eine Reise von Mai bis Oktober. Die Kleinen sind hier die Ersten, die roten Erdbeeren mit ihrem umwerfenden Aroma. Fast zeitgleich oder gleich danach reifen die Johannisbeeren in Weiß, Rot und Schwarz. Für die Nase sind beim Ernten vor allem die schwarzen ein Fest, das Aroma dieser Vitaminbomben steckt in jedem einzelnen Blatt.

Erdbeeren sind ein Obst, das sehr sensibel auf Druck, Nässe und lange Lagerung reagiert, und eingefroren sind die Früchte nicht mal mehr ein Abglanz ihrer selbst. Das heißt, wenn die Erdbeerzeit da ist, muss man sich dranhalten. Erst mal mit dem Erdbeerenessen. Da habe ich vor Jahren von einer Köchin etwas gelernt, das will ich Ihnen nicht vorenthalten.

Erdbeeren mit Erdbeeren

Ich wollte es erst nicht glauben, aber eine Frucht in zwei Konsistenzen verdoppelt das Aroma.

ca. 800 g reife Erdbeeren, 4 schöne Früchte beiseitelegen
1 Becher Sahne
Saft von einer halben Orange
1 TL Zesten von einer ungespritzten Orange
Zucker

Gut die Hälfte der Erdbeeren waschen, dann entstielen, halbieren oder vierteln und mit etwas Zucker und Orangensaft marinieren. In einer Schüssel bei Zimmertemperatur ziehen lassen. Den Rest der Erdbeeren waschen, klein schneiden und mit etwas Zucker pürieren. Die Sahne steif schlagen. Nun die marinierten Erdbeerstücke in vier Dessertschalen verteilen, mit der Sauce begießen und mit einem dicken Klacks Sahne krönen. Die Zesten draufstreuen und die ganze Erdbeere mit Stiel hineinlegen.

Und dann habe ich entdeckt, wie man das Aroma der frischen Erdbeere für den ganzen Winter konservieren kann. Minimaler Aufwand und maximale Wirkung!

Erdbeermus für den Winter

1 kg Erdbeeren
ca. 3 EL Zucker

Die Erdbeeren waschen und entstielen. In eine hohe Schüssel hineinschneiden, zuckern und mit dem Pürierstab pürieren. Nochmal abschmecken, aber nicht überzuckern, und in Gefrierdosen einfrieren. Dieses Mus kann ich den ganzen Winter aus dem Eis holen und auf Müsli, Joghurt oder Desserts geben und genießen.

Variation: Ich gebe in einige Musdosen noch rote und schwarze Johannisbeeren und auch einige Himbeeren. Das erweitert das Fruchtrepertoire im Winter um einiges.

Ganz besonders beliebt ist bei uns …

Quarkspeise mit Erdbeermus

500 g Quark (20%)
1 Eigelb
1 sehr guter Vanillezucker
ca. 3 EL Ahornsirup *oder* Akazienhonig
Saft von einer ungespritzten Zitrone
die abgeriebene Schale der halben Zitrone
$1/8$ l Sahne steif schlagen
Erdbeermus von 500 g Erdbeeren (S. 269)

Den Quark mit dem Eigelb und allen anderen Zutaten bis auf die Sahne und das Erdbeermus kräftig verrühren. Nun die Sahne sanft unterheben, abschmecken und eventuell etwas nachzuckern. Die Creme auf Dessertschalen verteilen, einen Spiegel aus Erdbeermus draufgießen und servieren.

Die andere Variation des Konservierens ist: eine Marmelade kochen. Auch hier gilt, Erdbeeren sind sensibel, und deshalb wollen sie nicht lange gekocht werden. Weil ich gerne auf dem Brot noch die Früchte erkennen will, aus denen die jeweilige Marmelade ist, verwende ich schon lange den Einmachzucker 3:1 und nehme ihn 4:1, damit es auf keinen Fall zu süß wird und trotzdem nicht lange gekocht werden muss. Die Ergebnisse sind super, und es wird auch nie etwas schimmelig. Ideal für das Abfüllen der Marmeladen ist ein Spezialtrichter, damit die Glasränder sauber bleiben.

Erdbeermarmelade

2 kg Erdbeeren
500 g Einmachzucker

Die Früchte waschen, entstielen und vierteln. In einen Topf geben, mit dem Zucker bestreuen, kurz durchrühren und ca. 30 Minuten ziehen lassen. In dieser Zeit intakte Schraubdeckelgläser heiß auswaschen. Nun die Früchte auf das Feuer setzen, aufkochen und dann 3–4 Minuten auf kleiner Flamme kochen. Jetzt mit einer Kelle durch den Trichter in die Gläser füllen, Gläser zuschrauben und kopfüber abstellen. Wenn sie abgekühlt sind, umdrehen und beschriften.

Variation: Eine leicht säuerliche Note tut Erdbeermarmelade immer gut, deswegen gebe ich entweder pro Kilo Erdbeeren ca. 100 g abgezupfte rote Johannisbeeren dazu **oder** 2 Stangen geschälten Rhabarber in feine Scheibchen geschnitten.

Gleich nach den Erdbeeren reifen die **Johannisbeeren**, und da haben wir manchmal ein Problem. Einerseits möchte man die Beeren gut ausreifen lassen, denn dann bekommen selbst die sauren roten noch etwas Süße, und die schwarzen entfalten ihr ganzes Aroma. Andrerseits wissen auch die Stare, wann die Beeren richtig gut sind, und da heißt es schneller sein.

Aus Johannisbeeren machen wir wie schon unsere Großmütter köstliche Gelees in drei Variationen: rot, rot-schwarz und schwarz. Welches Gelee am besten ist, kann ich wirklich nicht sagen. Zur Zubereitung eignet sich ein Entsafter. Man fängt einfach den Saft in einem Kochtopf auf, kocht ihn mit dem Einmachzucker nicht länger als 5 Minuten und füllt ihn dann kochend in die Schraubdeckelgläser. Bei Gelees nehme ich den Zucker im Verhältnis 3:1.

Variation: in den Entsafter 2 kg rote Johannisbeeren und 1 kg Himbeeren (können tiefgefrorene sein). Das ergibt ein besonders apartes Gelee.

Etwas später im Jahr kommt die Zeit der **Kirschen**. Eine Schüssel dicke Kirschen griffbereit neben einem Liegestuhl, ein gutes Buch und das Ganze unter einem Baum auf grüner Wiese – Herz, was willst du mehr! Damit wir ein bisschen von der Freude in den Winter retten, bleibt uns wieder nur die Marmelade. In diesem Fall mische ich die dicken schwarzen Knopperkirschen mit **Stachelbeeren**, die meistens zur selben Zeit reifen. Wenn nicht, friere ich entkernte Kirschen ein, bis es mit den Stachelbeeren auch so weit ist.

Stachelbeer-Kirsch-Marmelade

1 kg dicke Knopperkirschen waschen und entkernen
1 kg Stachelbeeren entstielen, den Blütenrest entfernen und eventuell halbieren
500 g Einmachzucker

Alle Früchte in einen Topf geben, Zucker untermischen und ziehen lassen. Nach 1 Stunde auf das Feuer setzen, aufkochen und ca. 5–8 Minuten bei geöffnetem Deckel auf kleiner Flamme köcheln, dabei immer wieder umrühren. Die Marmelade wie oben beschrieben in Gläser füllen.

Und gleich danach noch ein anderer Marmeladenfavorit. Die Enkelin Ronja baut kunstvoll eine Barrikade aus Quark rundum auf ihr Frühstücksbrot und füllt dort hinein 1 cm hoch die …

Pfirsich-Sauerkirsch-Marmelade

Ein wahres Kunstwerk.

1 kg Sauerkirschen waschen und entkernen
1 kg reife, saftige gelbe oder weiße Pfirsiche
500 g Einmachzucker

Die Pfirsiche gibt man in einen Topf mit kochendem Wasser und lässt sie darin ca. 2 Minuten. Mit einer Schaumkelle herausholen und kurz kalt abschrecken. Nun die Schale und den Kern entfernen und das Fruchtfleisch in Stücke schneiden. Zusammen mit den Kirschen in einem großen Topf mit dem Zucker vermischen, 30 Minuten ziehen lassen, dann aufkochen und ca. 8 Minuten kochen. In Gläser füllen wie oben beschrieben.

Tipp: Entkernte Sauerkirschen aus der Tiefkühltruhe sind bestens geeignet, und die Marmelade ist mit ihnen schnell gemacht, denn man spart sich das Entkernen.

Grütze war im gesamten Norden ein Grundstock der bäuerlichen Ernährung und so wichtig, dass der Grütztopf sogar im Wappen von Nordfriesland zu sehen ist. Die süßlichen oder salzigen dicken Breie wurden aus Getreideschrot, Milch oder Wasser, Fruchtsaft oder Fleischbrühe gekocht. Je nach Jahreszeit kamen zur Aufhellung des Geschmacks Früchte dazu. Eine Grütze nur aus roten Früchten war dann etwas Besonderes und gereichte jeder Festtafel zur Zierde. Die rote Grütze sollte dicklich und leicht sämig sein, also nehme ich keine Gelatine, sondern ganz nach altem Brauch Kartoffelmehl. Es geht aber auch Speisestärke.

Die rote Grütze

wird am besten am Vortag zubereitet.

1 kg Früchte. Die Zusammensetzung ist variabel,
   aber unbedingt dabei sein müssen Erdbeeren und Sauerkirschen.
   Der variable Rest kann sein: rote und schwarze Johannisbeeren,
   Blaubeeren, Himbeeren, Brombeeren, Süßkirschen.
   Jedes Obst ungefähr in der gleichen Menge.
200 g Zucker
Saft von einer Zitrone
1 Vanilleschote
5 EL Kartoffelmehl mit 5 EL Wasser zu einem Brei verrühren

Alle Früchte waschen und Stielansätze, Kerne usw. entfernen. Den Topfboden mit Wasser bedecken (0,5 cm hoch) und die Früchte hineingeben. Zucker und Zitronensaft hinzufügen. Die Beeren aufkochen und das mit einem spitzen Messer aus der Schote gekratzte Vanillemark zu den Früchten geben, verrühren und aufkochen. Vom Feuer nehmen, zwei Drittel des Kartoffelmehlbreis dazugeben und unter ständigem Rühren noch einmal aufkochen. Die Grütze soll dicklich, aber nicht ganz fest werden. Eventuell den Rest des Breis dazugeben und noch einmal aufkochen. Vom Feuer nehmen und in eine Glasschüssel oder in mehrere Dessertschalen füllen. Kühl stellen. Dazu entweder nur leicht cremig geschlagene, gezuckerte Sahne oder eine Vanillesauce.

Wann, wenn nicht hier, habe ich jemals wieder die Gelegenheit, Sie zu ermutigen, eine Vanillesauce im Wasserbad zu schlagen? Sie ist unübertroffen gut – und ganz einfach!

Vanillesauce

½ l Milch
1 Vanilleschote
3 EL Zucker
4 Eigelb

Einen großen Kochtopf mit Wasser erhitzen. Milch und Zucker in einen kleineren Topf geben. Die Vanilleschote der Länge nach aufschlitzen und das Mark mit einem spitzen Messer herauskratzen; Mark und ausgekratzte Schote zur Milch geben. Nun die Milch aufkochen und dabei ständig rühren. Vom Feuer nehmen, Schote aus der Milch entfernen. In einer Schüssel das Eigelb und 4 EL der warmen Milch mit einem Schneebesen verquirlen. Die Eiermischung zur abgekühlten Milch gießen, den Topf im heißen Wasserbad auf die Flamme stellen und mit dem Schneebesen kräftig schlagen, bis die Sauce dicklich wird. Sofort vom Feuer nehmen und die Sauce in eine kühle Schüssel gießen. Kühl stellen.

Im August neigt sich die Zeit der roten Früchte dem Ende zu und wird direkt abgelöst von der der Zwetschgen. Fast zeitgleich reifen die Birnen und unser wichtigstes Obst, die **Äpfel**.

Die **Zwetschgen** sind vielseitig verwendbar, und so gibt es nicht nur in jedem Landstrich einen ganz speziellen Kuchen, sondern auch die getrockneten Zwetschgen und das Zwetschgenmus. Beides spielte in der Bauernküche eine wichtige Rolle, denn in dieser Form waren die Zwetschgen haltbar und dienten den ganzen Winter als wichtiger Vitaminlieferant für Groß und Klein und als köstliche Bereicherung des eintönigen Speisezettels.

Bei der Herstellung spielte das Brotbacken eine gewichtige Rolle. In den noch warmen Brotbackofen schob man die weiten Formen mit dem Mus und die Bleche mit den ganzen Zwetschgen, sodass diese nach einigen Trockengängen die richtige Konsistenz erhielten. Auf die gleiche Art trocknete man auch Birnen und Äpfel. Dieses «Backobst» hing dann luftig in Leinensäcken verpackt in der Speisekammer, und auf den Regalen standen die Steinguttöpfe mit dem Mus. In früheren Zeiten ein unschätzbarer Reichtum.

So gab es noch in meiner Kindheit im Winter **Backobstkompott**. Es ist heute etwas in Vergessenheit geraten, aber vielleicht probieren Sie es einmal, es schmeckt sehr gut. Als wir Kinder waren und gleich nach dem Krieg von einem jungen, heimwehkranken Flüchtlingsmädchen aus Schlesien versorgt wurden, habe ich dieses Kompott kennen und lieben gelernt. Schlesien wurde für mich zum Paradies. Zum einen wegen des Liedes «Du mein liebes Riesengebirge» und zum anderen wegen eines Gerichts mit dem passenden Namen: **Schlesisches Himmelreich**. Dafür wurde erst mal eine große Schüssel herrlich duftendes Backobstkompott gekocht und Klöße aus gekochten Kartoffeln. Zu guter Letzt briet man Speckwürfel in einer Pfanne. Nun bekamen wir auf den Teller einen wunderbar lockeren Kartoffelknödel, darüber eine große Kelle Backobstkompott und obendrauf den brutzelnden Speck. Nicht nur damals ein Himmelreich!

Zum Abschluss unserer Wanderung durch das Obstjahr möchte ich noch zwei Gerichte beschreiben, die sowohl ein Hauptgericht (vor allem für Kinder) als auch ein feiner Nachtisch sein können. Das kommt nur auf die Menge an, die man verdrückt. Als Kinder haben wir die Zwetschgenknödel um die Wette gegessen, und ich erinnere mich, dass ich den Rekord meines Cousins mit 19 Stück zu meinem Leidwesen nie eingestellt habe.

Die Zwetschgenknödel

Teig aus gekochten Kartoffeln (S. 120) bereiten und eine Schüssel Zwetschgen entsteinen. Am besten schneidet man die Zwetschge mit einem kleinen scharfen Messer auf einer Längsseite auf, sodass die beiden Hälften noch zusammenhängen. Den Stein entnehmen und dafür in jede Zwetschge 1 Würfel Zucker stecken. Nun aus dem Kartoffelteig dickere Taler mit ungefähr 5 cm Durchmesser formen, die Zuckerzwetschge in die Mitte drücken, den Teig drum herum schließen und die Nähte glätten. Diese Knödel werden in leicht gesalzenem Wasser ca. 10 Minuten sanft gekocht, bis sie alle oben schwimmen. In der Zeit erwärmt man 3–5 EL Semmelbrösel in 3–5 EL Butter und lässt sie langsam anbräunen. In einem Schüsselchen wird etwas Zimt mit Zucker vermischt. Nun die heißen Knödel auf eine Platte legen, die Semmelbröselbutter darauf verteilen und den Zimtzucker darüberstreuen. Sofort servieren.

Variation: Im Hochsommer in jeden Knödel statt der Zwetschgen 1 mit einem Würfel Zucker gefüllte Aprikose drücken… ein wahres Gedicht!

Die Apfelküchel

4–5 Boskopäpfel
Zitronensaft
2–3 EL Zucker mit
$1/2$ TL Zimt vermischen
Für den Teig
250 g Mehl
2 EL Zucker
1 Prise Salz
3 Eigelb
etwas trockener Weißwein
3 Eiweiß steif schlagen
Butterschmalz zum Ausbacken

Die Äpfel schälen und die Kernhäuser ausstechen; in dicke Scheiben schneiden, mit dem Zimtzucker und dem Zitronensaft vermischen und marinieren, bis der Teig fertig ist. Dafür das Mehl mit Zucker und Salz mischen und die Eigelb einrühren. Nur so viel Wein dazugeben, dass ein sehr dickflüssiger Teig entsteht. Dann das geschlagene Eiweiß vorsichtig unterheben.

Zum Ausbacken einen weiten Topf wählen und so viel Butterschmalz erhitzen (180 °C), dass das Fett ca. 5 cm hoch im Topf steht. Nun die Apfelkringel nacheinander in den Teig tauchen und schnell in das heiße Fett geben. Erst wenden, wenn die Ränder des Küchels anfangen, braun zu werden. Mit einem Schaumlöffel aus dem heißen Fett fischen, kurz auf Küchenpapier abtropfen lassen und warm halten. Oder nacheinander, so wie sie fertig werden, servieren. Entweder wälzt man die heißen Küchel kurz in Zucker und isst sie, so wie sie sind, oder man gibt eine Vanillesauce dazu.

Variation: Wenn Sie es einmal ganz besonders gut mit Ihren Gästen meinen, dann parfümieren Sie die Vanillesauce mit einem Schuss Cognac und etwas Zimt. Gießen Sie auf die Dessertteller einen Spiegel aus dieser Vanillesauce, legen Sie ein Apfelküchel darauf und bestreuen Sie alles mit Haselnusskrokant.

Wilhelm Busch dichtete für seine Helene den weisen Spruch:

> Es ist ein Brauch von alters her,
> Wer Sorgen hat, hat auch Likör.

Eine andere alte Weisheit besagt, etwas Hochprozentiges nach dem Festmahl hilft uns, ein reichliches Essen ohne Bauchgrimmen zu verdauen. Und deshalb will ich Ihnen zum Abschluss dieses Kochbuches dabei helfen, die Sorgen zu vergessen und vom Bauchgrimmen verschont zu bleiben.

Schlehenlikör

In den wilden Hecken an Weiden und Waldrändern stecken immer wieder Schlehenbüsche. Man erkennt sie an ihrer frühen weißen Blüte und an den samtig blauen Beeren im Spätherbst. Eigentlich sollte man sie erst pflücken, wenn sie schon einige Frostnächte hinter sich haben. Da es aber nicht sehr angenehm ist, diese kleinen Kugeln in den stacheligen Sträuchern mit eisig klammen Fingern zu sammeln, machen wir uns an einem sonnigen Tag Ende Oktober an die Arbeit. Zu Hause werden die Beeren gewaschen und in Portionen à 300 g in die Tiefkühltruhe gepackt.

2 Wochen später:

300 g Schlehen
150 g weißer Kandiszucker
1 Vanilleschote
1 Flasche Doppelkorn
1 Schraubdeckelglas à 1 l

In das Schraubdeckelglas die Schlehen füllen, den Kandiszucker und die Vanilleschote drauflegen. Den Korn drübergießen, das Glas verschließen und auf ein Fensterbrett stellen. Hier lässt man es nun 8 Wochen im Licht stehen; nur einmal die Woche dreht man es kurz auf den Kopf und stellt es wieder hin. Nach dieser Zeit durch ein Sieb gießen und in eine schöne Flasche füllen. Dieser Likör wird im Laufe der Monate immer besser, deshalb lieber mehr machen, damit Sie diese Behauptung überprüfen können.

Der Norden mit seinen sandigen Böden ist die Heimat des Sanddorns. Ein wunderschöner Strauch mit länglichen mattgrünen Blättern und dicken Trauben orangeleuchtender Beeren. Diese Früchte enthalten große Mengen Vitamin C, und so war Sanddornsaft oder Sirup für die Kinder des Nordens in den langen dunklen Wintermonaten ungeheuer wichtig. Für die Großen empfahl sich eher der Likör.

Sanddornlikör

300 g Sanddornbeeren
150 g brauner Kandiszucker
1 Flasche Doppelkorn
1 Schraubdeckelglas à 1 l

Die Sanddornbeeren in das Glas füllen, den Zucker daraufüllen und den Schnaps darübergießen. Das Schraubdeckelglas verschließen und 8 Wochen auf das Fensterbrett stellen. Das Glas mit dem Sanddornlikör schüttle ich einmal die Woche kräftig, und beim Abgießen durch das Sieb drücke ich die Beeren leicht mit einem Suppenlöffel. Das macht den Likör zwar etwas trübe, erhöht aber den Geschmack.

Register

Apfelküchel 378
Auberginen 71
    Auberginenscheiben, überbacken 71
    Auberginengratin 72

Backobstkompott 275
Bärlauchbutter 49
Bauernfrühstück 158
Bauernpastete mit Wacholder 189
Bayrisch Kraut 86
Béchamelsauce 42
Blattsalat mit Fischfilets 255
Blumenkohl
    Blumenkohlauflauf 84
    Blumenkohlgratin 46
Bœuf en Daube 168
Böfflamott, der Rinderschmorbraten 159
Bohnen 52 f.
    Bohnenkerne 54
    Bohnen klassisch 52 f.
    Gemüse aus Bohnenkernen 56
    Grüne Bohnen in Schalottenbutter 47
    Grüne Bohnen mit Speck 53
    Grüne Bohnen mit Tomaten 54
Bohnenkraut 53
Brennnesseln 42
Brokkoligratin 46
Brot
    Kräuterbrot mit Tomaten 130
    Sesambrot 130
Brühe
    Hühnerbrühe klassisch 218
    Rinderbrühe 147

Clafoutis mit Zucchini 69

Dorsch 247
    Dorschfilet auf meine Art 248

Eierspeisen 102
    Spinatomelette 103
    Tomaten-Kräuter-Omelette 102
Eisbein mit Apfelkraut 184
Ente 227
    Ente mit Apfel und Majoran 228
    Ente mit Teltower Rübchen 231
    Gefüllte Ente 230
Erbsen
    Erbsen in Schalottenbutter 47
    Möhren-Erbsen-Gemüse 47
Erdbeeren 268
    Erdbeeren mit Erdbeeren 269
    Erdbeermarmelade 271
    Erdbeermus für den Winter 269
    Quarkspeise mit Erdbeermus 270
Estragon 168

Fisch 242
    Blattsalat mit Fischfilets 255
    Dorschfilet auf meine Art 248
    Fisch blau 249
    Forelle in Folie 252
    Gekochter Fisch mit Mayonnaise 252
    Matjes mit Apfel und Dill 246
    Panierte Fischkoteletts 253
    Roter Heringssalat 243
    Weißer Heringssalat 246
Fleischklößchen s. Hackfleischbällchen vom Lamm
Fleischnudeln 156
Fingernudeln 124
Flädlesuppe 149
Forelle
    Blattsalat mit Fischfilets 255
    Fisch blau 249
    Forelle in Folie 252
    Forelle Müllerinart 253
Frikassee
    Hühnerfrikassee 219
    Kalbsfrikassee 171
Frittatensuppe 149
Frühlingssüppchen aus Wildkräutern 36

Gambas
    Blattsalat mit Fischfilets 255
    Huhn mit Gambas 222
Gans 227
    Gans mit Apfel und Majoran 228
    Gefüllte Gans 230

Gemüse 34
    Gemüse aus Bohnenkernen 56
    Gemüse aus Mangoldblättern 57
    Gemüsegurken 64
    Gemüsesuppe 73
    Ofengemüse 56
    Ofengemüse mit Roter Bete 81
    Rote-Bete-Gemüse 80
    Zucchinigemüse 68
Gnocchi 124
Grammelknödel 121, 124
Gratins
    Blumenkohlgratin 46
    Brokkoligratin 46
    Gratin mit Mangoldstielen 59
    Kartoffelgratin 127
    Kartoffelgratin mit Senf 128
    Kohlrabigratin 45
    Rosenkohlgratin 46
Grießnockerlsuppe 151
Grilltomate mit Kräutern 59
Gröschtl
    Bauernfrühstück 158
    Gröschtl aus Semmelknödeln 119
Grumbeerküschelscher 126
Gulasch
    Ungarisches Gulasch 165
    Ungarisches Kesselgulasch 167
Gurken 64
    Schmorgurke mit Dill 64

Hackfleischbällchen vom Lamm 199
Hecht 249
    Fisch blau 249
    Panierte Fischkoteletts 253
Hefeteig 129
    Kräuterbrot mit Tomaten 130
    Sesambrot 130
    Zwiebelkuchen 131
Heilbutt
    Dorschfilet auf meine Art 248
Hering 242
    Matjes mit Apfel und Dill 246
    Roter Heringssalat 243
    Weißer Heringssalat 246
Himbeeren 269
Hochzeitssuppe 152
Huhn 215
    Gockel im Speckmantel 217

Gockel in Riesling 216
Huhn mit Gambas 222 (220)
Huhn mit Pastis und Safran 223
Hühnerbrühe klassisch 218 f.
Hühnerfrikassee 219 f.
Klassischer Bratgockel 215

Johannisbeeren 268 f., 271
Johannisbeergelee 271

Kalb 170
Geschmorte Kalbskoteletts mit Schalotten 176
Kälberzunge 173
Kalbsbraten mit Kräutern 178
Kalbsfrikassee 171
Kalbsknöcherlsülz 172
Kalbsleber mit Apfel und Zwiebel 173
Kasknepfle 103
Kasknödel 119
Kässpätzle 117 f.
Karotten
Karottenrohkost 47
Möhren-Erbsen-Gemüse 47
Karpfen
Fisch blau 249
Kartoffeln
Bauernfrühstück oder Gröschtl 158
Grammelknödel 121
Grumbeerküschelscher 126
Kartoffelgratin 127
Kartoffelgratin mit Senf 128
Kartoffelknödel 120
Kartoffelküchelchen 126
Kartoffel-Kürbis-Püree 79
Kartoffelteig 120
Ofenkartoffeln 126
Ofenkartoffeln mit Tomaten 127
Pellkartoffeln mit Kräuterquark 125
Petersilienkartoffeln 125
Kerbel 52
Kirschen 272
Pfirsich-Sauerkirsch-Marmelade 273
Stachelbeer-Kirsch-Marmelade 273

Klöße → Knödel
Knöcherlsülz 172
Knödel 118
Füllungen 124
Grammelknödel 121
Gröschtl aus Semmelknödeln 119
Kartoffelknödel 120
Semmelknödel 119
Speckknödel 152
Zwetschgenknödel 276
Kohl 83
Kohlrabi 45
Kohlrabi in Schalottenbutter 47
Kohlrabigratin 45
Krautsalat 86
Kräuter 34
Frühlingssüppchen aus Wildkräutern 36
Grilltomate mit Kräutern 59
Kräuterbrot mit Tomaten 130
Kräutersträußchen 54
Pellkartoffeln mit Kräuterquark 125
Sommerkräuter 71
Tomaten-Kräuter-Omelette 102
Tomatensauce mit Kräutern 64
Kronfleisch 147
Kürbis 75
Butternusskürbis 78
Gebackener Kürbis 79
Kartoffel-Kürbis-Püree 79
Kürbissuppe à la Bocuse 76
Kürbissuppe mit Curry 76 f.
Salat mit Butternuss und Pinienkernen 78

Lachs
Blattsalat mit Fischfilets 255
Lachs mit Salat aus Blattspinat 41
Panierte Fischkoteletts 253
Lachsforelle
Fisch blau 249
Forelle in Folie 252
Lamm 192
Gefüllte Lammschulter mit Bohnen und Thymian 195
Geschmorte Lammschulter 198
Hackfleischbällchen vom Lamm 199

Lammkeule im Kartoffelbett 194
Lammkeule mit Kräutern und Knoblauch 193
Lasagne mit Spinat 42
Likör 278
Sanddornlikör 282
Schlehenlikör 279
Löwenzahnsalat 40

Majoran 53
Mangold 56
Gemüse aus Mangoldblättern 57
Mangoldstiele gratiniert 56
Mangoldstiele mit schwarzen Oliven 57
Marmelade
Pfirsich-Sauerkirsch-Marmelade 273
Stachelbeer-Kirsch-Marmelade 273
Matjes → Hering
Maultaschen 111
Mayonnaise 58
Mehl 105 f.
Mehlbutter 160
Mise en Place 35
Möhren → Karotten

Nudeln
Fingernudeln 124
Fleischnudeln 156
Gnocchi 124
Kässpätzle 117
Lasagne mit Spinat 42
Maultaschen 111
Nudelsuppe 149
Nudelteig 107
Ravioli 157
Schniderspattle 108
Sommerspaghetti 63
Spätzle 117
Südtiroler Schlutzkrapfen 114

Ofengemüse 56
Ofengemüse mit Roter Bete 81 f.
Ofenkartoffeln 126 f.
Ofenkartoffeln mit Tomaten 127

Omelettes
   Spinatomelette 103
   Tomaten-Kräuter-Omelette 102
Oregano 53

Pellkartoffeln mit Kräuterquark 125
Petersilie 152
   Petersilienbutter 250
Pfannkuchen
   Pfannkuchen mit Spinatfüllung 43
   Pfannkuchensuppe 149
Pfirsich-Sauerkirsch-Marmelade 273
Piroggen 115
Pökeln 181
   Eisbein mit Apfelkraut 184
   Gepökelte Schweinebäckchen 185
   Petersilienschinkensülze 187
   Pökellake 184
   Schweinerücken in Senfsauce 186

Quark
   Kasknepfle 103
   Pellkartoffeln mit Kräuterquark 125
   Quarkspeise mit Erdbeermus 270

Ravioli 157
Rind 146
   Bauernfühstück oder Gröschtl 158
   Bœuf en Daube oder Dampfgericht aus Rindfleisch 168
   Böfflamott, der Rinderschmorbraten 159
   Die große Rindersuppe und das Tellerfleisch 147
   Kronfleisch 147
   Ravioli 157
   Rindersuppe 149
   Rindsrouladen 164
   Sauerbraten 163
   Tellerfleisch mit Meerrettich 152
   Tellerfleisch mit Meerrettich-Kapern-Sauce 154
   Ungarisches Gulasch 165
   Ungarisches Kesselgulasch 167
   Wirsingroulade 161
   Zwiebelfleisch 155

Rosenkohl
   Rosenkohlauflauf 84
   Rosenkohlgratin 46
Rote Bete 79
   Ofengemüse mit Roter Bete 81
   Rote-Bete-Gemüse 80
   Rote-Bete-Salat mit Apfel 80
   Rote-Bete-Suppe mit Ingwer 81
Rote Grütze 274
Roter Heringssalat 243
Rotkohl
   Apfelrotkraut 87
   Krautsalat 86
Rouille 223
Rouladen
   Rindsrouladen 164
   Wirsingroulade 161

Salate 87, 89, 92
   Blattsalat 87
   Blattsalat mit Fischfilets 255
   Krautsalat 86
   Löwenzahnsalat 40
   Rote-Bete-Salat mit Apfel 80
   Roter Heringssalat 243
   Salat aus Blattspinat 40
   Salat aus gekochten Zucchini 65
   Salat mit Butternuss und Pinienkernen 78
   Selleriesalat 82
   Spargelsalat mit Radieschen-Schnittlauch-Vinaigrette 50
   Tomatensalat 58
   Weißer Heringssalat 246
Sanddorn 279
   Sanddornlikör 282
Saucen
   Béchamelsauce 42
   Meerrettich-Kapern-Sauce 154
   Spargel mit Sauce Mousseline 52
   Tomatensauce 63
   Tomatensauce mit Kräutern 64
   Vanillesauce 275
Sauerampfersuppe 39
Sauerbraten 163
Sauerkirschen
   Pfirsich-Sauerkirsch-Marmelade 273
Sauerkraut

   Eisbein mit Apfelkraut 184
   Sauerkrautfüllung für Piroggen 116
Schalottenbutter 47
Schlehenlikör 279
Schlesisches Himmelreich 275
Schmalz 109
Schmorgurke mit Dill 64
Schniderspattle 108
Schnittlauch 152
Schöberlsuppe 151
Schwein 179
   Bauernpastete mit Wacholder 189
   Eisbein mit Apfelkraut 184
   Gepökelte Schweinebäckchen 185
   Mein einzig richtiger Schweinebraten 180
   Petersilienschinkensülze 187
   Pökellake 184
   Schweinerücken in Senfsauce 186
   Schweineschwarte 159
Seelachs
   Dorschfilet auf meine Art 248
Sellerie 82
   Sellerierohkost mit Walnüssen 83
   Selleriesalat 82
Semmelknödel 118
   Gröschtl aus Semmelknödeln 119
Sesambrot 130
Sommerkräuter 71
Sommerliches Ofengemüse 74
Spaghetti
   Sommerspaghetti 63
   Tomatensauce mit Kräutern 64
Spargel 49
   Spargel mit Sauce Mousseline 52
   Spargelsalat mit Radieschen-Schnittlauch-Vinaigrette 50
   Spargelsuppe 49
Spätzle 117
   Kässpätzle 117
Speckknödel 119
Spinat 40
   Blattspinat als Gemüse 41
   Lasagne mit Spinat 42
   Pfannkuchen mit Spinatfüllung 43
   Salat aus Blattspinat 40
   Spinatknödel 119
   Spinatomelette 103

Südtiroler Schlutzkrapfen 114 f.
Tomaten mit Spinat gefüllt 62
Stachelbeeren 272
Stachelbeer-Kirsch-Marmelade 273
Südtiroler Schlutzkrapfen 114 f.
Sülze 169
Kalbsknöcherlsülz 172
Petersilienschinkensülze
Suppen
Die große Rindersuppe und das Tellerfleisch 147
Frühlingssüppchen aus Wildkräutern 36
Gemüsesuppen 73 f.
Grießnockerlsuppe 151
Hochzeitssuppe 152
Hühnerbrühe klassisch 218
Nudelsuppe 149
Pfannkuchensuppe 149
Rote-Bete-Suppe mit Ingwer 81
Sauerampfersuppe 39
Schöberlsuppe 151
Spargelsuppe 49
Suppennudeln 218

Tafelspitz
Die große Rindersuppe und das Tellerfleisch 147

Teige
Hefeteig 129
Kartoffelteig 120
Mehlteig 168
Tellerfleisch
Die große Rindersuppe und das Tellerfleisch 147
Tellerfleisch mit Meerrettich 152
Tellerfleisch mit Meerrettich-Kapern-Sauce 154
Tomaten 58
Eingelegte Tomaten 62
Grilltomate mit Kräutern 59
Kräuterbrot mit Tomaten 130
Ofenkartoffeln mit Tomaten 127
Tomatensalat 58
Tomaten mit Mangold gefüllt 62
Tomaten-Kräuter-Omelette 102
Tomatensauce 63
Tomatensauce mit Kräutern 64

Ungarisches Gulasch 165
Ungarisches Kesselgulasch 167

Vanillesauce 275
Vinaigrette 89
Eier-Vinaigrette 173

Weißer Heringssalat 246
Weißkohl
Bayrisch Kraut 86
Eisbein mit Apfelkraut 184
Krautsalat 86
Weißweinsauce für Fisch 250
Wirsing
Bayrisch Kraut 86
Wirsingauflauf 84
Wirsingroulade 161

Zander
Blattsalat mit Fischfilets 255
Fisch blau 249
Panierte Fischkoteletts 253
Zucchini 65
Clafoutis mit Zucchini 69
Salat aus gekochten Zucchini 65
Salate 92
Zucchinigemüse 68
Zwetschgen 275
Zwetschgenknödel 276
Zwiebelfleisch 155
Zwiebelkuchen 131
Zwiebelsuppe 156

Adressen

Für die freundliche Bereitstellung von Tischen und Stühlen
Christian Lietz
Antik auf dem Pfarrhof
Dorfstr. 13
17129 Daberkow
Tel.: 0171 672 92 83
Pfarrhaus@hotmail.com
www.antik-auf-dem-pfarrhof.de

Für das Spezialmehl und alle Produkte rund um Getreide
Naturkostmühle
A. Wagenstaller
Obermühl 49
83083 Riedering
info@wagenstallermuehle.de
www.wagenstallermuehle.de

Für Bergkäse und andere Käsesorten
Käserei Plangger
Durchholzen 22
A-6344 Walchsee/Tirol
bio@kaeserei.at
www.kaeserei.at